Beiträge zur Geschichte der deutschen Apotheken und Apotheker in Siebenbürgen

GUIDO FABRITIUS
Herausgeber

unter Mitarbeit von:
Dr. H. Folberth
F.A. Salmen
J. Bordon
G. Graef

Drabenderhöhe 1986

In Kommission:
Deutscher Apotheker Verlag · Stuttgart

CIP—Kurztitelaufnahme der Deutschen Bibliothek

Beiträge zur Geschichte der deutschen Apotheken und Apotheker in Siebenbürgen

Guido Fabritius, Hrsg.,
unter Mitarb. von H. Folberth...
Deutscher Apotheker-Verlag, Stuttgart, 1986.
ISBN 3-7692-0941-9

Herausgeber: Guido Fabritius
Schässburger Gasse 17 5276 Wiehl 3 / Drabenderh

Druck u. Verarbeitung: Hundt Druck GmbH, Köln

I N H A L T S V E R Z E I C H N I S

A b b i l d u n g s n a c h w e i s

W Ü R D I G U N G E N

F R I E D R I C H   J O H A N N   R O T H

wurde am 17.09.1914 in Schässburg, als Sohn einer Kaufmannsfamilie geboren. Die Zuneigung für Architektur und Malerei mußte er aufgeben, um einen günstigeren Berufsweg als Apotheker-Praktikant in einer Schässburger Apotheke einzuschlagen. Auf der Universität in Bukarest erhielt er am 23.06.1939 sein Apotheker-Diplom. Der Ehe mit Olga geb. Seidl entsprangen 2 Kinder. All zu früh starb er am 2.02.1977.

Für Geschichte und Heilkunde hatte er immer schon großes Interesse. So entwickelte sich aus dem jungen Apotheker der Forscher und Dokumentar für die Geschichte der Pharmazie in Siebenbürgen.

Nachstehende Dokumentation über die deutschen Apotheken und Apotheker in Siebenbürgen ist nur zustande gekommen, weil uns die Unterlagen unseres leider zu früh verstorbenen Kollegen F.J. ROTH zur Verfügung standen. Deshalb soll hier an erster Stelle diesem fleißigen und strebsamen Apotheker gedacht und die

W Ü R D I G U N G

seiner Arbeiten hervorgehoben werden.

Im Jahre 1985 ist dieses Buch fertiggestellt worden von einem kleinen Kreis von Apothekern, alle über 75 Jahre. In einer Zeit, wo nach 40 Jahren der Vertreibung einer großen Zahl von Siebenbürgern in die Arbeitslager nach Rußland gedacht wird. Deshalb soll hier an dieser Stelle auch das

G E D E N K E N

an alle unsere siebenbürgischen Kollegen ausgesprochen werden, die diesen furchtbaren Eingriff in ihren Berufsweg nicht überlebten. Manche sind grundlos in Arbeitslager an den Donaukanal oder in russische Bergwerke verschleppt worden. Viele hat man aus ihrer Apotheke und ihrem Haus herausgesetzt; in Elend und Armut sind diese oft fern ihrer Heimat verstorben. Wir haben mit diesen Menschen gelebt, gearbeitet und alle gemeinsam ein Ziel gehabt, durch eigene Leistung anderen Menschen helfend immer zur Seite zu stehen.

VORWORT

Der Arbeitskreis für Siebenbürgische Landeskunde, Sektion Naturwissenschaften, hat mich beauftragt, den Versuch zu machen, die Geschichte der deutschen Apotheken und Apotheker in Siebenbürgen zu dokumentieren. Leider habe ich mich in meinem Berufsleben als junger Apotheker in Siebenbürgen, nachher als selbständiger Apotheker in der Bundesrepublik, nie intensiv mit Pharmazie-Geschichte befaßt.

Es galt bei meiner Aufgabe nun von den Wissensträgern, die hier im Westen leben, Daten und Ereignisse zu sammeln und zu verwerten. Diese berichteten von ihren Apotheken und ihrem Berufsweg. Weit über 80 Kollegen, Apotheker-Witwen und deren Kinder haben geantwortet. Vielerlei Wissenswertes ist dabei zu Tage gekommen. Ihnen soll auch an dieser Stelle für diese Mitarbeit gedankt werden.

Bibliotheken und Institute für Geschichte der Pharmazie mußten wegen Literaturangaben über Pharmazie-Geschichte angeschrieben werden. Auch von dieser Seite kam manches zusammen, obgleich diese Such- und Sammeltätigkeit gerade auf diesem Gebiet noch in keiner Weise abgeschlossen ist, da in vielen Bibliotheken die Sachkataloge fehlen.

Die Aufgabe wäre aber unlösbar geblieben, wenn uns nicht in letzter Zeit durch einen glücklichen Zufall die in rumänischer Sprache geschriebenen Unterlagen des deutschen Kollegen F.J. ROTH, als wichtigster Akt, zur Verfügung standen. Diese befinden sich heute im Siebenbürgischen Archiv in Gundelsheim.

F.J. ROTH beschäftigte sich seit seiner Studienzeit (1932) auf der Universität in Bukarest mit Pharmazie-Geschichte. Die Zeit, in der er lebte, bedingte es vielleicht, daß ROTH nie darnach strebte, selbständiger Apotheker zu werden. So versuchte er, auf dem Gebiet der Pharmazie-Geschichte besonderes zu leisten. Sein Interesse lag aber nicht nur auf rein geschichtlichem Gebiet; er war ein leidenschaftlicher Apotheker, den alles interessierte, was mit der Apothekerkunst zusammen hing. Er berichtet in seinen Aufsätzen, -oft waren es Vorträge- die er im Rahmen der medizinisch-pharmazeutischen Gesellschaften des Landes hielt, über mancherlei Themen, Entwicklung und Wirkungen der verschiedenen Arzneigruppen, Erfindungen auf med.-pharm. Gebiet, Biographien verdienstvoller Apotheker und Wissenschaftler.

Der nachfolgenden Arbeit mußten nun Grenzen gesetzt werden. Wir haben versucht, einen Beitrag zur Geschichte der deutschen Apotheker zu geben, und die Daten der Apotheken in den Gesamtrahmen der geschichtlichen Entwicklung der Siebenbürger Sachsen einzugliedern. Ganz kurz werden auch einzelne Apothekerpersönlichkeiten geschildert, oder besondere Ereignisse, die mit der Apotheke zusammenhängen. Deshalb kann diese erste Arbeit nur ein Überblick, ein Beitrag über Entwicklung und Tätigkeit der deutschen Apotheken in Siebenbürgen sein. Viele Gebiete, bei denen die Apotheker in der Gesundheitsbetreuung eine Rolle spielten, sind nicht erwähnt und bleiben deshalb vielleicht für alle Zeiten unerforscht. Was die Siebenbürger Sachsen, als sie einwanderten, in der einheimischen Bevölkerung an Formen und Gebräuchen in der Heilkunde vorfanden, ist vielleicht auch noch heute in den Volksbräuchen der Bevölkerung zu rekonstruieren und deren Herkunft zu ergründen. Ob in Siebenbürgen die Entwicklung und Vertreibung der einzelnen Arzneistoffe auch zeitlich und entwicklungsmäßig denselben Weg gegangen ist wie in westlichen Ländern, wäre eine interessante Analyse. Eine genaue Schilderung der Herstellung, Beschaffung der Stilformen der sogenannten Apotheken-Utensilien, habe ich in so kurzer Zeit in der Literatur nirgends gefunden. Vieles ist bestimmt hier aus dem Ausland bezogen worden, aus Wien und anderen Orten. Man muß aber auch bedenken, daß das Handwerk in Siebenbürgen in früheren Jahrhunderten in höchster Blüte stand. Was ist von den Apotheken-Utensilien und Einrichtungen aus diesen Betrieben gekommen? Gewiß haben nicht nur deutsche Handwerker, sondern auch Ungarn und Rumänen mitgeschaffen.

Wir haben versucht, die geschichtlichen Daten aus den vorhandenen und überlieferten Unterlagen genau zu übernehmen. Nachprüfbar sind diese nicht; so könnten den Verfassern wie F.J. ROTH, Fehler in der Schreibweise der Namen oder Zahlen unterlaufen sein.

Zu berücksichtigen wäre auch, daß wir zu den Archiven von Siebenbürgen heute keinen Zutritt mehr haben. Die uns gestellte Aufgabe mußte auf Grund der vorhandenen Unterlagen, womöglich in kurzer Zeit, fertiggestellt werden. Denn beinahe alle, die an dieser Dokumentation arbeiteten, sind über 75 Jahre alt. Körperliche und geistige Leistungskraft lassen in diesem Alter nach. Deshalb möchte ich an dieser Stelle meinen Mitarbeitern von ganzem Herzen danken, daß sie mir einen Teil der Arbeit abgenommen haben. Aber ganz besonders danke ich meinem hochgeschätzten Kollegen und lieben Freund, Dr. Hermann FOLBERTH, der mit weit über 80 Jahren, nur mit einer Lupe lesend und mühsam mit zwei Fingern auf der Schreibmaschine niedergeschrieben hat, um die Geschichte von Generationen aus der Apotheker-Familie Folberth zu dokumentieren.

Bei der Erforschung der Unterlagen zu dieser Dokumentation hat es sich sehr bald gezeigt, daß der Themenkreis so groß und vielseitig ist, daß mit diesen Beiträgen zur Geschichte der deutschen Apotheken die Darstellung noch nicht beendet ist. Aus den bisher gesammelten Unterlagen, hoffentlich kommen noch manche dazu, sind zwei weitere Arbeiten vorgesehen, die so bald wie möglich folgen werden. Und zwar:

1.) "Verdienstvolle deutsche Apotheker aus Siebenbürgen."

Hier sollen nun die ausführlichen Biographien und Veröffentlichungen von etwa 40 deutschen Apothekern geschildert werden, die als Chemiker, Naturforscher auf den verschiedensten Gebieten, Erfinder, Weltreisende in andere Kulturkreise, Archäologen, Volkskundler und Kulturpolitiker Hervorragendes leisteten und sich dadurch verdient gemacht haben.

2.) "Der Einfluß deutscher Apotheker auf das Gesundheitswesen in dem Land jenseits der Karpaten (rum. Fürstentümer)."

Siebenbürgen hatte jahrhundertelang eine Ausstrahlung auf die Gebiete des ehemaligen Altrumäniens. Die Gründungen von Apotheken und die Tätigkeit deutscher Apotheker in diesem Gebiet soll im einzelnen dokumentiert werden.

Es ist in keiner Weise beabsichtigt, mit dieser Dokumentation die Leistungen deutscher Apotheker in Siebenbürgen als etwas Besonderes darzustellen. Geschichtliche Ereignisse sollen so analysiert und dargestellt werden, wie sie sich abgespielt haben. Auch in dem Leben einer Berufsgruppe spielt sich diese Geschichte ab. Es darf aber nichts unter den Tisch gekehrt werden, oder an die Stelle ein ganz anderes geschichtliches Bild gesetzt werden. Kulturpolitische Leistungen der Deutschen in aller Welt sind oft in fremden Staaten und für fremde Völker erbracht worden. In der Aufgabe des Apothekers liegt es, allen kranken Menschen zu helfen, ihre Gesundheit zu fördern, seine Arbeit und Zielsetzung darauf auszurichten, gleich welcher Nationalität die Menschen sind. Das haben die deutschen Apotheker in Siebenbürgen jahrhundertelang bewiesen, denn zu den verschiedenen Volksstämmen Siebenbürgens hatten sie das beste Verhältnis und wurden von diesen geachtet.

Wir wünschen, daß auch die heutige rumänische Apothekerschaft, die in einer anderen Staatsform wie früher arbeitet, diese Dokumentation als einen Beitrag zu ihrer

geschichtlichen Entwicklung sieht.
Zum erstenmal wird in deutscher Sprache zusammenhängend über die Entwicklung dieser Berufsgruppe berichtet.

Wir hoffen, und es würde uns freuen, wenn mancher deutsche Apotheker in der Bundesrepublik und Österreich Interesse daran fände, die Geschichte dieser Berufsgruppe zu verfolgen. Dann würde sich der Kreis schließen, den die Deutschen im Südosten als Zielsetzung und Aufgabe immer angesehen haben. Aus der Quelle des deutschen Mutterlandes die geistigen Kräfte hinauszutragen in fremde Lande und unter fremde Völker, um dort durch Arbeit und Leistung kulturpolitisch zur Entwicklung beizutragen. Diese Erkenntnis wäre für alle deutschen Apotheker, die im Ausland gelebt und gearbeitet haben, ein Geschenk.

Drabenderhöhe, im Dezember 1985 G. Fabritius

ÜBERBLICK ÜBER DIE GESCHICHTE DER DEUTSCHEN APOTHEKEN IN SIEBENBÜRGEN

Guido Fabritius

Über die Geschichte der deutschen Apotheken in Siebenbürgen ist bisher in verschiedenen Veröffentlichungen berichtet worden. Von deutscher Seite hat F.J. Roth am ausführlichsten die Daten der einzelnen Apotheken zusammengetragen. Wenn in folgenden Berichten erstmal versucht wird alle deutschen Apotheken in ihrer geschichtlichen Entwicklung zusammenhängend darzustellen, so muß aber gleichzeitig ein allgemeines Bild über die Geschichte der in Siebenbürgen angesiedelten Bauern und Bürger gegeben werden. Denn mit deren Seßhaftmachung und deren geschichtlicher Entwicklung im Laufe der Jahrhunderte hängt auch die Entstehung, die Ausbreitung und die berufliche und kulturelle Leistung der deutschen Apotheken in Siebenbürgen zusammen.

Um die Geschichte dieser Berufsgruppe allen verständlich darzustellen, soll im folgenden den Kollegen und interessierten Kreisen, die nicht aus Siebenbürgen stammen, ein kurzer Überblick über die Geschichte der Siebenbürger Sachsen und deren Apotheken gegeben werden.

Von der Einwanderung der Siebenbürger Sachsen. Von Klöstern und Mönchsorden.

Als die Ungarn sich in der pannonischen Ebene seßhaft

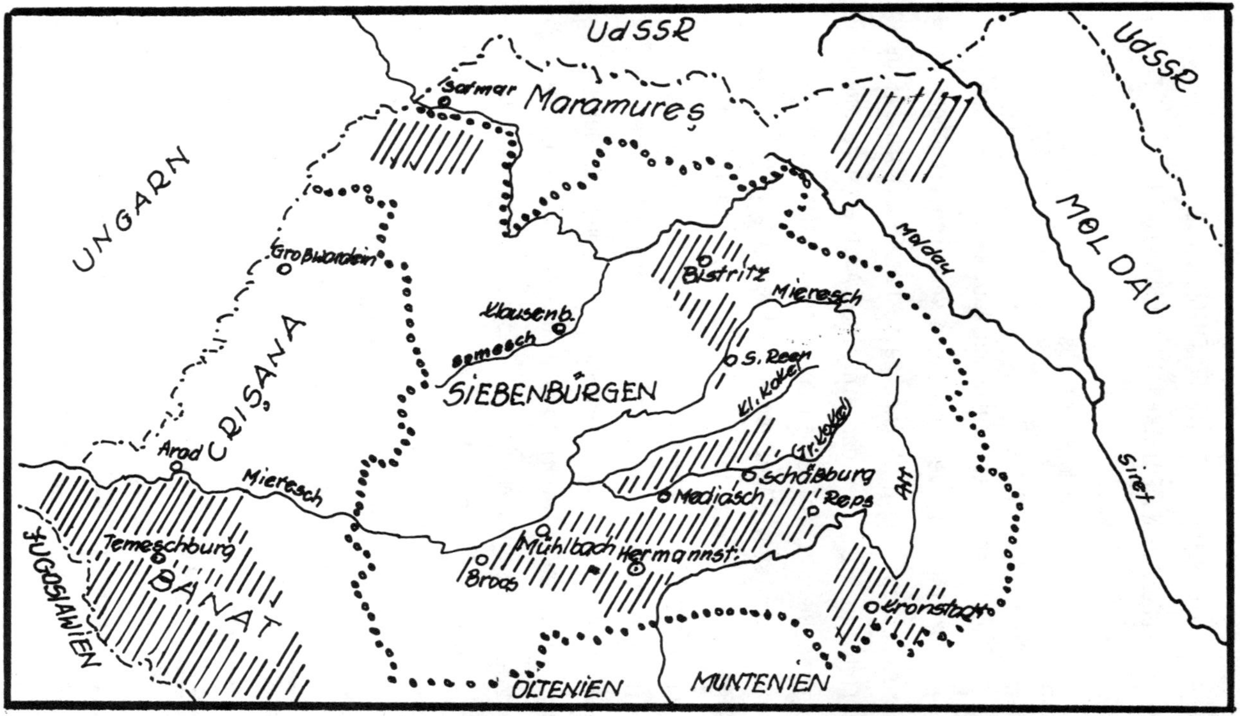

Deutsche Siedlungsgebiete in Rumänien

machten und unter Stefan dem Heiligen im Jahre 1000 das Königreich gründeten, da begann schon um diese Zeit, und vor allem dann im 12. Jahrhundert, die Einwanderung Deutscher nach Ungarn in unterschiedlicher Anzahl und auf mancherlei Wegen. Sie kamen aus dem Westen aus verschiedenen Gebieten Deutschlands, wo Bevölkerungsüberschuß und feudale Verhältnisse die Lebensmöglichkeiten dieser Menschen verschlechterten. Sie folgten dem Rufe der ungarischen Könige und den Versprechungen für ein besseres Leben und zogen nach Südosten.
Es waren vor allem Bergleute und Handwerker, die zur Ausbeutung der reichen Bodenschätze des Landes, als erste in den Südosten auswanderten. Sie kamen aus unterschiedlichen Gebieten Deutschlands, auch bayerische Siedlergruppen wurden in Nordsiebenbürgen und in der Gegend von Sathmár ansässig.
Erst unter König Geisa II. (1141-1162) kamen ganze Gruppen von Bauern, und das waren die "Saxones", die späteren Siebenbürger Sachsen, "zum Schutze der Krone" in das Land und siedelten in Südsiebenbürgen, am Mieresch und in der Gegend von dem späteren Hermannstadt. Die ungarischen Könige hatten an ihren Grenzen sogenannte Grenzvölker angesiedelt, das waren die "Székler", ein ungarischer Volksstamm. So eine Grenze befand sich anfangs am Mieresch und in der Gegend von Broos und Mühlbach, wo volkskundlich Namen von Ortschaften auf das Leben des Grenzvolkes der Székler hinweisen. Als die Sachsen dann in das Land kamen, verlegte sich diese Grenze weiter nach Osten, bis an die Ostkarpaten, wo auch heute das sogenannte Széklerland liegt,

in der Háromszék und der Csik.
Der König von Ungarn, Andreas II, holte dann 1211 den "Deutschen Ritterorden" ins Land, der das Burzenland besiedelte und in kurzer Zeit eine Reihe von befestigten Burgen baute. Er entwickelte eine rege kolonisatorische Tätigkeit, die über den Törzburger Pass hinweg sich in das Land jenseits der Karpaten erstreckte, das spätere Muntenien. Da der Orden das von ihm besiedelte Land direkt dem Papst unterstellen wollte, so vertrieb der ungarische König den Orden 1226 mit Waffengewalt. Der Ritterorden verließ Siebenbürgen und baute in Ostpreußen die gewaltige Marienburg auf, um von dieser Stelle seine Tätigkeit fortzusetzen. Ein Teil der unter der Führung des Ordens lebenden und arbeitenden Siedler verblieb im Burzenland.
Die Einwanderung von Deutschen nach Siebenbürgen setzte sich über die Jahrhunderte in verschiedenen Gruppen und Zeiten bis ins 19. Jahrhundert fort. Protestanten aus dem katholischen Österreich fanden den Weg nach Siebenbürgen (die Landler), aus Baden-Württemberg (die Hanauer und Durlacher), größere und kleinere Gruppen zogen in das angepriesene Land Siebenbürgen. Oft siedelten sie geschlossen, oft vermischten sie sich mit alten Siedlern.
Zur Zeit der Habsburger kamen durch die österreichische Militärherrschaft Offiziere und Soldaten nach Siebenbürgen, die hier heirateten und deren Nachkommen sich zu den Siebenbürger Sachsen zählten.
Die Führer der Sachsen, die sogenannten "Gräven" brachten ihre Vorstellungen über Ordnung und Recht, Gemeinschafts-

leben aus der alten Heimat mit und begannen gleich anfangs die Siedlungen darnach auszurichten.
König Andreas II. erkannte diese für sein Land wertvolle Initiative dieser Siedlergruppen und gab den Sachsen in dem "Goldenen Freibrief," dem "Andreanum", ihre verbrieften Rechte. Dieser wurde später öfters bestätigt und wirkte bis in das 18. Jahrhundert.
Aber auch außerhalb des sogenannten "Königsboden", in dem die ersten Siedler seßhaft wurden, entstanden durch die Rolle der Klöster, des Bischofs von Karlsburg, der sogenannten "Erbgräven", des Propstes von Hermannstadt, auf damals noch unbesiedeltem Gebiet, neue Dörfer, die von diesen Stellen abhängig waren. So im sogenannten "Zekeschgebiet", südöstlich von Karlsburg, oder von ungarischen Adligen geleitet zwischen den beiden Kokelflüssen und in Nordsiebenbürgen, überall Dörfer mit Sachsen. Diese gingen der großen Zugeständnisse, die ihnen anfangs gemacht wurden, in diese Gebiete, die nicht unter dem Schutze des "Andreanum" standen. Anfangs ging es ihnen gut, später verschlechterte sich ihr Zustand, und manche wurden Leibeigene.

Die Hermannstädter Provinz hatte das am meisten durchgearbeitete Recht. Vom Jahre 1318-1393 kamen die anderen Stühle dazu. 1422 das Burzenland. Seit dem 15. Jahrhundert hieß die rechtliche Einheit der Sachsen "Universitas Saxonum" die "Nations-Universität". Seit 1477 war ihr höchster Würdenträger der "Comes Saxonum" der "Sachsengraf".

Als die deutschen Siedler nach Siebenbürgen kamen, hatten sie keine organisierte gesundheitliche Betreuung ihrer An-

gehörigen. Auch in den Gebieten aus der Rhein-Mosel-Gegend, woher sie auswanderten, gab es so etwas nicht, weder Arzt noch Apotheker.
Die Volksmedizin, bassiert auf naturkundlichem Wissen und Erfahrung, vertreten durch besondere Personen, wie Kräuterweiber, Bader und darin geübte Menschen, waren die Stellen, wo Kranke und Verwundete Heilung suchten.
Wenn es schon in vorchristlicher Zeit bei den verschiedenen Völkern Priester und erfahrene Menschen gegeben hat, die die ärztliche Kunst und die Zubereitung der Arzneien ausübten, so wurde in den ersten Jahrhunderten des Christentums versucht, die Religion mit der ärztlichen Wissenschaft zu verknüpfen. Zur Zeit der höchsten Entwicklung der Klöster und der Klosterschulen im 9. Jahrhundert zeigt diese Entwicklung ihren Höhepunkt.

Vielleicht hat zur damaligen Zeit es Menschen in sächsischen Dörfern und Städten gegeben, die so ähnlich dachten wie eine Bauerndichterin aus Siebenbürgen, Susanne Kräutner, es im folgenden Gedicht ausdrückt.

Betende Kräuterfrau

Ich lobe den Höchsten und preise die himmlischen Mächte,
ich bat sie um Kraft und empfing sie durch schlaflose Nächte.
Regiert mich, ihr Geister, ihr guten, das ich es vermag,
zu helfen dem leidenden Menschen am schmerzenden Tag.

Gott ließ uns Blumen erblühen und Kräuter mit heilsamem Saft,
ich will sie nun prüfen wozu sie der Himmel geschafft.
Von einem den Stengel, vom andern die Blätter und Blüten,
sogar viele Wurzeln im Erdreich sind wohl zu behüten.

Ein jedes Pflänzchen das wächst in Wald oder auf der Heide,
wurde aus Gott geschaffen zur Heilung, der Kranken zur Freude.
Nun ordne ich alle und mische nach meinem Geschmack,
o hilf mir, du Himmel, daß ich das Beste draus mach.

Ist oft der Tropf auch bitter, den ich reiche dem Munde,
soll er doch helfen, daß der Kranke bald wieder gesunde.
Und reib ich die Salbe zur Heilung der bösen Wunden,
so tropf ich die Säfte ins heilsame Fett gleich verbunden.

Für jede Krankheit, die die leidende Menschheit bedroht,
wächst ein Kraut auf der Erde, doch liegt es verborgen
bei Gott.
Nun müssen wir suchen, so lange und ernst es studieren,
zu allem das Passende, und keines der Blümchen verlieren.

Susanne Kräutner

Besonders der Orden der Benediktiner verbreitete die medizinisch-wissenschaftlichen Kenntnisse von Italien aus nach Norden und in alle Lande. Schon im 10. Jahrhundert gelangte diese Heilkunde aus der christlichen Auffassung durch die Benediktiner nach Ungarn und Siebenbürgen. Die Ordensbrüder gründeten Spitäler, so in der Nähe von Klausenburg (Koloszmonostur) und anderen Orten. Ohne Arzneien konnten die Spitäler nicht existieren, so wurden in den Klöstern Arzneien zubereitet, wobei Pflanzen und Mineralien die Grundlage bildeten.

Außer den Benediktinern waren auch andere Orden wie Augustiner, Paulaner, Dominikaner, Zistersienser, und später besonders die Jesuiten, die sich um das Gesundheitswesen verdient machten.

Sie bauten Klöster in Karlsburg, Mühlbach, Bistritz, Thorenburg und anderen Städten. Siebenbürgen war in diesen Jahrhunderten reichlich mit Mönchsorden und Klöstern versehen. Die Äbte und Führer dieser Orden, die meist aus Italien und Frankreich stammten, brachten die neuesten Kenntnisse auf medizinisch-wissenschaftlichem Gebiet mit und gaben diese an die Ordensmitglieder weiter.
Von diesen Klöstern und Mönchsorden ging dann die Initiative der Gründung von Spitälern und sogenannten "Xenodochien" (Altersherbergen) aus, wo besonders alte, kranke Menschen Aufnahme fanden.
Diese Orden hatten keine besonders ausgeprägte Heilmethode. Verschiedene Heilmittel wurden auch mit Rezepten verordnet, was aus den damaligen Eintragungen in den Kirchenbüchern bewiesen ist. Für viele Leiden wurden aber auch aus christlicher Einstellung Gebete verordnet. Überhaupt war es in dieser Zeit bezeichnend, wie zu dem Volksglauben an die Wunderkräfte der Natur und die Wirkung bestimmter angewendeter Mittel bei einer Krankheit die strenge Auffassung der christlichen, damals katholischen Kirche zu der Lebensweise der Menschen und der Lehre zum Gesundwerden noch dazukam und so das Bild vervollständigte. Der Glaube und die Befolgung der christlichen Lehren wurde den Kranken als Notwendigkeit zu dem Gesundwerden angeraten und vorgeschrieben. Der Mönch oder der erfahrene Samariter wird wohl auch damals ähnliche Sprüche zu dem Kranken gesagt haben, was heute bekannte und erfolgreiche Heilpraktiker (Neuner) sagen: "Nicht der Heiler vollbringt das Werk des Gesundwerdens, sondern Gott, der hinter ihm steht."

Neben den Spitälern besaßen die Klöster auch Heilpflanzenanlagen, die sie kultivierten und zu Arzneien verarbeiteten. Einige Klöster hatten eine medizinisch-wissenschaftliche Bibliothek mit Nachschlagwerken, und gewiß auch einen Raum (angehende Apotheke), wo die Arzneien zubereitet wurden.
Später errichteten die Städte, so in Hermannstadt, Spitäler, und aus Mangel an ausgebildetem Personal, übertrugen sie die Leitung und Führung dieses Spitales einem Mönchsorden.
In Siebenbürgen gab es zu dieser Zeit auch Frauenklöster, wie die des Elisabethordens und die der Franziskaner, die sich der Gesundheitspflege widmeten.
Die Aufrechterhaltung der Spitäler wurde oft durch Schenkungen von Bemittelten sichergestellt. So wurden Gebäude, Grundstücke und Geldmittel dem Orden übereignet. Auch die Könige und Fürsten trugen oft dazu bei.
Die katholische Kirche sorgte bei wohlhabenden Bürgerkreisen in den Städten für eine Unterstützung der Spitäler.

Neben den Mitgliedern der Mönchsorden wurden auch andere Personen von diesen in die Gesundheitspflege eingeweiht und übten diese aus. Auch Priester der katholischen Kirche sind als Ärzte und Gesundheitsbetreuer erwähnt.

Später verbot die Kirche auf Grund ihrer kirchlichen Würde den Ordensmitgliedern die ärztliche Beschäftigung. Die Ordens-Apotheken überließ sie ihnen, da dadurch ein gewisses Einkommen erzielt wurde, und das Volk auf diese Weise auch außerhalb der Kanzel beeinflußt werden konnte.

Einige Orden, wie die Benediktiner und Zisterzienser, entsagten dieser Einnahmequelle, aber nach der Reformation hielt besonders der Jesuitenorden dieses doch für wünschenswert.
Der Jesuitenorden mit seiner strengen Lehre und Zucht hat dann viel zum Gesundheitswesen des Landes beigetragen, da er an verschiedenen Stellen des Landes Spitäler errichtete und auch Apotheken (Klausenburg), bis der Papst dann den Orden auflöste.
Erst mit der Ausbreitung der Reformation kam das weltliche Element mehr zur Macht. Auch die Apotheken wurden von weltlichen Stellen errichtet und betreut. In Siebenbürgen beließ man nur dem Orden der "Barmherzigen Brüder", der ausschließlich mit der Heilkunst beschäftigt war, seine Spitäler und Apotheken.
Die vielen Klöster der Mönchsorden, die in diesen Jahrhunderten in allen Teilen Siebenbürgens erbaut wurden, und deren Mitglieder von dort eine segensreiche Tätigkeit auf Land und Bevölkerung ausübten, sind im Laufe der späteren geschichtlichen Ereignisse, Kriege und Verwüstungen durch Tataren und Türken, zerstört worden, und oft künden nur noch Ruinen von ihrer stolzen Vergangenheit.

Die Apotheken zur Zeit des Fürstentums und der Türkenherrschaft in Siebenbürgen

Mit der zunehmenden Entwicklung der Städte in Siebenbürgen und der Herausbildung der bürgerlichen Rechte, hatten diese die Aufgabe, auch auf dem Gebiet des Gesundheitswesen für Ordnung und Weiterentwicklung zu sorgen.

Die ersten Spitäler, die sie errichteten, übergaben sie wegen Mangel an ausgebildeten Kräften, den Mönchsorden zur Leitung. Später errichteten sie selbst Spitäler und Apotheken und setzten Ärzte und Apotheker als Angestellte der Stadt dort ein. Anfangs mußten sie diese Fachleute aus dem westlichen Ausland holen, später waren es Männer aus der eigenen Bevölkerung, die das nötige Wissen erlernt hatten. So entstand das bürgerliche Gewerbe des Apothekerstandes.

Im Jahre 1494 wurde vom Rat der Stadt Hermannstadt die erste Apotheke in Siebenbürgen errichtet. Sie hieß "Stadtapotheke". Zwei Ratsherren sorgten für die Beschaffung der Arzneien und für die Anstellung eines gewissenhaften Apothekers. Die Aufsicht über die Stadtapotheke hatte der Stadtphysikus. Damals schon eine Kontrolle über Herstellung der Arzneien und deren ordnungsgemäße Ausfolgung an die Kranken.
Während in Ofen schon 1303 von der ersten Apotheke berichtet wird, entstand in der Stadt Berlin 1488 die erste Apotheke, also nur 6 Jahre vor Hermannstadt. Im Obergischen Kreis wurde erst 300 Jahre später, nämlich

1790, die erste Apotheke errichtet (Kaufmann).

Einen gewissen Trennungszeitpunkt der Ärzte vom Apothekerstand läßt sich in Siebenbürgen nicht genau feststellen. Die Apotheker waren auch Spezerei- und Gewürzhändler. Sie bildeten später eigene Zünfte, mit Lehrjungen, die in einer strengen Lehre ausgebildet wurden und ein Meisterstück anfertigen mußten. Es ist anzunehmen, daß in der ersten Zeit auch in Siebenbürgen die Apothekerordnungen geltend waren, die im frühen Mittelalter in Italien und Deutschland die pharm. Gewerbeausübung regelten.

Zu Beginn des 15. Jahrhunderts begannen die Türkeneinfälle. 1541 besetzten die Türken ganz Siebenbürgen. In dieser Zeit begannen die Siebenbürger Sachsen ihre Dörfer und Städte zu Wehrburgen auszubauen. Einzelne Orte wie Hermannstadt und Kronstadt galten als uneinnehmbare Festungen. Die Sachsen beteiligten sich oft erfolgreich mit ihrem Heerbann an den Abwehrschlachten gegen die Türken.
Im Jahre 1526 wurden die Ungarn bei Mohács in der ungarischen Tiefebene von den Türken geschlagen. Der Weg nach Ofen und Wien war nun frei. In Ofen residierte darauf 200 Jahre ein türkischer Pascha.

Siebenbürgen blieb östlich davon am Rande unter seinem Fürsten. 1542 erkannte der siebenbürgische Landtag die türkische Oberhoheit an. Die Türken ließen den Ständen ihre Autonomie und freie Hand. Sie wollten nur den Tribut, der oft schwer die Abgaben der Stände belastete. Trotzdem behielten die Zünfte und Bauern ihre Freiheit und konnten sich, wenn auch schwer, weiter entfalten.

Im 17. Jahrhundert führten nicht nur hohe Steuern, sondern auch Hungersnot und Seuchen (Pest und Cholera) zur wirtschaftlichen Auszehrung der Sachsen. Die Sachsen besaßen nur 1/4 des Landes, mußten aber bis 60 % der Steuerlast bezahlen.

Im 17. Jahrhundert gelang es über Habsburg mit seinen Verbündeten die Türken aus Ungarn zu verdrängen. 1687 kam Siebenbürgen wieder unter habsburgische Herrschaft.
1688 sagte sich der siebenbürgische Landtag von der türkischen Oberhoheit los.

In dieser Zeit gewann die Reformation unter dem Reformator Johannes Honterus (1542) in Siebenbürgen an Boden. Trotzdem es dadurch Uneinigkeit in Religionsfragen gab, ist das kulturelle Leben der Siebenbürger Sachsen auf vielen Gebieten tiefgreifend beeinflußt worden, so daß das gesamte gesellschaftliche, wirtschaftliche und politische Leben beeinflußt wurde. Die Buchdruckerei, die in Kronstadt entstand, und für die Vertreibung geistiger Schriften sorgte, auch unter den Rumänen, die Kirchenordnung, der Einfluß der ersten sächsischen Bischöfe auf das kirchliche und politische Leben in den Dörfern, und die Förderung der Schulen, all dieses hat wesentlich zur Fortentwicklung des kleinen Sachsenvolkes beigetragen. Gerade hier zeigt sich, daß auch in dieser geschichtlich schweren Zeit die Ausstrahlung dieser geistigen regen Kräfte der Sachsen auch den anderen Völkern, mit denen sie in Siebenbürgen zusammenlebten, in vielen Fällen zugute kamen. Die drei Stände haben

also auch in dieser Zeit die Möglichkeit eines einträchtigen Zusammenlebens bewiesen.
Ende des 17. Jahrhundert bestanden in Siebenbürgen sechs öffentliche Apotheken, die Eigentum des Rates der Städte waren. Neben der schon erwähnten Stadtapotheke 1494 in Hermannstadt, "Zum schwarzen Adler", wurde 1516 in Bistritz die zweite Apotheke "Zum schwarzen Adler" gegründet.

1560 folgte in Klausenburg die Apotheke "Zum heiligen Georg", und dann die "Bären-Apotheke" in Kronstadt. In Hermannstadt entstand 1609 die zweite Apotheke. In Fogarasch erhielt ein Arzt und Apotheker Paulus von der Stadt Kronstadt im Jahre 1546 für Medikamente dreißig Gulden. Daraus ist zu ersehen, daß hier die sechste Apotheke betrieben wurde.
Die Apotheker übernahmen von der Stadt die Apotheke auf Grund eines Inventars, führten sie auf eigene Rechnung, und mußten bei einem Ausscheiden die Apotheke laut Inventar wieder übergeben. Diese wirtschaftliche Basis war für diese Pächter nicht sonderlich gut, oft mußte die Stadt mit einem Zuschuß die Existenz der Apotheke sichern. Zeitweise wurden diese Apotheken geschlossen, weil die Stadt keinen Apotheker fand, der mit dem Auskommen zufrieden war.
Deshalb berief der Rat der Stadt oft Apotheker aus dem westlichen Ausland. So übernahm im Jahre 1525 Georg Weselin aus Schöndorf in Baden-Württemberg die Stadtapotheke in Hermannstadt.
Andere Apotheker aus dem Ausland folgten ihm.
Einer seiner Nachfolger ist der hochangesehene Apotheker

Georg Vette aus Graudenz, der 1672 die Stadtapotheke in Hermannstadt übernahm. Vette war ein leidenschaftlicher Botaniker und Forscher, der zum erstenmal über die Methangas-Quellen in Siebenbürgen berichtet. Seine Veröffentlichungen erschienen auch im Ausland.

Ein Botaniker wie dieser Apotheker Vette hat bestimmt die Heilkräfte der Pflanzen studiert und viel darüber nachgedacht. Das nachfolgende Gedicht der Bauerndichterin Susanne Kräutner möge daran erinnern.

Was sich die Blümlein erzählen

Blümlein blühen auf der Heide in so bunter Farbenpracht
und wir Menschen wissen's alle, Gott hat sie für uns gemacht.
Freuen uns an ihren Blüten, pflücken sie ganz liebevoll,
doch was versteckt in ihnen schlummert Blümlein es nun
sagen soll.

Ich bin die gelbe Wermutpflanze, scharf riech ich,
schmecke bitter heilsam.
Das Herzgespan hat feines Öl und für den Blutdruck gleich
ein Balsam.
Der Weißdorn wächst am Waldesrande,beruhigt dein Herz
und Nerven,
die Blätter, Blüten, so wie Frucht soll jeden Tag dem
Mensch gut werden.

Und unser kleines blaues Veilchen, das koch am Morgen
dir zum Tee,
dann wird Keuchhusten, wie Ohrenschmerzen und Atemwege
richtig gehn.

Auch ich trag zur Gesundheit bei, sagt's Eisenkraut still und vertraut,
nach Goldrute und Baldrian gern jeder Apotheker schaut.

Das Schlüsselblümchen, so die Schlehe, die Dotterblume, Fingerkraut,
der Wildapfel und Gänseblümchen und Taubnessel sind sehr vertraut.
Die Schafgarbe heilt dir den Magen, Melisse tat dem Herzen gut,
die Malve läßt sich nicht vermeiden, im Knoblauch große Heilung ruht.

Such auch das Tausendguldenkraut, wenn dir der Körper mal verstimmt.
Das Blatt von weißen Lilien die Schmerzen aus der Wunde nimmt.
Seit alter Zeit ist wohl bekannt durch ihrer guten Gaben Fülle,
bei jedem Schmerz, für jede Wunde, stets zum Gebrauch unsere Kamille.

So rühmten sich die Blümlein mal für was sie doch alle geboren,
ja, viele hundert sind noch da zu unserer aller Heil erkoren.
Und jedes wächst, blüht und gedeiht ganz schön zu seiner eignen Zier,
sind doch so herrlich anzusehn und helfen täglich mir und dir.

Susanne Kräutner

Aus den Übergabe-Inventaren der Stadtapotheken, 1531 und 1538 sind die bekanntesten, die erhalten worden sind, läßt sich ein Bild machen über den Bestand an Waren, die eine Apotheke damals führte, über die Heilverfahren und die verordneten Arzneien der damaligen Zeit. Deshalb sind diese Urkunden kulturhistorisch wertvoll. Die aufgeführten Bücher der Apothekenbibliothek läßt auf die Ausbildung und auf das pharm. Wissen des Apothekers schließen.

Die deutschen Apotheken nach der Reformation im 17. und 18. Jahrhundert

Die Reformation teilte die siebenbürgische Bevölkerung in verschiedene Glaubensbekenntnisse.
Dieses und oft auch die große wirtschaftliche Not in dieser Zeit hatte großen Einfluß auf die Einstellung der Menschen zueinander und zu den öffentlichen Einrichtungen. Auch im Gesundheitswesen wirkte sich dieses aus. Die verarmte Bevölkerung suchte Zuflucht zu Hausmitteln oder nahm Bader und oft auch Kurpfuscher in Anspruch. Ärzte, deren Anzahl gering war, wurden wenig aufgesucht.
Die Apotheker befaßten sich damals oft, bei dem Mangel an Heilpersonen, mit der Behandlung der Kranken. Von adligen Familien wurden sie als "kurierende Hausapotheker" angestellt, und mit ihren Hausapotheken fuhren sie über

Land zu den Kranken.
In dieser Zeit der Armut und der Not durch Seuchen war das ärmere Volk ganz sich selbst überlassen, es konnte keinen Arzt und Apotheker aufsuchen. Das Volk begann eigene Wege in der Gesundheitsfürsorge zu gehen, Natur- und Selbstheilkunde mit Kräutern, Ölen und allen möglichen Arzneien führten oft auch auf falschen Wegen zu Kurpfuschern und Scharlatanen, die auf Straßen und Jahrmärkten ihre Rezepte feilboten. Aberglaube und die falsche Vorstellung, daß, je größer der Spender, um so besser und wirksamer die Arznei, verführten und enttäuschten die Menschen. Aber Hoffnung und Glaube taten hier mehr die Wirkung als das erworbene Medikament.
Als sich die Zahl der Ärzte vermehrte, wurde in Siebenbürgen die Abgrenzung der Heilberufe schärfer durchgeführt und den Apothekern das Behandeln von Kranken untersagt. Auch dem Kurpfuschertum und allen nicht befugten Personen wurde durch Verordnungen der Räte der Stadt das Heilen und Feilbieten von Arzneien verboten.

Diese damals noch zum Teil bestehenden Klosterapotheken, die besser ausgestattet waren, halfen der Bevölkerung mit Arzneien. Durch das Vordringen der Reformation wurde die Stellung der Klosterapotheken erschüttert. Der protestantische Fürst Johann Bocskáy erklärte den Protestantismus zur Staatsreligion. Nur die Apotheken des Jesuitenordens überdauerten die Reformationszeit.

Von 1692-1792 war Hermannstadt die Hauptstadt von Siebenbürgen. Von hier ging auf allen Gebieten die Führung und

Gesetzgebung aus. Die Apotheker waren nicht mehr vom Rat der Stadt abhängig, sondern kamen unter die Führung des Landes. Das Recht, eine Apotheke zu eröffnen, gaben die Stadträte der Städte auf Grund der Landesgesetze "jus civitatis".

Doch die Unabhängigkeit Siebenbürgens ging Ende des 17. Jahrhunderts verloren. Siebenbürgen blieb zwar ein Gubernium, das bestimmte Selbstständigkeit hatte, aber die Habsburger führten von Wien die Geschicke des Landes. Siebenbürgen tauschte auf diese Weise die Scheinabhängigkeit von den Türken, an die nur ein Tribut gezahlt werden mußte, gegen die vollkommene Abhängigkeit von Österreich aus. Dieses regelte in besonderer Weise das von Leopold I erlassene "Diploma Leopoldinum".

Wenn in dieser Zeit durch den Einfluß des Absolutismus und die Bevorzugung der katholischen Religion manches zum Nachteil der Siebenbürger Sachsen ausfiel, so waren die sächsischen Siedlungsgebiete doch ein sicherer Hort des Protestantismus unter dem Schutze der eigenen Kirche und weltlicher hervorragender Führer.

In dieses Land kamen zu dieser Zeit verfolgte Protestanten (die Landler) aus österreichischen Erblanden, die hier angesiedelt wurden und das Volksleben bereicherten.

Das neue Gubernium war nun bestrebt, nach den Verordnungen von Wien auf vielen Gebieten manches zu regeln. Diese neuen Verordnungen förderten auch das Gesundheitswesen in Siebenbürgen. Die Regelung über die Ausübung des Ärzte- und Apothekerstandes, die Ausmerzung der Kurpfuscherei, die Errichtung einer medizinischen Hochschule in Klausen-

burg, die Vermehrung der Apotheken, hat viel zum Fortschritt auf dem Gebiet des Gesundheitswesens beigetragen.
1755 wurde durch ein Consilium der Apotheker die Medikamentenpreise festgesetzt. 1777 entstand eine Landessanitätsordnung, und es konstituierte sich ein Landessanitätsrat. Städte, die keine Apotheken hatten, wurden von den Feld- und Garnisionsapotheken versehen. Die bestehenden Militärapotheken kamen in vielen Fällen auch der Allgemeinheit zugute, wenn sie auch oft mit den bürgerlichen Apotheken dadurch Konflikte hatten.
Die Versorgung der Apotheken in Ungarn und Siebenbürgen wurde teilweise durch einen privilegierten pharm. Großhandel durchgeführt. Dieser Handel war in den Händen des"Kaiser-königl. privilegierten Großhändlers", Franz Wilhelm Natorp, Adliger des "Heiligen Röm. Reiches", der sogar später Ritter und dann Baron wurde. Natorp war ein gutherziger und freizügiger Mensch, der sich auch in Siebenbürgen um das Gesundheitswesen kümmerte und deshalb vom Siebenbürgischen Landtag gewürdigt wurde. Ein strebsamer, aktiver Mann, der erkannte, daß eine gute und schnelle Versorgung der Apotheken und Spitäler mit den notwendigen Medikamenten die Grundlage aller Heilweisen im Rahmen des Gesundheitswesen ist. Daraus folgte, daß er in der Zeit seiner Tätigkeit, 1770-1790, sein Interessengebiet nach allen Seiten ausdehnte. Dabei erwirtschaftete er sich ein riesiges Vermögen.

In dieser Zeit lebte und wirkte auch der bedeutende Apotheker Tobias Mauksch in Klausenburg, der durch seine

"Instuctiones" an seinen Sohn eine vorbildliche Anweisung für die Ausbildung eines Apothekers gab.
In der Zeit von 1700-1760 wurden die siebenbürgischen Apotheken um 8 vermehrt und zählten demnach 14.

Von Wien wurden noch mehrere Verordnungen erlassen, die in den Bereich der Apotheke fielen.
So 1752 die Verordnung über die Inspektion der Apotheken. Die österreichischen Gesundheitsgesetze wurden auch auf Siebenbürgen ausgedehnt.
1770 wurden für das Gesundheitswesen in dem "Generale Normativum in re sanitatis" neue Direktiven auch für Siebenbürgen herausgegeben. Gemeinsame Normen für die pharm. Tätigkeit, der Rechte und Pflichten der Apotheker. Pharm. Universitätsvorbildung, einwandfreie persönliche Führung, Unterstellung unter die Verordnungen und Sanitäts-Behörden, Anerkennung der Verteilungsstellen und Taxbestimmungen, Verbot der medizinischen Ausübung, Anerkennung des Alleinrechtes Medikamente herzustellen, Vorschriften für Ausstattung und Pflichten der Apotheke zählten zu all diesen Verordnungen.

Alles einschneidende Bestimmungen, die zum erstenmal so weitläufig und systematisch Rechte und Pflichten der Apotheken beschreiben. Die Durchführung dieser Verordnungen stieß anfangs auf Schwierigkeiten, da nicht überall die entsprechende Aufsichtsbehörde bestand. Mit den Jahren festigten sich diese Gesetze und trugen wesentlich zur Entwicklung der Apotheken bei, wie sie auch das Ansehen der Apotheker bei der Bevölkerung hoben.

Die Regierungszeit von der Kaiserin Maria Theresia, 1740-1780, war für Siebenbürgen sehr vorteilhaft, da sie in dem Siebenbürger Sachsen Samuel von Brukenthal einen ihr treuen und sehr befähigten Verwalter siebenbürgischer Interessen fand, den sie zum Gubernator ernannte.

Ihr Nachfolger Josef II, 1780-1790, ein Anhänger der Aufklärung und absolutistischer Methoden, stürzte Brukenthal und führte andere Reformen ein. Aufhebung der Leibeigenschaft sowie der ständischen Verfassung (Nationsuniversität). Komitatseinteilung, neues Eherecht, Gerichts- und Strafprozessordnung, Landvermessung, Kataster und Grundbuch. Viele von diesen Gesetzen waren sinnvoll, aber durch die Umwerfung der bisherigen Ordnungen entstand ein großes Durcheinander im Lande. Vor seinem Tode nahm er viele Anordnungen zurück, manche blieben. Die Sachsen wurden in vielem ihrer Rechte und Zusicherungen beraubt.

Die Ungarn, die jetzt schon mit ihrem Chauvinismus versuchten,die Rechte der Sachsen zu beschneiden, erwirkten im Jahre 1792, daß der Landtag das "Kuriatvotum" (jeder Stand nur 1 Stimme) abschaffte. Von nun an zählte also jede Einzelstimme der Stände. Die Sachsen kamen in die Minderheit. Bisher hatten sie auf Grund ihrer Leistung und ihres wirtschaftlichen und politischen Einsatzes als gesamter Stand 1 Stimme im Landtag gegen die beiden anderen Nationen. Jetzt basierte ihr Votum nicht mehr auf den verbrieften Rechten und ihrer Leistung, sondern auf ihrer Zahl. Sie waren nicht mehr gleichberechtigt, sondern eine kleinere ethnische Gruppe. Dieses sollte sich in Zukunft auf ihre geschichtliche Entwicklung zu ihrem Nachteil auswirken, was natürlich auch die deutschen Apotheken betraf.

Anfang des 19. Jahrhundert wirkte der Protomedicus Siebenbürgens F. Nyulas, der durch seine Visitationen und Anordnungen eine neue pharm. Aktivität einleitete. Er schickte jeder Apotheke vorher eine von ihm zusammengestellte "Instructio pro apothecaris", wo die Organisation und die Aufgaben und Tätigkeiten der Apotheke genau beschrieben wurde. Dann visitierte er die einzelnen Apotheken und schrieb ein Visitationsprotokoll, "Generalis apothecarium visitatio rigorosa", das für die Apotheke verpflichtend war.

1774 erschien die erste Auflage der "Pharmacopeea austriaca provincialis", gefolgt von weiteren 7 Auflagen, die alle für Siebenbürgen rechtsgültig waren. 1836 und 1838 erschienen die Taxen für Medikamente.

1872 wurde dann die "Pharmacopeea Hungarica Ed. I" für Siebenbürgen rechtsgültig.

In der Zeit von 1750-1800 wurden vom Gubernium 43 neue Apotheken zugelassen. Im 18. Jahrhundert gab es in Siebenbürgen keine Landapotheke. Die erste wurde in der Gemeinde Birthälm im Jahre 1810 eröffnet.

Die Ausbildung der Pharmazeuten, die bisher als Basis die Lehrjahre in der Apotheke hatte (früher 6, später 3 und 2 Jahre) und darauf die sogenannte Praktikantenprüfung (Tyrocinium), und nachher das Praktikum in der Apotheke, änderte sich im 18. Jahrhundert vollkommen. Zur Führung einer Apotheke wurde immer mehr ein Universitäts-Studium erforderlich. Durch Zwischenlösungen, denn es gab anfangs noch keine pharm. Fakultäten, wurden immer mehr Semester Pharmazie-Studium verlangt und Prüfungen in bestimmten Fächern vorgeschrieben. Ende des 19. Jahrhundert wurde für jeden Apotheker Abitur, 2 Jahre Praktikum und volles Pharm. Studium mit Ablegung des Staatsexamens verlangt.

Die deutschen Apotheken im 19. und 20. Jahrhundert

Im Jahre 1867 wurde Siebenbürgen dem Königreich Ungarn einverleibt. Wenn die österreichischen Apothekengesetze ihre Gültigkeit vorläufig noch behielten, so war diese Umstellung auch für die deutschen Apotheken eine einschneidende Maßnahme. Erst im Jahre 1876 erschien dann das neue ungarische Sanitätsgesetz, das für die deutschen Apotheken bindend war und einschneidende Verordnungen enthielt. In den Paragraphen 124-138 wird die Apotheke aus den Handelsgeschäften herausgelöst, gleichzeitig als eine "Körperschaft des öffentlichen Rechtes" unter den Schutz der Behörde gestellt.

In der Mitte des 19. Jahrhundert ging das absolutistische Regime des österreichischen Einheitsstaates auch in Siebenbürgen dazu über, auch die Apotheken nebst ihren Rechten dem österreichischen Muster anzupassen. Bis zum Ende des 18. Jahrhundert waren die Apotheken, soweit sie nicht städtischer Besitz waren, Eigentum des Konzessionsinhabers.

Von den Behörden wurden diese gewöhnlich als Realrecht verliehen. Dieses Recht konnte vererbt, verkauft, überschrieben und verpachtet werden. Auch Nichtapotheker konnten Besitzer der Apotheke sein, sie mußten diese nur von einem Apotheker leiten lassen und sich in die Anordnungen der Sanitätsbehörde unterstellen. In bestimmter Beziehung war die Apotheke Gegenstand des freien Handels.

Schon im Jahre 1853 gab das österreichische Handels-Ministerium die Verordnung heraus, daß alle die Apotheken, die vor 1799 als Privateigentum bestanden, als Realrechte anerkannt werden. Hingegen werden Apotheken, die nach 1799 gegründet wurden, nur in dem Falle als Realrecht anerkannt, wenn sie ausdrücklich das Recht der freien Verkäuflichkeit im Sinne des Privatrechtes bei der Verleihung mitbekommen haben. Demzufolge wurden alle Apotheken aufgefordert, im Laufe von 2 Jahren der Nachweispflicht ihrer Rechte nachzukommen. Nach dieser Frist werden die bestehenden Rechte nicht mehr anerkannt. Die Nachweise und Urkunden mußten über den Magistrat der Stadt der zuständigen Behörde vorgelegt werden, sie wurden dort überprüft und anerkannt. Die so geprüften Realrechte mußten auch der Gewerbebehörde angemeldet werden. Die ermittelte den Normalwert der Apotheke, die darüber hinaus zu keinem höheren Preis verkauft werden durfte.

Diese Verordnung stürzte die siebenbürgischen Apotheker in große Unruhe. Denn wer wußte im 18. Jahrhundert in diesem Lande etwas von einem Realrecht. In Siebenbürgen bestanden in früheren Jahrhunderten wenig Apotheken. Wer dachte jemals daran, daß man nachweisen mußte, mit welchem Recht man seine Apotheke seinerzeit verliehen bekam.

Deshalb rekurierten sie in Wien gegen diese Verordnung. 1858 wurde diese Verordnung geändert und anstatt des Jahres 1799 das Jahr 1851 bestimmt. Darnach galten alle Apotheken, die vor diesem Termin nicht ausdrücklich "ad personam", d.h. als unverkäufliches Recht, verliehen wurden, als Realapotheken.

Im Jahre 1865 ist dann auch für die Personal-Apotheken das Nutzungsrecht der Witwe und der minderjährigen Kinder durch Dekret verordnet worden. Die Apotheken unterstanden laut Gesetz von 1876 dem ungarischen Innenministerium. Diese Handhabung dauerte bis 1918, bis zum Inkrafttreten der rumänischen Herrschaft in Siebenbürgen.

Das ungarische Sanitätsgesetz brachte in alle Bereiche des Apothekenwesens genaue Bestimmungen. Die Ausbildung der Pharmazeuten wurde genau geregelt, die Apothekenbetriebsordnung, die Revision der Apotheken, die Begrenzung der Apotheken und manches andere.

Die Frauen wurden erst ab 1895 zum Studium zugelassen. Selbstverständlich begann schon zur ungarischen Zeit die Vermehrung der Apotheken, wobei die ungarische Behörde ihre Volksangehörigen begünstigte.

Am 1.12.1918 wurde Siebenbürgen mit Rumänien vereinigt. In den ersten Jahren war das oberste Staatsorgan der "Consiliul dirigent", mit dem Sitz in Hermannstadt, der

das ungarische Sanitätsgesetz aus dem Jahre 1876 übernahm. Aber sehr schnell wurden seitens dieser Behörde neue Apotheken-Konzessionen (43) erteilt, die hauptsächlich Rumänen vergeben wurden. Das war für die deutschen Apotheken ein wirtschaftlicher Einbruch.
In kurzer Zeit wurden neue Verordnungen für die Apotheken erlassen und ein Sanitätsgesetz löste das andere ab, so daß die Apotheken durch die vielen neuen Bestimmungen verunsichert und belastet wurden. Nicht nur in der Ausbildung gab es neue Bestimmungen, in der Begrenzung der Rechte und der Pflichten des Apothekers änderte sich manches. Das Schlimmste war aber das Nichteinhalten der gesetzlichen Bestimmungen, besonders seitens der neuen jüngeren rumänischen Kollegen, das dem Ansehen der Apotheke sehr schadete. Nichteinhaltung der gesetzlichen Taxen, das Geschäftemachen mit der Arznei, manchmal das unkorrekte Herstellen der Arzneien nach dem Arzneibuch, um einen größeren Gewinn zu erzielen. Der Kampf der Apotheken und Drogerien spielte eine große Rolle. All diese Verordnungen und Methoden erschütterten die Berufsauffassung der deutschen Apotheker.

Die deutschen Apotheker berührte vor allem die Maßnahme der Nichtanerkennung der ausländischen Diplome. Unser Nachwuchs mußte also auf das Studium in Deutschland verzichten, um beim Erwerb einer Apotheke keine Schwierigkeiten zu haben. Viele Kollegen, die ein ausländisches Diplom hatten, mußten dann mühsam ihre Prüfungen auf der rumänischen Universität wiederholen, um die sogenannte "libera practica", freie Berufsausübung, zu bekommen.

Sowohl zur ungarischen als auch zur rumänischen Zeit gab es standesgemäße Zusammenschlüsse der Apotheker.
1921 wurde die "Vereinigung aller Apotheker aus Rumänien" mit dem Sitz in Bukarest gegründet, mit Zweigstellen in verschiedenen Landesteilen. Das Sanitätsgesetz von 1930/33 errichtete dann das "Colegiul farmaceutic" (Apothekerkammer"), gegliedert nach Komitaten, darin jeder Apotheker Mitglied sein mußte. Aber auch die Apotheken-Angestellten gründeten einen Verein und griffen sehr aktiv in die Standesarbeit ein, da das soziale Verständnis bei vielen Apothekern fehlte. Bei all diesen Vereinigungen haben die deutschen Apotheker sich beteiligt, und durch ihre Aktivität oft führende Posten innegehabt, um so auf die berufspolitische Arbeit einzuwirken und die Interessen auch der deutschen Kollegen zu schützen.

In den 30er Jahren des 20. Jahrhundert entstand aus dieser Lage des deutschen Apothekerstandes heraus der Gedanke, alle deutschen Apotheker in Rumänien, Besitzer, Angestellte und Praktikanten, in einer Organisation zusammenzufassen, um die deutsche Apotheke gemeinsam zu schützen, dem Apotheker Anregung zur Fortbildung zu geben, die Praktikanten und jungen Apotheker zu betreuen. Unter der Führung des Apothekers Viktor Lieb aus Hermannstadt gründeten einige Apotheker aus Siebenbürgen und Banat den "Verein deutscher Apotheker in Rumänien".
Zum erstenmal in der Geschichte des deutschen Apothekerstandes in Siebenbürgen wurden alle deutschen Apotheker,

sogar aus ganz Rumänien, karteimäßig erfaßt. Selbstverständlich auch die Daten und Urkunden aller Apotheken. Man wußte, daß man wenig Einfluß auf die staatliche Sanitätsgesetzgebung haben würde, dem Zusammenschluß lag vielmehr der Gedanke zu Grunde, durch vorbildliche Leistungen, Ausbildung und Gewissenhaftigkeit den Einzelnen in seinem Berufsleben zu fördern, und so das Ansehen des Apothekerstandes zu heben.
Die Unterlagen dieser Arbeit sind durch die Kriegsereignisse verloren gegangen.

Eine besondere Aufgabe des Vereins war die Anregung zur Fortbildung seiner Mitglieder.
In den einzelnen Kreisen wurden fachliche Vorträge mit anschließenden Diskussionen abgehalten. Diese Vorträge erschienen dann in der Zeitschrift des Vereins "Apotheken-Mitteilungen". Wenn man die verhältnismäßig geringe Gesamtmitgliederzahl des Vereins betrachtet, so sind z.B. in den Jahren 1937 und 1938 etwa 30 Aufsätze über die verschiedenen pharm. Themen erschienen.

Die Verbindung des Vereins mit der "Deutschen Apothekerschaft" in Deutschland war sehr rege. Pharmazeutische Literatur und Fachzeitschriften aus Deutschland unterstützten die Arbeit. Zu Tagungen und Fortbildungskursen wurden Fachreferenten der Deutschen Apothekerschaft eingeladen, die hier Vorträge hielten.

Auch eine Gruppe von etwa 12 Apothekern aus Siebenbürgen und dem Banat konnte in Berlin einen pharmazeutischen Fortbildungskurs mitmachen und anschließend auf dem Apothekertag in Essen teilnehmen. So kamen die Kollegen beschenkt nach Hause und gaben ihre Erfahrungen weiter.

Durch die Beziehungen mit der Deutschen Apothekerschaft und die guten fachlichen Leistungen unserer Kollegen, ist es manchem gelungen, seinen Berufsweg auf pharm. Instituten, Universitäten, bei pharm. Firmen im Reich fortzusetzen. Mancher von diesen ist dann in leitender Stellung einer pharm. Firma auch im Ausland gewesen, so in Chile, Mexico, Spanien und in europäischen Ländern. Ohne diese Vorarbeit wäre es oft nicht möglich gewesen, diesen Aufstieg durchzuführen.

Die Bestrebungen des Vereins der deutschen Apotheker in Rumänien waren sowohl in damaliger Zeit berufspolitisch ein guter Anfang, als auch aus heutiger Sicht gesehen der richtige Weg, Apotheke und Apotheker in der Gesellschaft so zu stellen, daß durch Leistung und Vorbild das Ansehen dieser Berufsgruppe bei allen Völkern Siebenbürgens vertieft wird.
Wie das Ansehen und die geistige Ausstrahlung des Apothekers bei allen Teilen der Bevölkerung bewertet wurde, soll das nachfolgende Gedicht der Bauerndichterin Susanne Kräutner aus Botsch darlegen.

Unser Apotheker

Wer ist der große Helfersmann?
Du alter Bürger sag es an.
Wenn Schmerz und Krankheit dich bedroht,
wer war's, der gleich dir Hilfe bot?

Bevor es Arzt und Schwestern gab,
die Apotheker wir gehabt.
Er mischte seine Kräuter fein,
und machte d'raus die Arzeneien.

Wie dankbar war der Patient,
als die Gesundheit ihm geschenkt.
Von Jahr zu Jahr forschte man mehr,
und jeder gab sein bestes her.

Apotheker waren aus alter Zeit
den Kranken beizustehn bereit.
Oft gab es ganz geringen Lohn
für manch armen Apothekersohn.

Es ging ihnen nicht nur ums Geld,
Gesundheit braucht die kranke Welt.
Das war ihr Ziel, es war bekannt,
im ganzen Siebenbürgerland.

Susanne Kräutner

Der zweite Weltkrieg mit seinen furchtbaren Folgen hat die Geschichte der deutschen Apotheken und Apotheker in Siebenbürgen ein Ende gemacht.

Viele der Kollegen dienten pflichtbewußt zuerst in rumänischen Militäreinheiten, dann bei der deutschen Wehrmacht, manche hat der Tod hinweggerafft. Viele wurden nachher beim russischen Einmarsch oft grundlos verhaftet

und in Arbeitslager verschleppt.
Heute steht ihr Grab irgendwo in den weiten Steppen Russlands.

Während des Krieges versorgten oft die alten Väter oder andere Angestellte ihre Apotheke. Und als sie vielleicht zurückkamen, um mit ihren Familien für die Gesundheit anderer Menschen zu arbeiten, da war ihre Apotheke enteignet, sie selbst recht- und besitzlos.
Manche haben dort ihr Leben wieder fortgesetzt, manche, die der Krieg nach Jahren heil entlassen hat, zogen nach Westen. Die meisten jahrelang, oder für immer ohne Familie, denn die blieb ja in Siebenbürgen. Der alte urwüchsige Siedlergeist lebte in diesen deutschen Apothekern, sie begannen von vorne. Hinter der Rezeptur Arzneien herzustellen, hinter dem Verkaufstisch einer Apotheke ihr Wissen und ihre Berateraufgabe kranken Menschen zu vermitteln, das gab wieder Grund und Boden, auf dem sie leben konnten. Ein großer Teil der im Westen lebenden Apotheker machte sich durch Pacht und Kauf wieder selbstständig, um so führend und gestaltend ihre eigene Apotheke wieder in den Dienst der kranken Menschen zu stellen.

Die Geschichte der deutschen Apotheken in Siebenbürgen endet mit deren Enteignung am 2.04.1949. Die Landapotheken wurden erst im Jahre 1952 enteignet. Die Geschichte der deutschen Apotheker, die auch heute noch in Siebenbürgen leben und zum Teil dort berufstätig sind, hat mit obigem Datum nicht aufgehört. Für diese geht die Geschichte dort weiter.

Um auch über die Methoden der Enteignung und der Neuorganisation der Apotheken, ihre Aufgaben und Tätigkeiten, in dem neuen sozialistischen Staat zu berichten, habe ich darüber ein ausführliches Referat, eine Zusammenstellung von Berichten der Wissensträger, auf der Arbeitstagung des Arbeitskreises für Siebenbürgische Landeskunde in Graz, September 1984, gehalten. Vielleicht erscheint dieser Bericht in einer zukünftigen Veröffentlichung des Arbeitskreises. Sonst besitzt die Siebenbürgische Bibliothek in Gundelsheim dieses Referat.

Dieser Überblick über die Geschichte der deutschen Apotheken in Siebenbürgen konnte nicht in Einzelheiten gehen und ist deshalb keine ausführliche geschichtliche Darstellung. Er soll aber zum Verständnis der deutschen Apotheken in Siebenbürgen führen, und damit zur Beurteilung der Geschichte jeder einzelnen deutschen Apotheke, die wir nach Kreisen geordnet nachfolgend bringen.

Literatur:

BRUCKNER, Dr., Wilhelm: "Tradition sächsischer Altenpflege." Siebenb. Zeitung, 15.05.1985.

FISCHER, Dr., Emil: "Die Kulturarbeit des Deutschtums in Rumänien." Hermannstadt 1911.

GÖLLNER, Carl: "Geschichte der Deutschen auf dem Gebiete Rumäniens." Bd. I, Kriterion-Verlag 1979.

HERBERT, H.: "Die Gesundheitspflege in Hermannstadt bis zum Ende des 16. Jahrh." Archiv des Vereins f. Siebenb. Landeskunde, 20. Bd., 1. Heft 1885, Hermannstadt.

HUTTMANN, Prof. Dr., A.: "Kronstädter Medizin und Pharmazie im Zeichen der Aufklärung." Korresp. Bl. 1975, Heft 2 u. 3, S. 101-106.

HUTTMANN, Prof. Dr., A.: "Grundzüge einer Medizingeschichte Siebenbürgens." Siebenb. Archiv Bd. 14, 1979, S. 67-197.

HUTTMANN, Prof. Dr., A.: "Kulturaustausch in der Siebenb. Geschichte der Medizin und Naturwissenschaften im 16. und 17. Jahrhundert." Siebenb. Archiv Bd. 12, S. 91-107.

IZSÁK, Prof. Dr., Samuel: "Farmacia de-a lungul secolelor." (Die Apotheke im Laufe der Jahrhunderte.) Editura științifică si enciclopedică, București, 1979.

IZSÁK, Prof. Dr., Samuel: "Über Museen für Geschichte der Pharmazie in Rumänien." Deutsche Apothekerzeitung, Beilage, Int. Gesellschaft für Geschichte der Pharmazie, 9. Jahrg., 1957, Nr. 4.

KAUFMANN, Otto: "Volksmedizin im Oberbergischen." In Rhein.-westfälische Zeitschrift für Volkskunde, 22. Jahrg., 1976, Heft 1-4.

MAIOR, Dr., Ovidiu: "Contribuții la farmaco-istoria Transilvaniei. Oficinele județului Sibiu." (Beiträge zur Pharmazie-Geschichte Siebenbürgens. Die Apotheken des Komitates Hermannstadt.) Pharm. Fakultät Târgu-Mures, 1979.

MÜLLER, Friedrich: "Geschichte der siebenbürgischen Hospitäler bis zum Jahre 1625." Siebenb. Gymnasialprogramm 1856, S. 21.

MÜLLER-JAHNKE, Wolf-Dieter: "Astrologisch-magische Theorie und Praxis in der Heilkunde der frühen Neuzeit." Sudhoffs Archiv, Beihefte Bd. 25, Verlag Franz Steiner, Wiesbaden, Stuttgart, 1985.

ORIENT, Prof.,Dr., Julius: "Aus pharmazeutischer Vergangenheit Siebenbürgens und des Banates." Im Auftrage der Gesellschaft für Geschichte der Pharmazie Cluj, 1928. Ins Deutsche übersetzt von Apotheker Edgar Müller, Caransebeș.

ORIENT, Prof. Dr., Julius: "Die Entstehung der Mönchsorden und geistlichen Ärzte, Spitäler und Apotheken in Siebenbürgen."
Klausenburg, Arthur Nemayer Verlag, Mittenwald.

ORIENT, Prof. Dr., Julius: "Einfluß des deutschen Geistes auf die Entstehung und Entwicklung der Pharmazie in Siebenbürgen."
Vortrag gehalten im Apothekerverein Hermannstadt am 22.10.1927, Pharm. Post Nr. 9, 1928.

OTELEANU, D. und
STĂNESCU, V.: "Die Herstellung der Medikamente in der Apotheke."
Verlag: Editura Medicală, Bukarest 1960.

ROTH, F.J.: "Primele farmacii din Sibiu si evoluția lor până in secolul al XIX - lea."
(Die ersten Apotheken in Hermannstadt und ihre Entwicklung bis ins 19. Jahrhundert.), Sibiu 1971.

SARIA, Balduin: "Geschichte der südostdeutschen Volksgruppen."
Schriftenreihe des Göttinger Arbeitskreises, Heft 42, Holzner-Verlag, Kitzingen.

SEIVERT,G.: "Zwei Inventare der Stadtapotheke in Hermannstadt in den Jahren 1531 und 1538."
Erschienen in Zeitschrift "Transylvania", Hermannstadt 1863.

SPIELMANN, Prof., J.:
SZÖKEFALVI-NAGY, Z.
RACZ, G. "Farmacia in Transilvania la inceputul secolului al XIX-lea."
(Die Apotheke in Siebenbürgen zu Beginn des 19. Jahrhundert.)
Revista Farmacia, București 1957, S. 1-7.

TEUTSCH, Friedrich: "Geschichte der Siebenbürger Sachsen, I-IV Bd. Schriften zur Landeskunde Siebenbürgens."
Böhlau-Verlag 1984.

WAGNER, Ernst: "Geschichte der Siebenbürger Sachsen. Ein Überblick."
Wort u. Welt Verlag. Innsbruck 1981.

Zusammenfassende Statistik der von Deutschen gegründeten Apotheken in Rumänien. 1)

Apotheker Friedrich Johann Roth, Hermannstadt.

Wie sich der deutsche Apotheker in seinem Siedlungsgebiet im Osten behauptet hat und wie er zu der Entwicklung des Apothekenwesens beigetragen hat, geht aus nachstehenden Tabellen hervor.

In Siebenbürgen:

bis 1600	1601-1700	1701-1800	1801-1900	1901-1920	
2	2	22	67	14	
2	2	30	206	54	
(100%)	(100%)	(73,33%)	(32,524%)	(25,925%)	

1921-1940	Gesamtzahl	
7	114	2)
110	404	3)
(6,36%)	(28,217%)	4)

(Gründungsjahr der zwei ersten deutschen Apotheken: 1460, vor 1494)

Im Banat:

bis 1600	1601-1700	1701-1800	1801-1900	1901-1920
-	-	7	69	11
-	1	18	189	50
-	-	(38,88%)	(36,50%)	(22,-%)

1921-1940	Gesamtzahl	
4	91	2)
48	306	3)
(8,33%)	(29,738%)	4)

Im Buchenland:

bis 1600	1601-1700	1701-1800	1801-1900	1901-1920
-	-	3	9	1
-	-	3	21	14
-	-	(100%)	(42,857%)	(7,14%)

1921-1940	Gesamtzahl	
-	13	2)
45	83	3)
-	(15,66%)	4)

Im Königreich Rumänien jenseits der Karpaten:

bis 1600	1601-1700	1701-1800	1801-1900	1901-1920
-	-	3	41	1
-	-	7	209	99
-	-	(42,857%)	(19,617%)	(1,01%)

1921-1940	Gesamtzahl	
2	47	2)
611	926	3)
(0,326%)	(5,075%)	4)

Obige Daten beziehen sich nur auf die deutschen Apotheker, welche Apotheken gründeten, bzw. besaßen.
Inwieweit nun der deutsche Apotheker auch als Provisor oder gewöhnlicher Assistent das Apothekenwesen über das Siedlungsgebiet hinaus beeinflußt hat, möchte ich noch ganz kurz an ein bis zwei Beispielen abschließend erwähnen:
Am 25.03.1836 wurde die "Corporația Spițerilor" [6] (Apotheken-Gremial-Verband) in Bukarest gegründet. Diesem Verband sollte, laut Statuten, ein Komitee vorstehen, zusammen-

gesetzt aus Präsident und zwei sogenannten Helfern. Aus dieser Zeit gibt es nun eine Menge sehr interessanter Schriften. Z.B. das Zirkular des Herrn Apotheker Johann Gröw (oder Graev) vom 20.04.1837. Es ist in deutscher Sprache abgefaßt und fordert die "Geehrten Herren Mitcollegen" auf, am 21.04. d.J. sich zur Wahl des Komitees einzufinden. Anschließend finden sich links drei Kandidaten, ebenfalls von Herrn Gröw vorgeschlagen, angeführt, und zwar Michael Doctor, Präsident, Paul Klusch, Adjutant und Louis Drexler, Assistent. Darunter eine Note, daß diejenigen, welche mit seinem Vorschlag einverstanden seien, ein Kreuz vor ihren Namen setzen sollten. Rechts davon finden sich dann die Unterschriften der Apotheker aufgezeichnet, die auch fast alle Deutsche sind, und zwar: Johann Dresnandt, Friedrich Ennyeter, Karl Kladny, Carl Schulerus, Friedrich Beutler, Johann Waszelinowiths, Paul Klusch, Louis Drexler, W. Gaudi, Ignatz Mäuszel, Andreas Gref, Franz Roth.
Ein weiteres sehr interessantes Dokument ist die "Circulare Nr. 3", welche nunmehr schon "An die Herren Gremialapotheker" gerichtet ist, und nun bereits von den drei obigen Apothekern des Komitees: Doctor, Drexler, Klusch unterzeichnet ist. Ferner ist der Inhalt sehr wichtig, da der Zweck der Sitzung das Festlegen der Preise von Artikeln ist, welche in der "Wiener Taxe" nicht vorhanden sind.

Diese und andere Dokumente lassen darauf schließen, daß in dieser Zeit die meisten Apotheker in Bukarest Deutsche waren und demzufolge auch die Amtssprache innerhalb des Verbandes die deutsche war, wie im übrigen aus alten

Schriften zu ersehen ist. Fast ausschließlich wurde die österreichische Pharmacopee benützt.

---

1) Als Grundlage diente unter anderem der Pharmazeutische Almanach 1899-1916 von Dr. Hans Heger und der Almanachul Farmaciştilor bis 1937.
2) Diese Zahl gibt jeweils die Zahl der von Deutschen gegründeten Apotheken in dem betreffenden Zeitabschnitt.
3) Gibt die Gesamtzahl aller auch nicht deutscher Apotheken, welche in dem betreffenden Zeitabschnitt gegründet wurden.
4) Gibt den prozentuellen Anteil an deutschen Apothekenbesitzern.
5) Daten ab 1901 unvollständig.
6) Laut >Istoria Medicinei şi a Invăţământului Medical in Romania< von Dr. V. Gomoiu, erschienen 1923.

GESELLSCHAFTSBIOLOGISCHE BETRACHTUNG DER SIEBENBÜRGISCH-SÄCHSISCHEN APOTHEKER IM JAHRE 1941.

Im Jahre 1941 gab es laut eingegangen Fragebogen rund 100 Siebenbürgisch-sächsische Apotheker und 12 Apothekerinnen, welche ich im nachfolgenden einer gesellschaftsbiologischen Betrachtung unterziehen möchte:
Von den insgesamt 112 Apothekern sind 70 in der Stadt und 42 auf dem Lande geboren und sind 74 in der Stadt und 38

auf dem Lande tätig. Aus diesem ist eine gewisse Landflucht von 4 % festzustellen.
Der Altersaufbau sieht folgendermaßen aus:

(p=Praktikant, l=ledig, v=verheiratet, w=verwitwet)

Alter	Anzahl	Alter	Anzahl
19	p,	49	v,
20		50	v,v,v,v,
21		51	v,v,l,v,v,v,
22		52	v,v,v,
23		53	v,v,v,v,v,
24	l,l,l,l,	54	v,
25	l,l,l,	55	v,v,
26	l,l,l,l,	56	v,v,
27	v,	57	v,v,
28	v,l,	58	v,
29		59	
30	l,v,	60	v,l,
31	v,	61	v,v,
32	v,	62	l,
33	v,v,v,v,	63	l,
34	v,l,v,v,v,	64	w,
35	v,	65	
36	v,	66	
37	v,v,	67	
38	v,l,v,v,v,	68	w,v,
39	v,	69	v,
40	v,v,v,	70	
41	v,l,	71	v,v,
42	v,l,v,	72	
43	v,v,v,v,v,	73	v,
44	v,v,v,	74	w,
45	v,v,v,v,v,v,	75	v,
46	v,v,	76	
47	v,v,v,v,	77	v,v,
48	l,v,		

Woher nun diese 112 Apotheker herkommen, d.h. aus welchen gesellschaftlichen Schichten sich der Apothekerstand ergänzt, soll folgende Aufstellung veranschaulichen:

Es stammen von:

Akademikern:		Nichtakademikern:	
Apothekern	33	Prediger-Lehrern	7
Ärzten	6	Technikern	1
Tierärzten	1	Beamten	12
Pfarrern u. Professoren	5	Kaufleuten	13
Ingenieuren	2	Handwerkern	20
Juristen	4	Bauern	4
Diplomkaufleuten	1	Notären	3
	52		60

Aus dieser Aufstellung lassen sich sehr interessante Schlüsse ziehen. Während früher der Apothekerstand als ein Privileg angesehen und die Apotheke als Erbgut betrachtet wurde, stammen heute nur noch knappe 30 % der jetzt Tätigen aus Apothekerfamilien, knappe 18 % von anderen Akademikern und schon gute 52 % von Nichtakademikern. Bei letzteren ca. 18 % von Handwerkern, gefolgt von knappen 12 % Kaufleuten und 11 % Beamten. Die restlichen 11 % sind Prediger-Lehrer, Bauern, Notäre und Techniker.

Der Werdegang unserer Apotheker ist in soweit interessant, als der Weltkrieg in die Studienzeit derselben fällt und dann auch die verschiedensten Gymnasien besucht werden, die zum Teil in ganz beträchtlichen Entfernungen von dem eigentlichen Siedlungsgebiet der Siebenbürger Sachsen liegen. An der Spitze steht wohl Hermannstadt mit 30, gefolgt von Mediasch und Schässburg mit je 23, dann Kronstadt mit 14, Bistritz mit 5, Broos und Fogarasch mit je 3, Karlsburg mit

2 und Elisabethstadt mit 1 Schüler. Es folgt dann das unmittelbar benachbarte Gebiet Karansebesch und Dewa in der einen und Sepsi-St-Görgy nach der anderen Richtung mit je einem. Aber auch größere Entfernungen fehlen nicht. Z.B. Craiova, Temeschburg und Cernowitz mit je einem, ja sogar Belgrad und Eisenstadt in Österreich mit je einem sind vertreten. Es ist fernerhin wissenswert, daß dieser Schulbesuch außerhalb des eigentlichen Siedlungsgebietes eine Folge der Versetzung der Eltern als Beamte des Staates bedingt wurde, und zwar in 7 Fällen und nur in 2 Fällen waren es Apotheker, die vorübergehend Arbeit in benachbarten Gebieten suchten.

Das Universitätsstudium spielte sich bis zum ersten Weltkrieg hauptsächlich in Klausenburg, Wien, Graz, Budapest, Szegedin und Debrezin ab. Nachher verschiebt sich das Schwergewicht mehr nach der neuen Hauptstadt Bukarest. Aber auch der Besuch ausländischer Universitäten fehlt nicht. Bemerkenswert ist ferner, daß nicht selten 2, ja sogar 3 Universitäten von ein und demselben Kandidaten besucht wurden. Es geschah dieses in 20 % der Fälle und was sicher viel zur Bildung und Erweiterung des Horizontes derselben beigetragen haben dürfte. Es wurden insgesamt belegt die Universität von Klausenburg von 54 Kandidaten, Wien von 37, Bukarest von 23, Graz von 16, Budapest von 3, Berlin von 2 und Basel, Bern, Debrezin, Jena, Leipzig, Marburg und Szegedin von je 1 Kandidaten.

Von den 112 Apothekern sind 76 verheiratet, also gute 2/3, und 23, gut 1/5, ledig, 7, das sind rund 1/16, geschieden, und schließlich 6 verwitwet. Nachdem aber 94 Eheschließungen stattgefunden haben, so sind rund 18 zweite bzw. dritte Vermählungen erfolgt. Ferner wurden diese Ehen im folgendem Alter, seitens der Apotheker, geschlossen:

Zwischen 20 - 24 Jahren	11	Ehen,
zwischen 25 - 29 Jahren	38	Ehen,
zwischen 30 - 34 Jahren	31	Ehen,
zwischen 35 - 39 Jahren	10	Ehen,
zwischen 40 - 44 Jahren	1	Ehe,
zwischen 45 - 49 Jahren	2	Ehen,
zwischen 50 - 54 Jahren	-	,
zwischen 55 - 59 Jahren	1	Ehe.

Von wo nun diese 94 Ehegattinnen bzw. Gatten herkommen und aus welchen gesellschaftlichen Schichten, ist wenigstens auch so interessant als die der Apotheker selbst. Es wurden 77 siebenbürgisch-sächsische Ehegattinnen und Gatten gefreit, und zwar 42 aus der Stadt und 35 von dem Lande. Ferner 2 reichsdeutsche Ehegattinnen, 7 andere Volksdeutsche und schließlich 8 andere Nationen, und zwar 1 Rumänin und 7 Ungarinnen, das sind also etwas mehr als 10 % Mischehen.

Diese 94 Ehegattinnen und Gatten stammen von:

Akademikern:		Nichtakademikern:	
Apothekern	8	Prediger-Lehrern	7
Ärzten	3	Technikern	4
Pfarrern u. Professoren	7	Beamten	18
Ingenieuren	3	Kaufleuten	14
Juristen	5	Handwerkern	10
Diplomkaufleuten	1	Bauern	6
Musikdirektoren	1	Notären	4
	28	Gastwirten u. Hotelieren	3
			66

Daraus ergibt sich, daß nur knappe 10 % von Apothekern stammen (also wollen wir einmal sagen "Interessenehen" sind).

Während bei den Apothekern selbst 48 % von Akademikern abstammen, kommen ihre Ehegatten und Gattinnen nur noch zu knappen 30 % aus Familien von Akademikern und 70 % von Nichtakademikern.
Bemerkenswert ist es nun auch, welchen Beruf diese Ehegattinnen und Gatten erlernt haben bzw. was sie ausüben.
Es sind:

Akademiker:		Nichtakademiker:	
Apothekerinnen	8	Lehrerinnen u. Kindergärt.	5
Ärztinnen	2	Zahntechnikerinnen	1
Professorinnen	3	Beamtinnen	5
	13	Handwerkerinnen	1
		Malerin	2
		Hausfrauen	67
			81

Hier sind es jetzt gar nur noch knappe 14 %, die einen akademischen Beruf gewählt haben.
Von den 94 geschlossenen Ehen sind 22 kinderlos, das sind genau 23,4 %. Also fast 1/4 haben nichts zur Erhaltung unseres Volkes beigetragen. 72 Ehen dafür mit Kindern, und zwar: 19 mit je 1 Kind, 23 mit je 2 und 23 mit je 3 Kindern, 3 mit 4 Kindern, je 1 mit 5 und 1 mit 6 Kindern, und schließlich 2 mit je 7 Kindern. Aus 72 Ehen stammen also 171 Kinder. Es starben von diesen Kindern 13, also genau 7,6 %. Von den 77 verbliebenen Jungen können wir leider nur noch von 47 ihren endgültigen Beruf feststellen, und zwar:

Akademiker:		Nichtakademiker:	
Apotheker	16, das sind 20,77%	Techniker	6
Ärzte	4	Beamte	8
Ingenieure	4	Kaufleute	3
Musiker	1	Lehrer	1

Akademiker:		Nichtakademiker:	
Professoren	1	Bauern	2
Rechtsanwalt	1		20
	27, also gute 58 %.		

Von den 81 verbliebenen Mädchen wählten 24 einen Beruf. Der Rest wollte wohl tüchtige Hausfrauen werden.
Zusammenfassend wäre folgende bedenkliche Tatsache festzustellen, daß von 72 Apotheker-Familien mit 158 lebenden Kindern nur 23 den Apothekerberuf gewählt haben.
Was den Wohnort der Kinder anbelangt, leben 96 in der Stadt, 47 auf dem Lande und 15 weilen zwecks Studium im Ausland.

F.J. ROTH.

STATISTIK AUS DER KARTEI DER APOTHEKER IN SÜD-SIEBENBÜRGEN BIS ZUM ENDE DES 19. JAHRHUNDERTS.

F.J. ROTH, Apotheker, Hermannstadt.

Aus den gesammelten Daten in der Kartei der Apotheker aus Südsiebenbürgen ergeben sich einige aufschlußreiche Feststellungen, die hier kurz erwähnt werden sollen.
Die Apotheker, die aus diesem Gebiet stammen oder hier gewirkt haben, besitzen nicht alle vollständige Daten, z.B.:

Geburtsdaten besitzen 320, also 50 %.

Sterbedaten besitzen 225, also 35,8 %.

Vollständige Daten nur 117, also nur 28 %.

Analysieren wir nun einmal die 177 kompletten Apothekerdaten:

8 Apotheker, also 4,5 %, lebten 30 Jahre.
19 Apotheker, also 10,7 %, lebten 40 Jahre.
23 Apotheker, also 12,99%, lebten 50 Jahre.
31 Apotheker, also 17,5 %, lebten 60 Jahre.
72 Apotheker, also 40 %, lebten zwischen 60 u. 80 Jahre.
14 Apotheker, also 7,9 %, lebten über 80 Jahre.

Folglich haben 86 Apotheker, also fast 50 %, das heutige Pensionsalter überschritten, trotzdem sie einen so ungesunden Beruf ausübten, in einer Zeit, wo es keine Fertigpräparate gab und wo man täglich mit Arsenik, reinem Phosphor und Quecksilber und deren Salze, Strychnin usw. arbeitete.
Andererseits, ziehen wir von den insgesamt 628 Apothekern die 177 ab, verbleiben 451 Apotheker mit unkompletten Daten. Ziehen wir von diesen nun nochmals 173, also 38,35 %, ab, welche die Zahl derer darstellt, welche nur hie und da in einem Akt, in einer Apotheke oder Stadt erwähnt werden, ohne ihr Verbleiben oder Wirkungszeit, so bleiben uns noch 278 Apotheker, bei welchen wir in großen Zügen das Minimum ihrer beruflichen Tätigkeit feststellen können, und zwar:

83 Apotheker, also 29,85 %, arbeiteten wenigstens 10 Jahre.
80 Apotheker, also 28,77 %, arbeiteten wenigstens 20 Jahre.
52 Apotheker, also 18,70 %, arbeiteten wenigstens 30 Jahre.
41 Apotheker, also 14,75 %, arbeiteten wenigstens 40 Jahre.
14 Apotheker, also 5 %, arbeiteten wenigstens 50 Jahre.
10 Apotheker, also 3,6 %, arbeiteten über 5o Jahre.

Wenn wir nun in Betracht ziehen, daß die meisten Apotheker 10-15 Jahre brauchten,(wenige Ausnahmen) bis sie das Diplom erreichten, ganz besonders nach dem die meisten nach dem Praktikum noch mehrere Jahre als undiplomierte Assistenten in der Apotheke verblieben, bevor sie sich entschließen konnten,die Universität zu besuchen, teils aus finanziellen, teils aus anderen Gründen. Von den 278 Apothekern waren es 91, also 32,7 %, die als Assistenten 5-10 Jahre als undiplomierte Assistenten in Apotheken arbeiteten bis sie Mittel und Wege zur Hochschule fanden.

Auf der anderen Seite verblieben viele nach dem Studium in dem Ausland, um in den verschiedenen Universitätszentren vor oder nach dem Diplom zu praktizieren. Dieses war der Fall besonders bis 1850, wo bei den meisten zwischen Diplomprüfung und Heimkehr Differenzen zwischen 5-10, sogar bis 20 Jahre waren, in welcher Zeit sie höchstwahrscheinlich keine andere Beschäftigung ausgeübt haben. Dieses war der Fall bei 76 Apothekern. Diese Daten aber fehlen gleichfalls aus der Statistik.

Wie ich zu Beginn erwähnte, handelt es sich um Apotheker, welche in Siebenbürgen geboren sind, neben einer kleinen Anzahl von westlichen Ausländern, welche in dieser Gegend gewirkt haben.

Wenn wir das Verhältnis der tätigen Apotheker in Siebenbürgen und denen in den Fürstentümern vergleichen, so kommen wir zu folgendem Ergebnis. Nur in Siebenbürgen waren als Mitarbeiter, Leiter, Pächter 90 Apotheker tätig. Als Besitzer 234 Apotheker, von einer Gesamtzahl von 455.

Nur in den Fürstentümern waren als Mitarbeiter, Leiter, Provisoren oder Pächter 18 Siebenbürger tätig,und als Apothekenbesitzer 58 Siebenbürger. Zusätzlich gab es auch siebenbürgische Apotheker, die zuerst nicht selbstständig in den Fürstentümern arbeiteten und nachher Apothekenbesitzer in Siebenbürgen wurden oder auch das umgekehrte Verhältnis.
Ferner haben nach einer kurzen Praxis 12 siebenbürgische Apotheker sich endgültig im heutigen Österreich niedergelassen. Einer im heutigen Ungarn, einer in Mexico und einer in den Vereinigten Staaten von Amerika.
Die siebenbürgischen Apotheker, die hier erwähnt wurden, legten ihr Studium und ihr Diplom in den Universitätsstädten Wien, Graz und Budapest ab. Drei in München, je einer in Erlangen, Halle, Kiel, Innsbruck, Prag, Straßburg und Tübingen. 21 in Bukarest und 10 in Klausenburg.

DIE DEUTSCHEN APOTHEKEN DES KREISES HERMANNSTADT

von

Guido Fabritius, Apotheker

Drabenderhöhe

Dazu zählen folgende Apotheken:

Broos, Fogarasch, Freck, Grossau, Gross-Schenk, Heltau, Hermannstadt, Mühlbach, Reussmarkt, Salzburg, Stolzenburg, Talmesch.

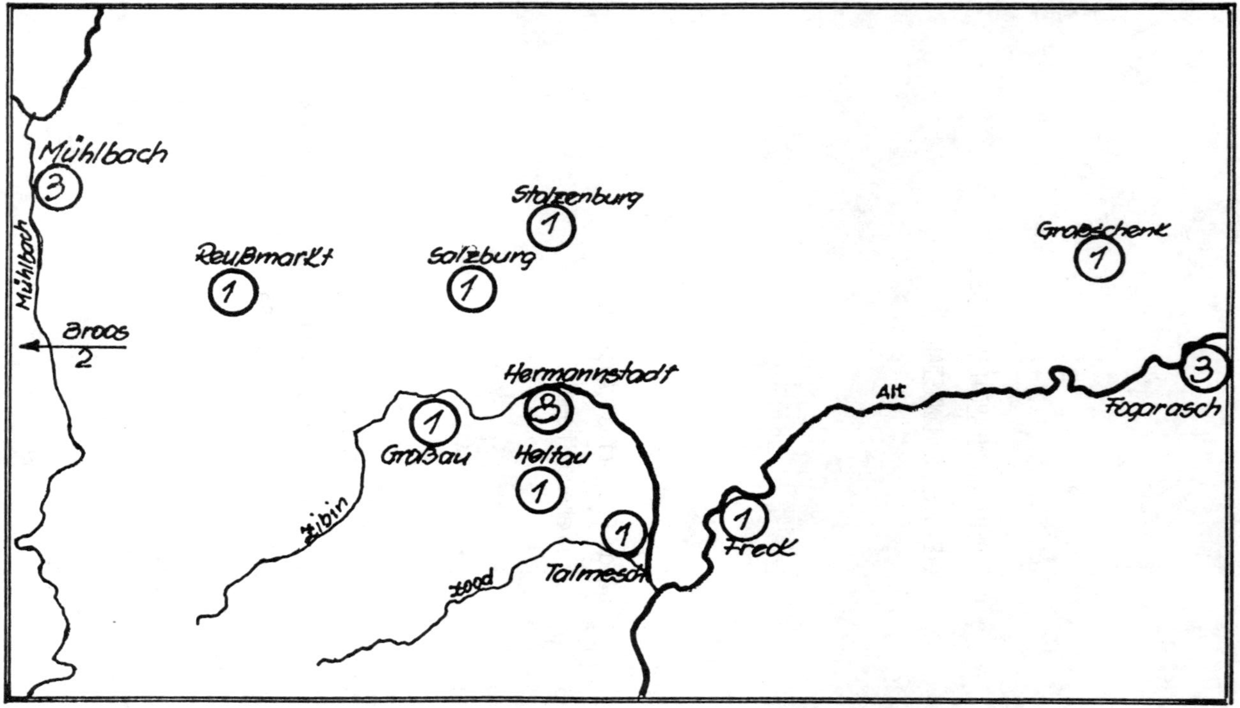

Deutsche Apotheken im Kreis Hermannstadt

H E R M A N N S T A D T

Die schon im frühen Mittelalter volkreiche Stadt Hermannstadt in der weiten Hügellandschaft am Rande der Südkarpaten war auch die Wiege der ersten deutschen Apotheke in Siebenbürgen.

Am 24.01.1292 wurde das erste "Hospital" in Hermannstadt errichtet, das dem Orden der "Kreuzbrüder zum heiligen Geist" übergeben wurde, da dieser Orden, wie Papst Urbanus 1292 erwähnt, seine Aufgabe in der Pflege von Kranken und Armen sieht, aber auch seine besondere Aufmerksamkeit auf die Herstellung von Arzneien legt. Die Tätigkeit der Mönchsorden hat anfangs auch in Hermannstadt im Gesundheitswesen besondere Bedeutung gehabt. Denn erst im Jahre 1386 übernimmt der Rat der Stadt das Spital.

In welcher Zeit die Trennung von Arzt und Apotheker in Siebenbürgen stattfand, läßt sich nicht genau feststellen. Wenn in Budapest die erste Apotheke in dem Stadtteil Ofen im Jahre 1303 gegründet wurde, so ist wohl anzunehmen, daß Ende des 14. Jahrhundert bezw. Anfang des 15. Jahrhundert auch in Hermannstadt durch die dort stationierten Militäreinheiten Sanitätseinrichtungen vorhanden waren, welche die Soldaten und vielleicht auch die Bevölkerung mit Arzneien versorgten. Denn es wird berichtet, daß im Jahre 1460 auf dem oberen Johannisrücken in Hermannstadt eine Militär-Apotheke gegründet wurde.

Die im Jahre 1494 errichtete Stadtapotheke und später die darauf folgenden Apotheken haben nachweisbar dazu beigetragen, daß sowohl die Bevölkerung als auch der sächsische Heerbann, der gegen Türken zu Felde zog, mit Arzneien versorgt wurde. Auch die Fürsten von Siebenbürgen, als auch die aus den rumänischen Fürstentümern, schickten oft Boten nach Hermannstadt, um aus den Apotheken die für sie notwendigen Arzneien zu holen. Weit über die Karpaten waren die Apotheker aus Hermannstadt und den anderen deutschen Städten bekannt, und man bediente sich gerne ihrer Apothekerkunst und ihres Rates.

Hermannstadt hat in der Geschichte der deutschen Siedler in Siebenbürgen eine besondere Rolle gespielt. Das soll natürlich nicht die Bedeutung der anderen sächsischen Städte herabsetzen und deren Ausstrahlung auf die gesamte Volksgruppe mindern. Kronstadt in wirtschaftlicher und kultureller Beziehung, Schässburg mit seiner berühmten Bergschule, wo manche sächsische Persönlichkeit herangebildet wurde, Mediasch der Wirkungskreis eines Volksführer wie Stefan Ludwig Roth, Bistritz das geistige und kulturelle Zentrum der Nordsiebenbürger. Alle haben sie mitgeholfen, auch die dort lebenden und wirkenden Apotheker, aber Hermannstadt war durch seine Aufgabenstellung prädestiniert oft die Führungsrolle zu übernehmen.

Inwieweit die geschichtliche Entwicklung auch auf die deutschen Apotheken in Hermannstadt Einfluß hatte, sollen im nachfolgenden einige Daten und Ereignisse erwähnt werden, die Ernst Wagner in seinem kurzen Überblick "Geschichte der Siebenbürger Sachsen" (Wort und Welt Verlag, 1981) aufführt.

1224 "Goldener Freibrief" für die Hermannstädter Provinz.

1325	Einführung der Gerichtsverfassung.
1349	Erste Pestepidemie in Siebenbürgen.
1376	Älteste erhaltene Zunftsatzung für die sieben Stühle.
1395- etwa 1700	Erster Türkeneinfall im Burzenland. 200 Jahre Türkenkriege und Herrschaft. Bedeutung Hermannstadt als Festung.
1486	Bestätigung der Einheit der Siebenbürger Sachsen (Universitas Saxonum) durch König Mathias Corvinus.
1547	Reformation und Kirchenordnung aller Sachsen in Siebenbürgen. Luthertum.
1583-1853	Einführung des "Eigenlandrecht" der Siebenbürger Sachsen, das bis zur Einführung des österreichischen Allg.-Bürgerl. Gesetzbuches gilt.
1774-1784	Einwirkung durch die Tätigkeit des Gubernators Samuel von Brukenthal.
1840/42	Gründung des Vereins für Siebenbürgische Landeskunde.
1867	Österreich-ungarischer Ausgleich. Siebenbürgen kommt zum Königreich Ungarn. Bischofssitz in Hermannstadt.
1876	Endgültige Aufhebung des Königsbodens. Neue Verwaltungseinteilung nach Komitaten.
1918	Anschluß an das Königreich Rumänien.
1949	Enteignung der Apotheken.

Bei all diesen Ereignissen hat die Stadt Hermannstadt und die Führung der Siebenbürger Sachsen, die sich dort befand, eine besondere Rolle gespielt. Auch die Apotheken und deren

Besitzer sind in ihrem Handeln, in ihren Rechten und Aufgaben davon beeinflußt worden und mußten jedesmal in diesen Ereignissen ihre Stellung behaupten. Das war nur möglich, daß der Rat der Stadt unter dem Schutze des vom König gegebenen Rechten stand (Andreanum) und daß die Sachsen jahrhundertelang in der Verfassung der Stände ihre besonderen Rechte hatten. Das Streben und die Leistung der deutschen Apotheker war dem Stand und dem Einzelnen überlassen. Erst nach 1876,unter ungarischer und später 1918 unter rumänischer Herrschaft, wurde die Freiheit des Wirkens beschnitten, und der Existenzkampf um das Überleben begann.

In den Jahrhunderten, wo Vorschriften und bindendes Recht zwar bestand, aber freiheitliches Leistungsstreben möglich war, waren in Hermannstadt deutsche Apotheker tätig, die durch ihre wissenschaftliche und ihre berufliche Leistung hervorgetreten sind und so das Bild des dort wirkenden Apothekerstandes zeichneten.

Von dem Graudenzer Chemiker und Botaniker Georg Vette angefangen, über Samuel Kräutner, Dr. G.A. Kayser, Petrus Sigerus, Carl Henrich, Friedrich Johann Binder, Carl Pissel bis zu Viktor Lieb geht die Reihe der verdienstvollen Apotheker. All diese haben nicht das eigene Interesse im Auge gehabt, in ihren Herzen brannte ein Streben durch Erforschung naturwissenschaftlicher Erkenntnisse, diese in Ihrem Berufsleben zu verwerten, sich damit in den Dienst der Kranken und hilfesuchenden Menschen zu stellen. Diese Menschen haben in Hermannstadt gelebt und gewirkt, sie hatten zu allen Bevölkerungsschichten, besonders auch zu den anderen Nationalitäten, das beste Verhältnis, weil sie als Apotheker in ihrer Berufsauffassung für alle Menschen da waren.

Wenn im nachstehenden die Geschichte der einzelnen Apotheken des Kreises Hermannstadt geschildert wird, so sind die Angaben auf Grund der uns zur Verfügung stehenden Unterlagen gemacht. über die eine Apotheke kann nur wenig, über andere mehr berichtet werden. Gewiß sind auch all denjenigen, die uns die Daten übermittelten,Fehler unterlaufen, was wir auch für uns nicht ausschließen.
Die Schilderung einiger Apotheker als Persönlichkeit auf naturwissenschaftlichem oder kulturellem Gebiet soll die trockene chronologische Aufzeichnung beleben.

B R O O S

Rum.: Orăştie

Apotheke "ZUM GOLDENEN LÖWEN"

Siebenbürgen: Gegründet: 1722

Komitat: Broos Recht: Real

Ort: Broos

Besitzer:	PIETOWSKY, Stanislaus	1722-1758
	PIETOWSKY, Johann	1758-1789
	FEKETE, Josephus	1789-1808
	PIETOWSKY, Samuel	1808-1813
	SPECH, Josef	1813-1846
	SPECH, Gustav	1846-1871
	RECKERT, Carl	1871-1880
	GRAFFIUS, Joseph	1880-1914
	GRAFFIUS, J. Erben	1914-
Leiter:	FARAGO, Endre	1921-

Literatur:

ROTH, F.J.: "Fragmente zur Geschichte der deutschen Apotheken in Siebenbürgen."
Siebenbürgische Bibliothek, Gundelsheim.

B R O O S

Rum.: Orăștie

Apotheke "ZUM SCHWARZEN ADLER"

Siebenbürgen:

Komitat: Broos	Gegründet: 1849
Ort: Broos	Recht: Personal

Besitzer:	GÖNCZI, Ferencz	1849-1850
	SANDER	1850-1851

Die Apotheke wurde im Jahre 1851 geschlossen, später aber wieder eröffnet.

Besitzer:	STEINBURG	1852-1870
	FUHRMANN, Carl	1870-1882
	DEÁK, György	1883-1894
	VLAD, Nicolae	1894-
	VLAD, Virgil	
Leiter:	LANGER, Georg	

Literatur:

ROTH, F.J.: "Fragmente zur Geschichte der deutschen Apotheken in Siebenbürgen." Siebenbürgische Bibliothek, Gundelsheim.

F O G A R A S C H

Rum.: Făgăraş

Apotheke "AESKULAP"

Siebenbürgen:

Komitat: Fogarasch	Gegründet: 1868
Ort: Fogarasch	Recht: Personal
	Zl. 6889/1868

Besitzer:	HERMANN, Paul Johann	1868-1886
	HERMANN, Paul Johann Witwe	1886-1907
	HERMANN, Hans Rudolf	1907-
Pächter:	GRAMA, M.A.	1890-1895
	KESERÜ, István	1895-1907
Leiter:	BINDER, Alfred	1887-1890

Literatur:
ROTH, F.J.: "Fragmente zur Geschichte der deutschen Apotheken in Siebenbürgen." Siebenbürgische Bibliothek, Gundelsheim.
HERMANN, Hans jun.: Fragebogen.

F O G A R A S C H

Rum.: Făgăraș

Apotheke "HYGEA"

Siebenbürgen:

Komitat: Fogarasch	Gegründet: 1775
Ort: Fogarasch	Recht: Real

Besitzer:	UNGAR, Josef	
	STERZINGER, Josef	1830-1867
	STERZINGER, Witwe	1867-1885
	GLEIM, Richard	1885-1894
	"FURNICA BANK"	1894-
	GRÄSER & AUNER	1894-1908
	KONTESVELLER, Carl	1908-
Pächter:	MEGAY	1867-1873
	PILDNER VON STEINBURG, Albert	1873-1879
	BERGLEITER, Rudolf	1879-1885

Literatur:

ROTH, F.J.: "Fragmente zur Geschichte der deutschen Apotheken in Siebenbürgen." Siebenbürgische Bibliothek, Gundelsheim.

F O G A R A S C H

Rum.: Făgăraș

Apotheke "ZUM SCHUTZENGEL"

Siebenbürgen:

Komitat: Fogarasch — Gegründet: 1738 (1882 ?)

Ort: Fogarasch — Recht: Real

Besitzer: PILDNER VON STEINBURG, F.
PILDNER VON STEINBURG, Viktor Dr.
GRAMA, Vincențiu

Literatur:
ROTH, F.J.: "Fragmente zur Geschichte der deutschen Apotheken in Siebenbürgen."
Siebenbürgische Bibliothek, Gundelsheim.

F R E C K

Rum.: Avrig

Apotheke "ZUR HEILIGEN DREIEINIGKEIT"

Siebenbürgen:

Komitat: Hermannstadt — Gegründet: 1882

Ort: Freck — Recht: Personal

Besitzer: KESERÜ, István — 1882-

Pächter: SCHEBESCH, Josef — 1895-

Literatur:

Literatur:
ROTH, F.J.: "Fragmente zur Geschichte der deutschen
Apotheken in Siebenbürgen."
Siebenbürgische Bibliothek, Gundelsheim.

G R O S S A U

Rum.: Cristian

Apotheke "ZUM ENGEL"

Siebenbürgen:

Komitat: Hermannstadt	Gegründet: 1914
Ort: Grossau	Recht: Personal
Besitzer: SIGERUS, Ernst	1914-1937
STEIN, Josef	1937-

Historische Daten:

Die Apotheke wurde am 1.03.1914 im Hause Marktplatz Nr. 6 eröffnet. Im Jahre 1923 wurde sie in die Kirchengasse Nr. 40 verlegt, und 1930 wieder auf den Marktplatz in das Haus Nr. 1 zurückverlegt.

Im Jahre 1916 wurde die Apotheke vollkommen ausgeraubt und erlitt einen Schaden von 62.500 Goldkronen.

Literatur:
ROTH, F.J.: "Fragmente zur Geschichte der deutschen
Apotheken in Siebenbürgen."
Siebenbürgische Bibliothek, Gundelsheim.

G R O S S - S C H E N K

Rum.: Cincul mare

Apotheke "BINDER"

Siebenbürgen:

Komitat: Fogarasch — Gegründet: 1852

Ort: Gross-Schenk — Recht: Real

Zl. 9144/1855

Ist später als Personalrecht eingetragen.

Besitzer:	FREUND	1832-
	ROTH, Michael	-1841
	BINDER, Michael	1841-
	BINDER, Fritz sen.	-1916
	BINDER, Fritz jun.	1916-1929
	BROSER, Erich	1929-
Pächter:	BROSER, Erich	1926-1929

Im Jahre 1929 verkauft der Apotheker BINDER, Fritz jun. die Apotheke dem Apotheker BROSER, Erich aus Birthälm. Bei der Enteignung der Apotheken im Jahre 1953 wurde BROSER in eine Apotheke in einem Dorf am Gebirge versetzt.

Literatur:
ROTH, F.J.: "Fragmente zur Geschichte der deutschen Apotheken in Siebnebürgen."
Siebenbürgische Bibliothek, Gundelsheim.
BROSER, Erich: Fragebogen.

H E L T A U

Rum.: Cisnădie

Apotheke "BINDER"

Siebenbürgen:	Gegründet: 1832
Komitat: Hermannstadt	Recht: Real
Ort: Heltau	1831 Nr. 15051

Besitzer:	BINDER, Friedrich	1832-1859
	BINDER, Gustav	1859-1898
	BINDER, Gustav Adolf	1898-1936
	HERBERT, Julius	1936-
Pächter:	MARSCHALL, Karl	1904-1915
	CAPESIUS, Ernst	1915-1918
	HERBERT, Julius	1918-1936

Binder Friedrich wurde am 17.10.1801 in Hermannstadt als Sohn des dortigen Stadtchirurgen Johann Gustav Binder geboren. Nach Abschluß des Gymnasiums in Hermannstadt war er zunächst Apothekerlehrling in der Apotheke "Zur Krone" auf der Burgerstiege und studierte darnach (1821-1822) Pharmazie in Budapest, wo er auch das Magisterdiplom erwarb. Nachdem er ein Jahr Apotheker in Budapest gewesen war, kehrte er 1823 nach Hermannstadt zurück, wo er zwei Jahre als Provisor der"Kayserischen Apotheke" tätig war. 1825-1828 arbeitete er in der "Beckerischen Apotheke" in Kronstadt und kam dann wieder nach Hermannstadt zurück, um die Bären-Apotheke zu leiten.

Hier führte er erstmals das Leuchtgas als Brennmaterial

vor und baute Barometer und Thermometer. Während einer Studienreise nach Frankreich lernte er die Herstellung des Rübenzuckers kennen. Nach Siebenbürgen zurückgekehrt wurde er mit der Errichtung der ersten Zuckerfabrik Siebenbürgens in Girbǎul (Gorbó) bei Klausenburg beauftragt, die der Baronin Josika gehörte.

Im Jahre 1831 eröffnete er in Heltau eine eigene Apotheke und 1842 in Salzburg bei Hermannstadt eine Filialapotheke. Seit der Gründung des Siebenbürgischen Vereins für Naturwissenschaften in Hermannstadt (1849) war er Mitglied und ist mit seiner Arbeit über "Die vorteilhafte Benützung der Runkelrübe in der Haus- und Landwirtschaft" (1842) der Verfasser der ersten agrartechnischen Veröffentlichung Siebenbürgens. Er hat weiterhin zahlreiche Mineralquellen Siebenbürgens untersucht. Dann berechnete er die Höhe der verschiedenen Gebirgs- und Bergspitzen in der Umgebung von Hermannstadt und Heltau.

Im Jahre 1854 erlitt er einen Schlaganfall, der sich in den nächsten Jahren wiederholte. Er starb am 20.12.1859 in Heltau.

Literatur:

ROTH, F.J.: "Fragmente zur Geschichte der deutschen Apotheken in Siebenbürgen."
Siebenbürgische Bibliothek in Gundelsheim.

"Schriftsteller-Lexikon der Siebenbürger Deutschen",
Folge 7, 1983.

BINDER, Erika: Wer war Magister Johann Friedrich Binder?
Aus der Ortsgeschichte von Cisnadie-Heltau.

Woche 9 (1976), Nr. 465

BARTH, Hans: Friedrich Johann Binder (1801-1859)
In: "Von Honterus zu Oberth. Bedeutende siebenbürgisch-deutsche Naturwissenschaftler, Techniker und Mediziner." Kriterion, Bukarest 1980, S. 172.

H E R M A N N S T A D T

Rum.: Sibiu

Apotheke "ZUM SCHWARZEN ADLER"

Siebenbürgen:	Gegründet: vor 1494
Komitat: Hermannstadt	Recht: Real
Ort: Hermannstadt	Zl. 12085/5. VII.1857

Besitzer:	STADTAPOTHEKE	vor 1494-1704
	VETTE, Georg jun.	1704-
	AHLEFELD, Michael	1734-
	THEISS,	-1790
	THEISS, Witwe	1790-
	BURG, Gottlieb Johann	-1808
	MÜLLER, Friedrich Samuel	1808-1832
	MÜLLER, S. (Bruder des Verstorbenen)	1832-1837
	MÜLLER, Carl sen.	1837-1904
	MÜLLER, Carl jun.	1904-1914
	MÜLLER, Erich	1914-1949

Leiter:	MARTINUS	1495-1507
	WESELIN, Georg	1525-1531
	BARTHEL, Andreas	1531-1549
	BALCK, Wilhelm	1580-
	WALKESS, Ernst	-1652
	KREMER, Kaspar	1652-
	VETTE, Georg sen.	
	VETTE, Georg jun.	-1704
	SIGERUS, Peterus	1790-1795
	KONNERTH, Karl	1926-

F. J. ROTH hat die obigen Zeiten, in denen Besitzer oder Leiter der Apotheke vorstanden, nur soweit angegeben, wie er diese urkundlich feststellen konnte. Es gab Zeiten, wo die Apotheke geschlossen war, weil der Rat der Stadt keinen Apotheker als Angestellten finden konnte.

Die Stadtapotheke wird zum erstenmal von den Chronisten im Jahre 1494 erwähnt. Es ist aber anzunehmen, daß diese schon vorher bestanden hat. Emil SIGERUS, der spätere Chronist der Stadt Hermannstadt, schreibt, daß der Apotheker MARTINUS aus Deutschland als Leiter der Apotheke von 1495-1507 angestellt wurde. Vom Jahre 1507-1524 war die Apotheke aus Mangel an Apothekern geschlossen.

Im Jahre 1525 verleiht sie der Stadtrat an den Apotheker Georg WESELIN aus Schöneberg in Württemberg, der von der Stadt 250 Goldstücke für neue Gefäße erhält.

Im Jahre 1531 folgt Andreas BARTHEL als Leiter der Apotheke. Im Jahre 1549 übernimmt der Stadtrat von der Witwe des Andreas BARTHEL die Apotheke gegen 180 Goldstücke. Dieses ist insoweit bemerkenswert, da anscheinend der Apotheker Andreas BARTHEL irgendwie mitbeteiligt war und nach seinem Ableben die Hinterbliebene mit 180 Goldstücken entschädigt werden mußte.

Im Jahre 1580 geht die Leitung der Apotheke an den Apotheker Wilhelm BALCK aus Duisburg über. Seine schöne Frau wurde von dem lebensfrohen und gewalttätigen Fürsten Gabriel Báthory verfolgt und mißhandelt, was dann deren Tod zur Folge hatte.

1615 findet eine Renovierung der Apotheke statt, das Warenlager und die Utensilien werden aufgefüllt.
Im Jahre 1652 übernimmt Caspar KREMER aus Leutschau die Apotheke gegen den Betrag von 46 Goldstücken pro Jahr plus 10 Eimern Korn, 20 Fuhren Holz und freie Wohnung.

1704 geht die Apotheke mit Georg VETTE jun. in Privatbesitz über. 1808 übernimmt die Apotheke die Apothekerfamilie MÜLLER, deren Nachkommen sie bis zur Enteignung 1949 besitzen.

Die angestellten Apotheker der Stadt übernahmen die Apotheke auf Grund eines aufgenommenen Inventars. Sie führten dann die Apotheke auf eigene Rechnung, waren aber verpflichtet, bei ihrem Ausscheiden diese wieder mit einem Inventar, sowie die Apotheke in ordnungsgemässigem Zustand, zu übergeben. Deshalb bekamen die Apotheker oft von der Stadt einen Vorschuß von 10-20 Gulden pro Jahr. Trotzdem war es für die Apotheker schwer, die Apotheke ordnungsgemäß zu führen, da oft für das eigene Leben nicht viel übrig blieb. Die Stadtärzte wurden besser entlohnt. Die wirtschaftliche Not der Apotheker war oft sehr groß, so daß besonders diejenigen, die aus dem Ausland kamen, die Stadt wieder verließen. Die Apotheke mußte dann aus Mangel an Personal geschlossen werden.

Aus dieser Zeit wird berichtet, daß der Doktor Johannes, der als Stadtphysikus eingesetzt war, seine Stelle kündigte und nach Budapest zog, da er in Hermannstadt weder Apotheke noch Apotheker vorfand. Die Stadt mußte ihm alle entstandenen Kosten bezahlen.

Von Bedeutung ist das Inventar, das Andreas BARTHEL im Jahre 1531 im Einvernehmen mit der Stadt anfertigte. Die Arzneien wurden in 9 Gruppen aufgeführt.
Gruppe I. Species. Gruppe II. Pilulae. Gruppe III. Trochisci. Gruppe IV. Laxantia. Gruppe V. Conservantia. Gruppe VI. Syrupi. Gruppe VII. Unguenta. Gruppe VIII. Olea. Gruppe IX. Rotulae.
Die "Revista Transsylvanei" schildert im Jahre 1863, daß die Medikamente damals nicht in jeder Weise den Vorschriften nach den damaligen Arzneibüchern entsprachen. Trotzdem ist dieses Inventar auf Grund der aufgeführten Medikamente ein wertvolles Dokument, da daraus auf die Verordnungsweise und den Gebrauch der Medikamente Rückschlüsse gezogen werden können. Im 16. Jahrhundert gab es in Siebenbürgen kein besseres und ausführlicheres Zeugnis für den damaligen Arzneischatz.

Bei der Übergabe der Apotheke an den Apotheker Wilhelm BALK aus Duisburg wurden 250 Artikel genannt und 180 Gulden verlangt. Auch eine Bibliothek wurde aufgeführt.

Der Nachfolger von Caspar KREMER als Leiter der Apotheke, ist der berühmte Botaniker Georg VETTE sen., dem der Rat der Stadt sein Gehalt wesentlich erhöht und ihm 60 Florin bezahlt. Es ist der zweite Apotheker mit einem fixen Gehalt, der demnach kein eigenes Kapital mehr benötigte. Die Apotheke befand sich damals in einem Haus auf dem Grossen Ring, wo später der Turm der röm.-katholischen Kirche stand. Als diese Kirche dann gebaut wurde, verlegte der Nachfolger und Sohn Georg VETTE jun. die Apotheke in das Nebenhaus, das sein Eigentum war und wird so im Jahre 1704 Eigentümer der Apotheke. Er nennt sie Apotheke "ZUM SCHWARZEN ADLER".

Sein Vater Georg VETTE sen. war der angesehenste und hervorragendste Apotheker seiner Zeit. Er wurde am 30.10.1645 in Graudenz/Ostpreussen geboren. In Thorn erlernte er die Apothekerkunst und arbeitete dann in Fraustadt und Danzig. 1672 übertrug die Stadt Hermannstadt ihm die Leitung der Stadtapotheke. VETTE war neben seiner fundierten Ausbildung als Apotheker und seinem Pflichtbewußtsein in der Berufsausübung ein wissenschaftlich interessierter Mensch. In seiner Arbeit: "Die brennenden Wasser in Siebenbürgen", war er der Erste, der auf das Vorkommen von Methan-Gas hinwies. Über einige Pflanzen schrieb er auch eine Pflanzenmonographie. Dieses waren die ersten gedruckten Arbeiten auf botanischem Gebiet, die sogar außerhalb des Landes hergestellt wurden. Er war Korrespondent der kaiserlich wissenschaftlichen Akademie

"Leopoldina", aber nicht ihr Mitglied.

Nach dem Tode von Georg VETTE jun. kauft der Apotheker Michael AHLEFELD 1734 die Apotheke. Sein Nachfolger, der Apotheker THEISS, stirbt im Jahre 1790 und hinterläßt seiner Witwe die Apotheke. Diese stellt den berühmten Apotheker und Botaniker Petrus SIGERUS als Leiter der Apotheke ein. In dieser Zeit befand sich die Apotheke in dem Hause Nr. 198 auf dem Grossen Ring.
Im Jahre 1795 wird diese von Apotheker Gottlieb Johann BURG erworben. Dann wird im Jahre 1808 die Apotheke Besitz der Familie MÜLLER, die diese bis zur Nationalisierung im Jahre 1949 behält. MÜLLER Friedrich ist Eigentümer von 1808-1832. Sein Bruder MÜLLER Samuel von 1832-1837. Carl MÜLLER sen. von 1837-1904. Ab dem Jahre 1880 leitet die Apotheke schon sein Sohn Carl MÜLLER jun. Der Apotheke wird am 5.07.1857 das "Real-Recht" unter der Nr. 12085 zuerkannt. Carl MÜLLER jun. ist Eigentümer von 1904-1914. Darauf übernimmt Erich MÜLLER die Apotheke und ist Eigentümer bis zur Enteignung im Jahre 1949.

Literatur:
ROTH, F.J.: "II. Fragmente zur Geschichte der deutschen Apotheken in Siebenbürgen." Siebenbürgische Bibliothek Gundelsheim.
ROTH, F.J.: "Beiträge zur Geschichte der Apotheken in Hermannstadt", 1958, Sibiu, Siebenbürgische Bibliothek, Gundelsheim.
HEGER, Hans: Pharm. Almanach 1899-1916.
Prof. Dr. ORIENT, Julius: "Aus pharmazeutischer Vergangenheit Siebenbürgen", Siebenbürgische Bibliothek Gundelsheim.

ROTH, F.J.: "Matrikel-Register "Anyakönv" des ungarischen pharm. Kollegs, Kreis Nr. 21, Süd-Siebenbürgen." Siebenbürgische Bibliothek Gundelsheim.

SIGERUS, Emil: "Vom alten Hermannstadt." II. Folge, Hermannstadt 1923.

TRAUSCH, J.: "Schriftsteller-Lexikon", Bd. 3, Kronstadt 1871, S. 456-457.

Dr. MAIOR, Ovidiu: "Beiträge zur Pharmazie-Geschichte Siebenbürgens. Die Offizinen des Kreises Hermannstadt", 1978, Targu-Mures.

HERBERT, H.:"Die Gesundheitspflege in Hermannstadt bis zum Ende des 16. Jahrhundert." Archiv des Vereins für Siebenbürgische Landeskunde, Bd. 20 1 Heft 1885, Hermannstadt.

MÜLLER, Friedrich: "Geschichte der Siebenb. Hospitäler bis zum Jahre 1625." Siebenb. Gymnasial-Programm, 1856. Hermannstadt.

TEUTSCH, Friedrich: "Geschichte der Siebenbürger Sachsen." I-IV Bd. Schriften zur Landeskunde Siebenbürgens. Böhlau-Verlag 1984.

H E R M A N N S T A D T

Rum.: Sibiu

Apotheke "VIKTORIA"

Siebenbürgen:	Gegründet: 1460
Komitat: Hermannstadt	Recht: Real
Ort: Hermannstadt	Zl. 10577/8. Vi 1858

Besitzer:	MILITÄR- Apotheke	1460-1795
	ISSEKUTZ, Franz Theodor	1795-1822
	MOLNAR, I.C.	1823-1838
	MOLNAR, Carl	1838-1853
	MOLNAR, I.C. Witwe Judith	1853-1877
	HERZBERG, Therese geb. MOLNAR	1877-1892
	HERZBERG, Karl	1892-1893
	HERZBERG, Carl, Maior a.D. u. HERZBERG, Maximilian, Marine-offizier	1893-1901
	HERZBERG, Maximilian Erben	1901-1923
	HERZBERG, Kurt	1923-1936
Pächter:	PLATZ, Wilhelm	1858-1885
Leiter:	BRÄNDEL, Elias	-1720
	KLADNY, Friedrich	1838-1858
	BINDER, Hans	1885-1886
	HERZBERG, Heinrich	1893-1895
	BREINSDÖRFER, Gustav	1895-1936

In dem "Hauptbuch des ungarischen Apothekerverbandes Bezirk 21, Süd-Siebenbürgen" steht die Eintragung: "Um das Jahr 1460 wurde die kaiserliche Militär-Apotheke auf dem oberen Johannisrücken zu Hermannstadt gegründet."
Dieses ist die älteste Eintragung über die Gründung einer Apotheke in Hermannstadt, wenn es auch eine vom Militär verwaltete Apotheke war. In diesem Zusammenhang schreibt der Chronist Emil SIGERUS: "Am 15. Januar 1720 stirbt in der Militärapotheke dessen Leiter Elias BRÄNDEL, geboren in Braslein in Mähren, demzufolge diese Apotheke schon früher bestanden haben muß."

Im Jahre 1795 ging die Militär-Apotheke aus dem Staatsbesitz in den Privatbesitz über, unter dem Namen "ZUM KAISERLICHEN ADLER" wurde sie eingetragen auf den neuen Besitzer Apotheker Franz Theodor ISSEKUTZ. Dieser verkauft die Apotheke im Jahre 1823 an den Apotheker I.C. MOLNAR zusammen mit dem Haus Fleischergasse 2 gegen 39.051.- Goldstücke.

Nach dessen Tode übernimmt sein Sohn Carl MOLNAR die Apotheke. Da er leidend war, wird die Apotheke vom Apotheker Friedrich KLADNY geleitet. Nach dem Tode des Carl MOLNAR übernimmt seine Mutter, die Witwe des I.C. MOLNAR, diese und verpachtet sie an den Apotheker Wilhelm PLATZ. In dieser Zeit erhält die Apotheke unter der Nr. 10577/8. VI. 1858 das "Real-Recht". Nach dem Tode der Witwe Judith MOLNAR geht der Besitz an ihre Tochter Therese HERZBERG geb. Molnar über. Da der Pächter Wilhelm PLATZ im Jahre 1885 stirbt, wird der Apotheker Hans BINDER als Leiter eingestellt.

Im Dezember des Jahres 1889 wird die Apotheke aus der Fleischergasse 4 in die Heltauergasse 59 verlegt gemäß der Verordnung der Stadt unter Nr. 4902/1889, um das Stadtviertel Josefstadt arzneimäßig besser zu versorgen und um dort nicht noch eine neue Apotheke zu eröffnen.

Im Jahre 1892 erhält der Sohn der Besitzerin, der Apotheker Karl HERZBERG, die Apotheke. Leider verstirbt er schon nach einem Jahr. Die Apotheke geht in den Besitz seines Vaters Carl HERZBERG, Maior a.D., über und nachher an Maximilian HERZBERG, Marine-Offizier. Doch schon nach 2 Jahren wird als Leiter der Apotheker Gustav BREINSDÖRFER eingestellt, der bis zum Jahre 1936 in dieser Apotheke tätig war. Ein mittelgroßer, gutherziger, erfahrener Apotheker mit einem großen weißen Bart, der in seiner Berufszeit vielen Menschen ein guter Berater und helfender Freund war.

Im Jahre 1904 genehmigt die Sanitätsbehörde unter Nr. 15. die Änderung des Namens der Apotheke in Apotheke "ZUM KÖNIG VON UNGARN". Im Jahre 1919 wird die Apotheke auf den Namen "VICTORIA" umbenannt.

Nach den Erben von HERZBERG Maximilian wird der Apotheker Kurt HERZBERG im Jahre 1923 der Besitzer. Nach einem Unglücksfall stirbt dieser im Jahre 1936, seine Witwe verpachtet sie an den Apotheker LIEB, der im Jahre 1939 die Apotheke kauft. Die Apotheke wurde im Jahre 1949 enteignet.

Der Apotheker Viktor LIEB, der früher viele Jahre Angestellter der Müllerischen Apotheke "ZUM SCHWARZEN ADLER" in Hermannstadt war, hat durch seinen Einsatz für die deutschen Apotheker eine besondere Rolle gespielt. Anfangs setzte er sich in der Organisation der angestellten Apotheker von Siebenbürgen sehr für die sozialen und rechtlichen Belange seiner Kollegen ein. Berufspolitisch beteiligte er sich an vielen Aktionen, um das Los der Angestellten zu sichern und zu fördern. Er wurde in die oberste Leitung dieses Verbandes gewählt und dadurch im ganzen Land bekannt. Als Vertreter der Angestellten war er auch im Vorstand des "Colegiul farmaceutic" (Apothekerkammer) von Rumänien in Bukarest. In den 30iger Jahren gründete er mit anderen Kollegen aus Siebenbürgen und dem Banat den "Verein der deutschen Apotheker in Rumänien." Damit wurden zum erstenmal alle deutschen Apotheker aus ganz Rumänien in einer Organisation zusammen gefaßt. Der Grund war keine Absonderung von der gesamten Apothekerschaft aber eine Notwendigkeit, die Rechte der deutschen Apotheker gemeinsam zu verteidigen, ihr Fortkommen und ihre Ausbildung zu fördern. Die Ereignisse des zweiten Weltkrieges haben auch diesem guten Vorhaben ein Ende bereitet.

Literatur:
ROTH, F.J.: II. "Fragmente zur Geschichte der deutschen Apotheken in Siebenbürgen." Siebenbürgische Bibliothek, Gundelsheim.
ROTH, F.J.: "Beiträge zur Geschichte der Apotheken in Hermannstadt", 1958, Sibiu, Siebenbürgische Bibliothek, Gundelsheim.

Innenansicht der Apotheke "VIKTORIA"

in Hermannstadt.

Diese befand sich zuletzt in einem Neubau am Ende der Heltauergasse.

V.l.n.r.: Viktor Lieb, Besitzer, Fritz Stenzel, Felix Schuster.

SIGERUS, Emil: "Vom alten Hermannstadt." II. Folge, Hermannstadt, 1923.

H E R M A N N S T A D T

Rum.: Sibiu

Apotheke "ZUM SCHWARZEN BÄREN"

Siebenbürgen:	Gegründet: 1600 ? (1747)
Komitat: Hermannstadt	Recht: Real
Ort: Hermannstadt	12.5.1855, Zl. 5076 Z. 7/8858-m.Z. 263/858

Besitzer:	BINDER, Georg	-1747
	KRÄUTNER, Samuel	1783-1797
	KRÄUTNER, Regina Maria, Witwe	1797-1809
	KAYSER, J.G.	1809-1820
	KAYSER, Josepha, Witwe	1820-1852
	Dr. KAYSER, G.A.	1852-1875
	Dr. KAYSERS, Erben	1875-1890
	HENRICH, Carl	1890-1898
	HENRICH, Gottlieb	1898-1903
	FABRITIUS, Guido R. sen.	1903-1936
	FABRITIUS, Guido jun.	1936-
Pächter:	HENRICH, Carl	1878-1890
Leiter:	SCHIEVERTH, Jakob	-1787
	SCHIEVERTH, Tobias	-1793
	MAUKSCH, Josef Friedrich	-1847

Leiter:	KRAUSS, Friedrich	1867-1874
	HENRICH, Carl	1875-1878

Die Apotheke "ZUM SCHWARZEN BÄREN" auf dem Kleinen Ring ist wahrscheinlich um das Jahr 1600 gegründet worden. Der Chronist Emil SIGERUS erwähnt, daß im Jahre 1609 zwei Apotheken in Hermannstadt bestanden haben. Der Apotheker Georg BINDER stirbt im Jahre 1747. Das Inventar der Apotheke wird von Dr. HUBER aufgenommen und festgesetzt und zwar: Eingelagerte Medikamente: 4881 Florin, Einrichtung 150 Florin, 141 geschliffene Gläser 19,74 Florin, 306 Holztiegel 20,40 Florin und 325 Essenzflaschen zu 19,50 Florin.

Die Apotheke muß also vor dem Jahre 1747 bestanden haben. Darauf kann 36 Jahre nicht nachgewiesen werden von wem die Apotheke geführt wurde. Erst im Jahre 1783 ist Samuel KRÄUTNER Besitzer der Apotheke. In dieser Zeit wird die Apotheke von SCHIEVERTH Jakob und nachher von SCHIEVERTH Tobias geleitet. Die Apotheke befand sich damals in dem Haus Nr. 441 auf dem Kleinen Ring neben dem sogenannten Fischmarkt (Sigerus,"Hermannstadt im Jahre 1790", S. 107-108). Von der Witwe KRÄUTNER Regina Maria kauft der Apotheker J.G. KAYSER im Jahre 1809 die Apotheke für 15.000,- Gulden. Er nennt sie Apotheke "ZUM SCHWARZEN BÄREN". Nach seinem Tode ist seine Witwe KAYSER Josepha Besitzerin, die als Leiter den Apotheker Josef Friedrich MAUKSCH einstellt.

Im Jahre 1852 wird Dr. G.A. KAYSER Eigentümer der Apotheke.

In dieser Zeit leitet von 1867-1874 der Apotheker Friedrich KRAUSS die Apotheke. Auf Grund des Gesuches Nr. 5076 und Nr. 7/8858 vom 12.05.1855 erhält die Apotheke das Realrecht unter der Nr. 263/1858. Dr. G.A. KAYSER war durch eine längere Krankheit gezwungen, die Apotheke dem Carl HENRICH als Leiter zu übergeben. Nach seinem Tode verpachten seine Erben Carl HENRICH die Apotheke, die dieser dann 1890 erwirbt. 1898 kauft dann der Apotheker Gottlieb HENRICH, nicht verwandt mit seinem Vorgänger, die Apotheke. Im Jahre 1903 verkauft er diese dem aus Schässburg stammenden Apotheker Guido R. FABRITIUS, der vorher in der Nösener Gemeinde Lechnitz Pächter war. 33 Jahre blieb die Apotheke in seinem Besitz, die er dann 1936 seinem Sohn Guido FABRITIUS jun. übergab.

Nach der Enteignung der Apotheken 1949 wurde auch diese Apotheke in eine Staatsapotheke umgewandelt. Später wurde dann im Jahre 1972 aus dieser Apotheke das Apotheken-Museum in Hermannstadt. Dieses Museum zeigt zum großen Teil Apotheken-Gegenstände der deutschen Apotheken aus Siebenbürgen. Die Apothekeneinrichtung der alten Apotheke "ZUM SCHWARZEN ADLER", die seinerzeit in Wien angefertigt wurde, wertvolle Apothekenmörser, Standflaschen aus der Glashütte von Freck, Porzellan-, Keramik- Holzgefäße, die zum Teil in Siebenbürgen hergestellt wurden, eine Vielzahl von Apothekerwaagen, allerlei Laborgegenstände, einen Destillierapparat aus Birthälm und dann eine homöopathische Abteilung einer Apotheke (Engel-Apotheke, Hermannstadt), Herbarien, Rezeptbücher und Pharmacopeen und vieles andere.

Bei der Errichtung des Apotheken-Museums in Hermannstadt haben deutsche Apotheker wesentlich mitgeholfen, da sie nicht nur Erfahrung und Wissen mitbrachten, sondern auch Interesse daran hatten, daß das sichtbare Erbe einer Vergangenheit aus ihrem Berufszweig erhalten bleiben sollte. Nach Berichten von Wissensträgern hat hier besonders unser Pharmazie-Historiker F.J. ROTH einen wesentlichen Anteil.

Hier soll auch erwähnt werden, daß der Begründer der Homöopathie Chr. Fr. Sam. Hahnemann von dem Gouverneur Sam. von Brukenthal im jahre 1777 als sein "Bibliothekar", "Aufseher" der Münzensammlung und "Hausarzt" nach Hermannstadt berufen wurde. Hahnemann hat also etwa 1 3/4 Jahre, wie er selbst sagt, als erster Kustos der Brukenthalischen Sammlungen in Hermannstadt zugebracht. Er schildert in seiner Selbstbiographie seinen Aufenthalt folgendermaßen: "Herr Baron von Brukenthal hat mich unter ehrenhaften Bedingungen eingeladen, mit ihm nach Hermannstadt zu gehen als Hausarzt und Aufseher seiner ansehnlichen Bibliothek. Hier hatte ich Gelegenheit, noch einige andere mir nötigen Sprachen zu lernen und einige Nebenwissenschaften mir zu eigen zu machen, die mir noch zu fehlen schienen. Seine unvergleichliche Sammlung antiker Münzen brachte ich, sowie seinen Büchervorrath in Ordnung und zu Papier, praktizierte sieben Vierteljahre in dieser volkreichen Stadt und schied dann, obwohl sehr ungern, von diesem biederen Volke, um in Erlangen den Doctor zu erwerben, welches ich nun aus eignen Kräften thun konnt."

Die Apotheke "ZUM SCHWARZEN BÄREN" gehört zu den ältesten und insoweit bedeutungsvollen Apotheken von Hermannstadt, da in ihr drei Apotheker tätig waren, die neben ihrem Berufe auf naturwissenschaftlichem Gebiet hervorragendes leisteten. KRÄUTNER Samuel war ein sehr gut ausgebildeter Apotheker, der besonders auf dem Gebiete der Botanik ein großes Wissen zeigte. KRÄUTNER hat den Apotheker Petrus SIGERUS in seiner Ausbildung sehr beeinflußt und später mit diesem zusammengearbeitet.

Dr. G.A. KAYSER, der schon in seiner Praktikantenzeit in der Apotheke Molnar "ZUM KAISERLICHEN ADLER", von dem damaligen hervorragenden Leiter Friedrich KLADNY angeregt, sich mit der Botanik und Chemie beschäftigte, zog dann im Jahre 1839 nach Wien, um hier bei dem bekannten Chemiker Paul Traugott MEISSNER, der Mediascher war, zu studieren. Das Staatsexamen machte er auf der Universität in Wien mit der Arbeit: "Acidum benzoicum ejusque praeparata."

Von Wien geht KAYSER nach Berlin, um bei dem berühmten Prof. RAMMELSBERGER im chemischen Institut zu arbeiten. Hier veröffentlicht er die Arbeit: "Die Doppelsalze der Oxalsäure." Er trifft in Berlin auch mit bedeutenden Gelehrten zusammen, unter anderem auch mit dem Historiker RANKE. 1843/44 geht KAYSER nach Giessen, um dort bei dem berühmten Chemiker Dr. Justus LIEBIG im Labor zu arbeiten. Er schreibt dort seine Doktorarbeit über "Chemische Untersuchungen über das Jalappa-Harz." 1844 erhält er den Titel "Doctor Philosophiae et artium liberalium Magister".

Nach Siebenbürgen zurückgekehrt, nimmt KAYSER Kontakt mit allen interessierten wissenschaftlichen Kreisen auf. Mit seiner Hilfe und Initiative kommt es im Jahre 1849 zur Gründung des "Siebenbürgischen Vereins für Naturwissenschaften". KAYSER ist bestrebt, die bestehenden Sammlungen im Brukenthal-Museum gut unterzubringen, um hier eine Abteilung für Naturwissenschaften auszubauen. In weiten Kreisen der Bevölkerung wirbt er besonders bei der Jugend für das Interesse für Naturwissenschaften auf allen Gebieten. Er wird in verschiedene Kommissionen gewählt, um mit seinem fachlichen Wissen zu begutachten und Recht zu sprechen. Überall ist er durch seine Persönlichkeit angesehen. Leider haben die Revolutionsjahre in dieser Zeit seiner Gesundheit Schaden zugefügt. Frühzeitig erkrankt er an Tuberkulose und muß seine Apotheke einem Leiter übergeben. Durch den geschwächten körperlichen Zustand ist KAYSER leider nicht zur Ausschöpfung seiner Vorhaben auf wissenschaftlichem Gebiet gekommen. In seinem Nachlaß übereignet er dem Siebenb. Verein für Naturwissenschaften sein selbstgesammeltes Herbar mit 1800 Pflanzenarten und stiftet eine ansehnliche Summe Geldes.

Der dritte Apotheker ist der Naturwissenschaftler Carl HENRICH, der seinem Oheim Dr. G.A. KAYSER nachahmt, diesen in manchem noch übertrifft. HENRICH zeichnete sich schon auf der Schule und später in seiner Berufs- und Studienausbildung als ein scharf denkender Mensch mit einem überdurchschnittlichen Gedächtnis aus. Sein Interesse lag nicht nur auf allen Gebieten der Naturwissenschaften, sondern auch auf dem Gebiete der Geschichte besonders der

Baugeschichte seiner Vaterstadt, aber auch für Musik und die schönen Künste war er aufgeschlossen. Seinen Magister legte er mit Auszeichnung auf der Universität in Graz ab, später ging er nach Berlin, um sich auf allen Gebieten der Naturwissenschaften weiter zu bilden. Wegen einer Depressionskrankheit kehrte er in die Heimat zurück, wo er im Gebirge sich erholte. Sein richtiges Zuhause war der Siebenb. Verein für Naturwissenschaften. Er sprang mit seinem Pflichtbewußtsein, seiner Aufopferung überall ein. Der Verein, der damals in seinem Fortbestehen große Sorgen hatte, wäre ohne die tatkräftige Hilfe von HENRICH nicht weitergekommen. Er war so bescheiden, daß er seine Person nie in den Vordergrund stellte.
Die kaufmännische Seite als Apotheker lag ihm nicht, so verwaltete er in dieser Richtung seine Apotheke nicht richtig. Dieses erkannte er und zog sich im Jahre 1898 zurück und verkaufte die Apotheke einem Namensvetter, aber nicht verwandt, Gottlieb HENRICH. Jetzt konnte er sich nur seiner Wissenschaft widmen. Er veröffentlichte 21 Arbeiten, von denen die bedeutendsten wohl das Gebiet der Blumenwespen, Blattläuse und Pflanzengallen sind. Dann aber auch Arbeiten in Botanik, Geschichte und Baugeschichte von Hermannstadt.

Sein Nachfolger in der Apotheke war Gottlieb HENRICH, der die etwas vernachlässigte Apotheke durch seinen Fleiß, durch sein berufliches Wissen und Entgegenkommen der Bevölkerung wieder hoch brachte. Leider verstarb er schon im Jahre 1903 und hinterließ seine Frau mit 3 unmündigen Kindern. Die Apotheke erwarb dann 1903 der Apotheker Guido

FABRITIUS sen. Durch seinen unermüdlichen Fleiß und die Ausweitung des Umsatzes der Apotheke mit der Herstellung von einigen Präparaten, so das Stärkungsmittel "Bioglobin" und von "Sylvia Creme" hob er die Apotheke, so daß manchmal 3 Magister beschäftigt werden mußten. Die Abhaltung des öffentlichen Markt- und Wochenmarktes auf dem Kleinen Ring trug wesentlich dazu bei. Schon vor Beginn des zweiten Weltkrieges änderte sich diese Situation, da die rumänische Behörde den Markt in einen anderen Stadtteil verlegte.

Literatur:

ROTH, F.J.: "II. Fragmente zur Geschichte der deutschen Apotheken in Siebenbürgen." Siebenbürgische Bibliothek, Gundelsheim.

ROTH, F.J.: "Beiträge zur Geschichte der deutschen Apotheken in Hermannstadt", 1958, Sibiu, Siebenbürgische Bibliothek, Gundelsheim.

SIGERUS, Emil: "Vom alten Hermannstadt", II. Folge, Hermannstadt 1923.

ROTH, F.J.: "Matrikel-Register "Anyakönv" des ungar.-pharm. Kollegs, Kreis 21, Süd-Siebenbürgen." Siebenbürgische Bibliothek, Gundelsheim.

SCHNEIDER, Erika: "Sächsische Botaniker im 19. Jahrhundert." Forschungen zur Volks- und Landeskunde, Bd. 22, Nr. 2/1979, Bukarest.

TRAUSCH, HIENZ: "Schriftsteller-Lexikon der siebenb. Deutschen." 7/IV S. 235- , 1983.

BERWERTH, Fritz: "Chr. Fr. Sam. Hahnemann", Siebenb. Hauskalender 1966, S. 101-105.

ROTH, F.J.: "Biographie des Dr. G.A. Kayser, Vol. VIII. Siebenbürgische Bibliothek, Gundelsheim.

Zeugnis

Herr Karl Soos aus Mediasch (Medgyes) gebürtig war vom 1ten September bis 31ten Mai 1910 in meiner Apotheke als Praktikant der Pharmacie tätig, hat sich während dieser Zeit bestrebt sich die, für einen Assistenten der Pharmacie notwendigen praktischen u. wissenschaftlichen Kenntnisse anzueignen u. hat sich durch Benehmen, Fleiss u. Ausdauer meine vollste Zufriedenheit erworben, was ich mit meines Namens Unterschrift gerne bestätige.

Hermannstadt (Nagyszeben) am 31ten Mai 1910

Gustav Fabritius
Apotheker

Láttam:
Schemmel
Amtsarzt

Nagyszeben 1910 május 30.

Kleiner Ring in Hermannstadt mit Bären-Apotheke

Haus Kleiner Ring Nr. 26, in dem sich heute das
Apotheken-Museum befindet. Ehemalige Bären-Apotheke.

DISPENSATORIUM DES VALERIUS CORDUS, NÜRNBERG 1546

PHARMACORVM OMNIVM, QVÆ QVIDEM IN usu sunt, conficiendorum ratio.

Vulgo uocant

DISPENSATORIVM PHARMACOPOLARVM,

Ex omni genere bonorum authorum, cum ueterum tum recentium collectum, & scholijs utilissimis illustratum, in quibus obiter, plurium simpliciũ, hactenus non cognitorũ, uera noticia traditur.

Authore

VALERIO CORDO.

ITEM

De collectione, repositione, & duratione simplicium.
De adulterationibus quorundam simplicium.
Simplici aliquo absolute scripto, quid sit accipiendum.
ἀντιβαλλόμενα, id est, Succedanea, siue Quid pro Quo.
Qualem uirum Pharmacopolam esse conueniat.

Cum Indice copioso.

Norimbergæ apud
Ioh. Petreium.

F. J. ROTH hat in seinen Arbeiten auch über das obige "Dispensatorium Pharmacopolarum" geschrieben, und dieses erste Arzneibuch als das angesehen, von dem aus auch in späteren Zeiten die Pharmakopeen, die in Siebenbürgen gebraucht wurden, ausgegangen sind. Deshalb soll dieses hier erwähnt werden.

Der Verfasser war Arzt und starb schon im frühen Alter von 29 Jahren. Cordus hatte wohl zunächst aus dem Wust überlieferter Vorschriften die bewährtesten für den eigenen Gebrauch zusammengestellt. Anläßlich einer Reise, die ihn durch Nürnberg führte, erwarb der Rat der Stadt dieses Manuskript, um es als Arzneibuch, nach dem sich die Ärzte und Apotheken richten sollten, in den Druck zu geben. Als das Werk 1546 erstmalig herauskam, war der Verfasser schon verstorben.

Es gibt weitere, jeweils überarbeitete Drucke aus Nürnberg von 1592, 1598, 1612, sowie 1666. Außerdem wurde das Buch im Ausland häufig nachgedruckt. Die erste Ausgabe dieser Pharmakopöe, die ein schmuckloses, jedoch typographisch ansprechend gestaltetes Titelblatt einleitet, gilt als besondere Kostbarkeit und soll hier gezeigt werden. Denn die Sammlung der Vorschriften in Arzneibüchern haben die Grundlage der Apothekerkunst dargestellt.

Literatur:
Buch der Verbandstoff-Fabriken Paul Hartmann, Heidenheim, 1960.

DISPENSATORIUM NORIMBERGENSE DES VALERIUS CORDUS 1666

Vielleicht das schönste aller deutschen Arzneibuch-Titelblätter schmückt die Ausgabe der Nürnberger Pharmakopöe des Valerius Cordus von 1666. Es wurde von dem Nürnberger Kupferstecher Cornelius Nicolaus Schurtz geschaffen. Am Himmel stürmt ein Viergespann heran, dessen Zügel der Gott der Heilkunde lenkt. Drunten aber vor den Toren und der Burg der freien Reichsstadt Nürnberg liegt der arme Lazarus in seinen Schmerzen auf die Hilfe wartend, die ihm das Dispensatorium Norimbergense verheißt.

Der Theologe Johann Michael Dilherr hat dieser Ausgabe des Nürnberger Arzneibuches einen lateinischen Vorspruch gewidmet, dessen letzte Zeilen in deutscher Übertragung lauten:

"Kranker, wenn Du Heilung suchst für Dein Leiden, komm eilends hierher:
Mit des Allmächtigen Hilfe wird die Arznei hier bereitet, die des Arztes gesegnete Hand Dir verordnet.
Des himmlischen Arztes Abbild ist der Arzt hier auf Erden.
Dieser dient jenem in Ehrfurcht.
Ihm, spricht der droben, gib Ehre! "

Literatur:
Buch der Verbandstoff-Fabriken, Paul Hartmann, Heidenheim, 1960.

B I L D E R   A U S   D E U T S C H E N A P O T H E K E N   I N S I E B E N B Ü R G E N

So wie deutsche Apotheker mit Liebe und Begeisterung ihre Apotheken einrichteten und mit den notwendigen Arzneien ausstatteten, kann hier nur in einigen Bildern gezeigt werden.

Offizin

Wahrscheinlich sind aus den ersten, einfachen Apothekenräumen im Laufe der Jahrhunderte nicht nur äußerlich schöne, ansprechbare Offizinen entstanden, deren Verkaufstische, Rezepturen, Regale aus teuerstem Holz mit Intarsienarbeiten oft angefertigt waren.

Aber auch die Arbeitsräume, wie Labor, Kräuter- und Stoßkammer waren für die damaligen Zeiten zweckentsprechend und gut ausgestattet. Dafür zeugen z.B. die Laboratorien eines Traugott Meißner, Apotheker und Chemiker in Kronstadt, und später das Laboratorium des Dr. Hermann Folberth in Mediasch.

Im Laufe der Enteignung der Apotheken und deren Auflösung oder Versetzung,in manchen Fällen an einen anderen Ort, ist oft in rücksichtsloser Weise historisch wertvolles Gut zerschlagen und vernichtet worden. Den Initiatoren, die einiges davon in den Apotheken-Museen in Hermannstadt und Klausenburg (Cluj) gerettet und aufgestellt haben, kann nicht genug gedankt werden.
Daß hier ein F. J. ROTH und andere mitgeholfen haben, darf nicht vergessen bleiben.

Apotheken-Waage

Apotheken-Mörser

Laboratorium mit Apothekengeräten

Laboratorium mit Apothekengeräten

Standgefäße aus Holz

Standgefäße aus Holz

Standgefäße aus Holz

Standgefäße aus Holz

Standgefäße aus Holz

Apotheken-Standgefäße

Apotheken-Standgefäße

Standgefäße aus Porzellan

Standgefäße aus Porzellan

Standgefäße aus Porzellan

Standgefäße Homöopathie

Apotheken-Standgefäße

Literatur:

Dr. HOCHMEISTER, Günter:

Bericht über Apotheker Gottlieb Henrich, 1985.

Dr. JICKELI, Carl F.:

"Laudatio über Apotheker Carl Henrich."

Mitteilungen des Siebenb. Vereins für Naturwissenschaften, LXXI Jahrg. 1921.

Dr. FABRITIUS, Klaus:

Bericht über Karl Henrich. Bukarest

H E R M A N N S T A D T

Rum.: Sibiu

Apotheke "ZUR KRONE"

Siebenbürgen:	Gegründet: 1762
Komitat: Hermannstadt	Recht: Real
Ort: Hermannstadt	Nr. 25032/1857

Besitzer:	SCHUSTER, Gottlieb	1762-
	JIKELI, Josef	-1870
	JIKELI, Carl	1870-1903
	PISSEL, Carl und	
	SCHMIDT, Carl	1903-1908
	PISSEL, Carl	1909-1933
	ZOBEL, Fritz	1933-
Pächter:	ZOBEL, Fritz	1925-1933
Leiter:	KREMER, Andreas	-1868

Diese Apotheke befand sich zur Zeit der Gründung durch den Apotheker Gottlieb SCHUSTER im Haus Nr. 429 auf dem Kleinen Ring, vis-a-vis von den Fleischbänken. (Sigerus, Emil: "Hermannstadt im Jahre 1790", S. 107-108)
Das Real-Recht erhielt sie mit der Nr. 25032/1857 unter dem Apotheker Josef JIKELI. Die Apotheke wurde damals von dem Apotheker Andreas KREMER geleitet. Als im Jahre 1870 Josef JIKELI stirbt, übernimmt sein Sohn Carl JIKELI die Apotheke und führt diese bis zum Jahre 1903. Die Apotheker PISSEL Carl und SCHMIDT Carl kaufen in diesem Jahre in Gemeinschaft die Apotheke. Aber schon nach 5 Jahren scheidet SCHMIDT Carl aus und PISSEL allein der Besitzer.

Mit 66 Jahren zieht sich der Apotheker PISSEL zurück und verpachtet seine Apotheke dem Kollegen Fritz ZOBEL im Jahre 1925. Dieser bleibt Pächter bis 1933. Dann wird er Eigentümer und führt diese bis zur Enteignung durch den rumänischen Staat.

Diese Apotheke profitierte nicht nur an den Wochenmärkten, die sich in der Nähe auf dem Kleinen Ring befanden, sondern ihr Standort auf der Burgerstiege lag auf dem verkehrsreichen Weg, der von der Oberstadt zur Unterstadt führte. Im Raume der Burgergasse mit ihren alten Nebenstraßen lebten seit altersher namhafte Handwerksfamilien in ihren stattlichen Häusern.

Die Apotheke ist aber auch durch ihren langjährigen Besitzer Carl PISSEL erwähnenswert. PISSEL war vielleicht der erste Apotheker, der versuchte, in der Zeit als die

Siebenbürger Sachsen von Ungarn und später von Rumänen bedrängt wurden, berufspolitisch die Initiative zu ergreifen, um durch die Stellung in den Apothekerorganisationen Einfluß zu bekommen. Er war der erste Präsident der Apothekerkammer von Hermannstadt und aktiv tätig in den Berufsorganisationen des Landes. Er erkannte, daß eine Minderheit in dem neuen Staat nur dann ihre Rechte verteidigen kann, wenn sie selbst führend in den Berufsorganisationen arbeitet. Berufspolitisch ausgerichtet nicht nur im Interesse der deutschen Apotheker, sondern zur Förderung des gesamten Berufsstandes. Das Ziel stand für ihn fest, die Aufgabe des Apothekers im Gesundheitswesen zu erfüllen. Diese Haltung und Initiative von PISSEL verschaffte ihm ein Ansehen bei allen Apothekern. Diesen Gedanken hat dann später der Apotheker Viktor LIEB wieder aufgegriffen, indem er berufspolitisch sich empor arbeitete, und dann durch die Gründung des "Vereins der deutschen Apotheker in Rumänien" ein Beispiel vorbildlicher Standesarbeit geben wollte.

Doch zurück zu Carl PISSEL, denn sein Leben ist nicht nur als Apotheker bedeutungsvoll, er spielte auch im Volksleben eine bedeutende Rolle. In der Gemeinde Birthälm, als Sohn des aus der Steiermark eingewanderten Drechslermeisters Eduard PISSEL und seiner Ehefrau Elisabeth Zinz aus Mediasch, geboren, besuchte er das Gymnasium in Mediasch. Er praktizierte dann in Lechnitz in der Apotheke Scheint und holte sich das Magisterdiplom an der Wiener Universität. Er arbeitet in verschiedenen Orten in Apotheken bis er die "KRONEN-APOTHEKE" in Hermannstadt erwarb.

Frühzeitig wurde er Waise, und mußte so die harte Schule des Lebens durchmachen, die aus ihm aber einen gediegenen Menschen gebildet hat, von allen geschätzt und verehrt.

PISSEL hat aber im Rahmen der evangelischen Kirchengemeinde von Hermannstadt, in dem sogenannten Wohltätigkeitsdienst, hervorragendes geleistet. Er hat als Kurator des Waisenhauses und der Krankenpflegeanstalt an ihrer Entwicklung und Betreuung tatkräftig teilgenommen. Da ihm das Glück eigener Kinder versagt blieb, hat er als ehemaliges Waisenkind sich persönlich und liebevoll um das Los dieser armen Geschöpfe gekümmert. Er hat das Leben vieler Kinder betreut und immer wieder geholfen, daß aus ihnen anständige, lebenstüchtige Menschen wurden. So mancher hat dann später dem alten Apotheker und Waisenvater dafür von Herzen gedankt.

Aber auch sonst nahm er regen Anteil an dem Leben und den Aufgaben der evangelischen Kirchengemeinde von Hermannstadt. Die Anschaffung einer Orgel in der Johanniskirche, die Erweiterung des Frauenheims (ein Altersheim), die Einrichtung für Schwerhörige in der Stadtpfarrkirche und vieles andere ist ihm zu verdanken. Er war kein unfruchtbarer Kritiker, sondern ein sachbezogener Mensch, der es verstand, durch seine Überzeugungskraft sich für die gestellte Aufgabe Helfer zu holen.

Als Apotheker sammelte er die Daten der Apotheker des Hermannstädter Komitates; diese Arbeit ist im Staatsarchiv in Hermannstadt, wie unten angegeben, hinterlegt. Er beschäftigte sich auch mit einer vergleichenden Analyse der österreichischen, ungarischen und rumänischen Pharmacopeen. Diese Arbeit konnte bisher nicht erforscht werden.

Literatur:

ROTH, F.J.: "II. Fragmente zur Geschichte der deutschen Apotheken in Siebenbürgen." Siebenbürgische Bibliothek, Gundelsheim.

ROTH, F.J.: "Beiträge zur Geschichte der Apotheken in Hermannstadt", 1958, Sibiu, Siebenbürgische Bibliothek, Gundelsheim.

ROTH, F.J.: "Matrikel-Register "Anyakönv" des ungarischen pharm. Kollegs, Kreis 21, Süd-Siebenbürgen." Siebenbürgische Bibliothek, Gundelsheim.

SIGERUS, Emil: "Vom alten Hermannstadt", II. Folge, Hermannstadt, 1923.

"Magister Carl Pissel 70 Jahre", Laudatio, erschienen im Siebenb.-deutschen Tageblatt, Hermannstadt, 8.03.1929.

H E R M A N N S T A D T

Rum.: Sibiu

Apotheke "ZUM LÖWEN"

Siebenbürgen:	Gegründet: 1780
Komitat: Hermannstadt	Recht: Real
Ort: Hermannstadt	Zl. 25034/1857

Besitzer:	PAUL, Friedrich	1780-1795
	SIGERUS, Petrus	1795-1835
	SIGERUS, Justina Witwe	1835-1836
	TEUTSCH, August sen.	1836-1879
	TEUTSCH, August jun.	1879-1911
	ZINK, Albert	1911-1914
	WERMESCHER, Emil	1914-
Leiter:	KRÄUTNER, Samuel	1780-1783
	PISSEL, Carl	1902-1903
	GRAFFIUS, Wilhelm	1914-1916
	SCHUSTER, Wilhelm	1916-1918

Der Apotheker Paul Friedrich, der die Apotheke gründete, hält sich gleich anfangs KRÄUTNER Samuel als Leiter. Nach Sigerus Emil: "Hermannstadt im Jahre 1790" (S. 107-108) war die Apotheke auf dem Grossen Ring im Hause Nr. 188 untergebracht.

Emil SIGERUS, der Enkel des Apothekers Petrus SIGERUS ist pensionierter Direktor der Transylvania-Versicherungsgesellschaft und schreibt in seinem Hausbuch am 29.08.1920 folgendes; er zitiert den Apotheker Petrus SIGERUS:

"Am 2.06.1795 wird mir des 3 Tage vorher verstorbenen Apothekers Paul Friedrich seine Apotheke samt allen dazu gehörigen Utensilien ohne vorgenommenem Inventar, mit Einwilligung sämtlicher Herren Kreditoren und hauptsächlich des T.H. Andreas Wolff und Georg Gross von dem löblichen oberen Teilamt für die Summe von 4.000,- Rheinische Gulden zu meinem Eigentum übergeben, wobei die Rezeptur vom 1. Jänner dieses Jahres an mir zu gute kömmt, auch mir zugesichert wurde, mich zur Abtragung der Lizitation einige Jahre verschonen zu wollen."

Nach dem Tode von Petrus SIGERUS im Jahre 1835 fällt die Apotheke an seine Witwe Justina SIGERUS. Aber schon nach einem Jahr am 22.10.1836 erwirbt der Apotheker TEUTSCH August die Apotheke für 10.000,- Florin in bar. Die Apotheke erhält das Real-Recht zugesprochen unter der Nr. 25034/1857. Nach dem Tode von Teutsch sen. geht die Apotheke in den Besitz seines Sohnes August TEUTSCH jun. über, der diese 32 Jahre führt.
Am 10.08.1911 verkauft er dem Apotheker Albert ZINK die "LÖWEN-APOTHEKE" für 100.000 ungarische Goldkronen in bar. 1914 erwirbt der Apotheker Emil WERMESCHER die Apotheke für 180.000 ungarische Goldkronen. WERMESCHER ist Eigentümer bis zu seinem Tode im Jahre 1945. Dann geht die Apotheke in den Besitz seiner Witwe über und wird bis zur Enteignung im Jahre 1949 von dem Apotheker Friedrich STENZEL geleitet.

In dieser Apotheke arbeitete, wie oben angezeigt, der Apotheker Petrus SIGERUS, der zu den markantesten Naturforschern auf dem Gebiet der Botanik, aber auch Mineralogie und Meteorologie, in Siebenbürgen gehörte, und deshalb hier besonders hervorgehoben wird. Er entstammte einer angesehenen Goldschmiedfamilie aus Kronstadt und wurde hier im Jahre 1759 geboren. Seine Eltern verlor er mit 14 Jahren und war so Vollwaise. Sein Vormund, der Onkel Pfarrer Draudt aus Zeiden, gab ihn zu einem Goldschmied in die Lehre, damit der Junge das Handwerk seiner Väter lerne. Petrus wollte aber nicht nur ein Handwerk lernen, sondern vielmehr wissen, deshalb verließ er heimlich seinen Lehrherrn und wanderte zu Fuß nach Hermannstadt, um dort eine andere Lehrstätte zu suchen. Gefördert durch den Gubernialherrn von Huttern, verpflichtet sich SIGERUS für 5 Jahre Lehrzeit als Apothekerlehrling in der Apotheke "ZUM SCHWARZEN ADLER", die damals der Familie THEISS gehörte. In seiner Lehrzeit muß er wohl nach einigen Jahren in die Apotheke "ZUM SCHWARZEN BÄREN" gewechselt haben, denn er schreibt selbst, daß sein Hauptförderer der berühmte Apotheker Samuel KRÄUTNER, der große Botaniker, war. Da SIGERUS keine entsprechende Vorbildung besaß, benützte er jede freie Zeit und alles ersparte Geld, um sein Wissen zu bereichern. Was er las schrieb er sofort nieder und bereitete sich so für die Examina vor, die er 1786 in Wien ablegte. 1788 absolvierte er sein Magisterium in Budapest und kehrte darauf in die Heimat zurück. Im Jahre 1795 kam er dann in den Besitz der "LÖWEN-APOTHEKE" auf dem Grossen Ring.

Auch im 18. Jahrhundert wurden die meisten Heilkräuter

aus dem Ausland eingeführt, trotzdem diese auch in Siebenbürgen wuchsen. Um die Drogeneinfuhr zu Gunsten des Landes zu verringern, regte SIGERUS zum Sammeln einheimischer Heilpflanzen an und stellte dafür als erster ein "Verzeichnis der in Siebenbürgen wild wachsenden offizinellen Pflanzen" auf, das er 1791 veröffentlichte. Er ist somit der Begründer der Heilpflanzenbotanik in Siebenbürgen, was sein besonderes Verdienst ist.

Er arbeitet in dieser Zeit mit dem bekannten Botaniker J. von LERCHENFELD zusammen, aber auch sein früherer Lehrherr Samuel KRÄUTNER hat weiter Einfluß auf ihn. In seinem "Verzeichnis der Heilpflanzen" führt er 197 einheimische Heilpflanzen auf, in alphabetischer Reihenfolge mit den lateinischen offizinellen, aber auch deutschen und sächsischen Namen. Sogar die ungarischen und rumänischen Namen benutzte er. Eine bisher einmalige neue Arbeit, die insoweit von Bedeutung ist, da beinahe alle diese Pflanzen in der Apotheke Verwendung fanden. Samuel KRÄUTNER ergänzt diese Sammlung später mit noch 30 Pflanzen.

SIGERUS arbeitet dann mehrere Jahre an seiner "Flora Cibiniense", der Flora von Hermannstadt, die leider nie gedruckt wurde, weil Geldschwierigkeiten dieses verhinderten. Ein weiteres Werk "Herbarium vivum" oder "Sammlung der in Siebenbürgen vorkommenden offizinellen Pflanzen" wurde leider auch nicht gedruckt. Dieses ist wohl das bedeutendste Werk von SIGERUS. Das Herbarium besteht aus 26 Foliobänden, die 451 Gattungen und etwa

1600 Arten und Abarten enthalten.

SIGERUS legte auch eine große Mineraliensammlung an. Ebenso beschäftigte er sich intensiv mit der Meteorologie. In den Jahren 1789 und 1831 zeichnete er die barometrischen Daten von Hermannstadt auf.

Bei Visitationen seiner Apotheke wurde er besonders gelobt und ausgezeichnet, sowohl als Chemiker, Botaniker und praktischer Apotheker. Hervorgehoben wurde seine reichhaltige Fachbibliothek.

Die Arbeiten von SIGERUS wurden nach seinem Tode von seiner Familie dem Hermannstädter Gymnasium überlassen, die Mineraliensammlung dem Siebenbürgischen Verein für Naturwissenschaften. Alle diese Sammlungen werden heute in den Abteilungen des verstaatlichten Brukenthal-Museums aufbewahrt.

Literatur:

ROTH, F.J.: "II. Fragmente zur Geschichte der deutschen Apotheken in Siebenbürgen."
Siebenbürgische Bibliothek, Gundelsheim.

ROTH, F.J.: "Beiträge zur Geschichte der Apotheken in Hermannstadt", 1958, Sibiu
Siebenbürgische Bibliothek, Gundelsheim.

ROTH, F.J.: "Matrikel-Register "Anyakönv" des ungarischen pharm. Kollegs, Kreis Nr. 21, Süd-Siebenbürgen."
Siebenbürgische bibliothek, Gundelsheim.

SIGERUS, Emil: "Vom alten Hermannstadt", II. Folge, Hermannstadt, 1923.

Dr. MAIOR, Ovidiu: "Beiträge zur Pharmazie-Geschichte Siebenbürgens.""Die Offizinen des Kreises Hermannstadt." 1978, Târgu-Mures.

Dr. HAGEN-HEIN, Wolfgang: "Deutsche Apotheker-Biographien." Bd. 182, Wissenschaftl. Verlagsges. Stuttgart.
Dr. HELTMANN, Heinz: "Sächsische Naturforscher in Siebenbürgen. Petrus Sigerus (1759-1831)." Siebenb. Zeitung v. 31.05.1975, S.3.

H E R M A N N S T A D T

Rum.: Sibiu

Apotheke "ZUM GOLDENEN KREUZ"

Siebenbürgen:		Gegründet: 1880
Komitat: Hermannstadt		Recht: Personal
Ort: Hermannstadt		Zl. 45128/16.10.1879
Besitzer:	MORSCHER, Friedrich	1880-1896
	RUMMLER, Eugen	1896-1918
	HERZBERG, Heinrich	1919-1939
	TIMAL, Siegfried	1940-1949
Leiter:	HERZBERG, Heinrich	1918-1919

Das Personalrecht für diese Apotheke ist unter der Nr. 45128/16.10.1879 dem Apotheker Friedrich MORSCHER erteilt worden. Die Apotheke wurde in dem Hause Ecke Saggasse zur Schmiedgasse errichtet. Der Apotheker Heinrich HERZBERG wurde als Nachfolger des Apothekers Carl PISSEL als Vorsitzender des Hermannstädter Apotheker-Kollegiums gewählt. Er verstand es weniger, wie sein Vorgänger sich zu profilieren. Der Apotheker Viktor LIEB übernahm dann später auf allen Gebieten die Führung.

Literatur:
ROTH, F.J.: "II. Fragmente zur Geschichte der deutschen Apotheken in Siebenbürgen." Siebenbürgische Bibliothek, Gundelsheim.
ROTH, F.J.: "Beiträge zur Geschichte der Apotheken in Hermannstadt." 1958, Sibiu, Siebenbürgische Bibliothek, Gundelsheim.

H E R M A N N S T A D T

Rum.: Sibiu

Apotheke "ZUM ENGEL"

Siebenbürgen:

Komitat: Hermannstadt — Gegründet: 1903

Ort: Hermannstadt — Recht: Personal

Besitzer:	CZIPOTT, Istvan	1903-1907
	MORSCHER, Karl	1907-1911
	MÜLLER, Fritz	1911-1918
	WITTMAYER, Eugen	1918-1933
	Dr. BINDER, Hans	1933-1949

Diese Apotheke, die im Jahre 1903 von dem ungarischen Apotheker CZIPOTT István gegründet wurde, lag in der Brückengasse Nr. 8, jenseits des Zibin, um die Bevölkerung des Stadtteils Konradwiese zu versorgen. CZIPOTT verkauft die Apotheke im Jahre 1907 an den Apotheker Karl MORSCHER. Nach weiteren 4 Jahren geht sie in den Besitz des Apothekers Friedrich MÜLLER über. Im Jahre 1918 kauft dann der Apotheker Eugen WITTMAYER die Apotheke, der diese im Jahre 1924 in die Innenstadt und zwar in die Reispergasse Nr. 22 verlegt, indem er mit einem anderen Konzessionsinhaber einen Tausch macht (Apotheker LASLU). Ein bemerkenswertes Zeichen der Zeit, in der Verordnungen und Rechte bei verschiedener Auslegung zum Nutzen oder Schaden des Einzelnen ausgenützt werden konnten.

Eugen WITTMAYER war 15 Jahre lang Besitzer dieser Apotheke. Im Jahre 1933 übergibt er sie seinem Schwager Dr. Hans BINDER, der diese bis zur Enteignung besitzt.

Die "ENGEL-APOTHEKE" war die einzige in Hermannstadt, die eine Homöopathische Abteilung eingerichtet hatte, was in einer Zeit, wo die Naturheilkunde und Homöopathie auch in Siebenbürgen Beachtung und Anwendung fand, von Bedeutung ist.

Der "ENGEL-APOTHEKE" standen zwei Apotheker vor, die beide nach ihrer Art dazu beitrugen, daß diese Apotheke in Hermannstadt angesehen und gerne aufgesucht wurde. Eugen WITTMAYER war der praktische, gewissenhafte Apotheker, der dafür sorgte, daß der Betrieb der Apotheke in jeder Hinsicht in Ordnung war. Ein bescheidener, zuvorkommender, freund-

licher Apotheker.
Dr. Hans BINDER, sein Schwager, konnte durch sein Fachwissen auf allen Gebieten der Pharmazie, besonders nach außen hin, im Verkehr und in Zusammenarbeit mit den Ärzten, die Apotheke richtig repräsentieren. Schon in der Zeit von 1914-1926 als diese beiden Pächter der großen Apotheke "ZUM SCHWARZEN ADLER" waren, verstanden sie es, das Aufgabengebiet der Apotheke untereinander so zu übertragen, daß sie von der Bevölkerung und den Menschen, die mit dem Gesundheitswesen zu tun hatten, ein großes Vertrauen ernteten. Mit dieser Leistung unterstrichen sie die Aufgaben eines deutschen Apothekers für alle Mitbewohner in Siebenbürgen.

Dr. Hans BINDER wurde in Câmpeni (Topányfalva) im siebenbürgischen Erzgebirge geboren, wo sein Vater, der aus einer Hermannstädter Familie stammte, eine Apotheke hatte. Nach Ablegung des Abiturs in Hermannstadt, und nach dem Apothekenpraktikum in der väterlichen Apotheke, sowie einigen Jahren Arbeit als Assistent, studierte er in Budapest, wo er 1912 das Magisterdiplom und die amtliche Zulassung als selbstständiger Apotheker erwarb. Um sein Wissen im Ausland zu erweitern, trat er am 30.08.1912 als Mitarbeiter in die "ADLER-APOTHEKE" G. SCHMIED in Bern ein. Gleichzeitig inskribierte er auf der dortigen Universität und promovierte mit seiner Doktorarbeit "Untersuchungen über das Harz von Picea vulgaris L. montana Schur" bei dem berühmten Prof. Dr. TSCHIRCH.

Dr. BINDER veröffentlichte einige wissenschaftliche

Arbeiten wie "Der gegenwärtige Stand der Vitaminforschung", Med. Zeitschrift 2/1928, Hermannstadt, "Die Adria als klimatischer Kurort", Med. Zeitschrift 6/1932, Hermannstadt, und andere.
Im Rahmen des Vereins der deutschen Apotheker in Rumänien kümmerte er sich um die Fortbildung seiner Kollegen, schrieb Aufsätze und hielt Vorträge.

Auch bei großen pharm. Firmen erweckte Dr. BINDER Vertrauen. So erhielt er von der Fa. Merck, Darmstadt, zuerst die wissenschaftliche Vertretung, später die Gesamtvertretung der chemischen Fabrik E. Merck/Darmstadt in Bukarest für ganz Rumänien. In der "ENGEL-APOTHEKE" wurde unter Leitung des Apothekers WITTMAYER das bekannte Präparat der Fa. Merck "Optonicum" in Einzelpackungen abgefüllt und in Rumänien vertrieben.

Literatur:
ROTH, F.J.: "II. Fragmente zur Geschichte der deutschen Apotheken in Siebenbürgen." Siebenbürgische Bibliothek, Gundelsheim.
ROTH, F.J.: "Beiträge zur Geschichte der Apotheken in Hermannstadt", 1958, Sibiu, Siebenbürgische Bibliothek, Gundelsheim.
TRAUSCH/HIENZ: "Beiträge zum Schriftsteller-Lexikon." Folge 7/1983.
Dipl.-Ing. BINDER: Bericht, Fragebogen.

M Ü H L B A C H

Rum.: Sebeș

Apotheke "ZUM ENGEL"

Siebenbürgen:

Komitat: Karlsburg		Gegründet: 1797
Ort: Mühlbach		Recht: Real - 1858
Besitzer:	MAUKSCH, Martin	1797-
	BINDER, Georg Friedrich	-1843
	BINDER, Friedrich Samuel	1843-1872
	REINHARDT, I.C.	1872-1910
	REINHARDT, Walter	1910-1941
	HUTTER, Erna geb. REINHARDT	1941-1949
Pächter:	SCHNEIDER, Wilhelm	1892-1894
	LEDERHILGER, Wilhelm	1895-

Im Jahre 1785 beanstandet der Königsrichter Georg MARIENBURGER (1751-1817) in der Hermannstädter Siebenb. Zeitung, daß in der Stadt Mühlbach Krankheiten und Epidemien der Bevölkerung viel zu schaffen machten, und die Stadt weder einen Arzt noch Apotheker hat. In anderen Städten Siebenbürgens waren zu dieser Zeit schon Apotheken errichtet worden, nur Mühlbach mit seinen vielen Dörfern in der Umgebung hatte noch keine Apotheke. Laut Matrikeln gab es aber in Mühlbach "Chirurgen" und Apotheker, besonders solche, die aus dem Ausland kamen.

Im Jahre 1797 gründete Martin Adam MAUKSCH die erste Apotheke "ZUM ENGEL" in Mühlbach. Die Initiative bekam er vielleicht von seinem Verwandten, dem Apotheker Tobias MAUKSCH, der durch seine Apotheken in Klausenburg, Bistritz und Târgu-Mures bekannt war und Ansehen genoß. Diese Gründung ist aber auch auf das Verdienst des Königsrichters Georg MARIENBURGER zurückzuführen.

Die Apotheke war bis zum Tode von Martin Adam MAUKSCH 19 Jahre im Besitz der Familie MAUKSCH. Seine Söhne, die beide Apotheker waren, erhielten die Apotheke nicht, da seine Witwe den Apotheker Georg Friedrich BINDER heiratete, der dann die Apotheke übernahm.
Ein Sohn von Martin Adam MAUKSCH wurde Apotheker in Hermannstadt, der andere ging in die Fremde und bereiste Ägypten, Syrien, Bagdad und Indien.

Im Jahre 1832, bei einem großen Brand in Mühlbach, fiel auch die "ENGEL-APOTHEKE" dem Feuer anheim. Der Apotheker BINDER bekam aber überall Unterstützung von Familie und Kollegen und errichtete bald wieder diese Apotheke.

Georg Friedrich BINDER hatte 4 Kinder, von denen drei Apotheker wurden. Samuel Friedrich erlernte den Apothekerberuf in Mühlbach und übernahm die Apotheke seines Vaters. Josef Eduard hat als Apotheker in Wien gelebt.
Carl Franz BINDER praktizierte in Hermannstadt und wurde dann in Kronstadt Apothcker. Nicht lange darauf wechselte er seinen Beruf und wurde Kaufmann in Ploieşti. Auch diesen Beruf gab er auf und reiste über Galaţi nach Konstantinopel, um dort Arbeit zu suchen. Doch hatte er keinen Erfolg. Im Orient versuchte er dann die Spuren seines

Onkels, Samuel Friedrich MAUKSCH, zu finden, der vor 1833 seine Heimat verließ. Er fand den Onkel nicht in Bagdad und zog weiter nach Indien, wo die Spur aufhörte. Ergebnislos kehrte er nach Ägypten zurück.

Hier legte er ein neues pharm. Examen ab, auch in französischer Sprache. Er bekam aber als Apotheker keine Anstellung. Er arbeitete in verschiedenen Berufen als Konditor, Bäcker, Fleischer und Bierbrauer, um seine Existenz zu sichern.
Später trat er in eine Import- und Export-Firma ein. Im Auftrage dieser Firma bereiste er mit Kamel-Karawanen den Sudan, lernte die Völker kennen, sammelte deren Erzeugnisse und machte auch Geschäfte auf eigene Rechnung. Er erwarb so ein ansehnliches Vermögen. Er wurde sogar in Chartum zum österreichischen Konsul ernannt. Er lebte von 1850-1862 in diesem Land und machte gefahrvolle Reisen.

Ein großes Verdienst von BINDER war es aber, daß er in dieser Zeit viele wertvolle ethnographische Kulturgüter sammelte, die er bei seiner Heimkehr nach Siebenbürgen dem Verein für Naturwissenschaften in Hermannstadt schenkte. Diese gesammelten Güter (Waffen, Kleider, Schmuck, Musikinstrumente, Pflanzenfrüchte, Trophäen von Tieren) spiegeln das Leben der schwarzen Völker dieser afrikanischen Gegend Mitte des 19. Jahrhunderts wider. Er sammelte 179 Arten von Pflanzen, die er nach Hermannstadt brachte. Diese Pflanzen wurden von dem Wiener Botaniker Dr. Theodor KOTSCHY bestimmt. Einige waren bisher noch nicht bekannt, die dann Dr. KOTSCHY nach BINDER benannte (Binderianum). Ein berühmter Afrikaforscher, Dr. Heinrich BARTH, beurteilte die afrikanischen Sammlungen von BINDER als die wertvollsten in Europa aus diesem afrikanischen Gebiet.

BINDER kehrte dann in die Heimat zurück, zog sich auf sein Landgut Burgberg bei Vințul de jos, in der Nähe von Mühlbach, zurück. Dort starb er im Jahre 1875.

Sein Bruder Samuel Friedrich BINDER, der die väterliche Apotheke erbte, führte diese bis zum Jahre 1872. Dann verkaufte er sie dem Zeidener Apotheker Carl REINHARDT für 15.000 Florin.
Carl REINHARDT starb 1891. Seine Witwe verpachtete die Apotheke an Karl SCHNEIDER und später an Wilhelm LEDERHILGER. Im Jahre 1910 übernahm dann der Sohn Walter REINHARDT die Apotheke und führte diese bis zu seinem Tode 1941. Nachher übernahm seine Tochter, HUTTER Erna geb. REINHARDT, die Apotheke und besaß diese bis zur Enteignung.

Von einem Mühlbacher Apotheker soll aber hier noch berichtet werden, der selbst keine Apotheke in Mühlbach besaß, dort auch nicht arbeitete, sich aber auf seinem Berufsweg als Apotheker einen Namen machte. Es ist Anton GROSS, der Sohn eines Schneiders aus Mühlbach. Er praktizierte in Hermannstadt und studierte in Wien. Er beschäftigte sich frühzeitig mit technischen Problemen, arbeitete in Bier-, Zucker- und Lederfabriken, nachher auch als Assistent in verschiedenen Wiener Apotheken. 1869 erhielt er eine Konzession in Wien. GROSS hatte große Ambitionen für wissenschaftliche Forschungen, besonders auf mediz.-pharm. Gebiet. Er verschaffte sich Beziehungen zu Universitätsprofessoren der mediz. Fakultät in Wien. Angeregt von diesen, erfand er einige pharm. Präparate wie Vaginal-, Uretral- und Nasal-Präparate. Diese fanden Anklang und erzielten einen guten Umsatz.

Anton GROSS heiratet die Tochter eines Bruders des Generals August von FLIGELY, der Leiter des kartographischen Militär-Institutes. Sein Schwiegervater ließ ihn adeln. Seither nannte er sich Anton von GROSS-FLIGELY.

Von Bedeutung war seine Verbindung auch mit dem siebenbürgischen Dichter der Revolutionsjahre Josef MARLIN, den er wesentlich unterstützte.

Literatur:

ROTH, F.J.: "II. Fragmente zur Geschichte der deutschen Apotheken in Siebenbürgen."
Siebenbürgische Bibliothek, Gundelsheim.

ACKER, Michael: "Despre trecutul farmaciilor din Sebeș si despre farmaciștii sebeșeni din trecut."
(über die Vergangenheit der Apotheken und Apotheker aus Mühlbach.)
Sibiu, "Forschungen zur Volks- und Landeskunde."

M Ü H L B A C H

Rum.: Sebeş

Apotheke "ZUM ADLER"

Siebenbürgen:	Gegründet: 1878
Komitat: Karlsburg	Recht: Personal
Ort: Mühlbach	Zl. 2525/1878
Besitzer: BINDER, Ludwig	1878-1910
METZ, Walter	1910-

Im Jahre 1872 verkaufte der Apotheker Samuel Friedrich BINDER die Apotheke "ZUM ENGEL" an Carl REINHARDT. Bei dem Verkauf dieser Apotheke stellten die Behörden Mängel an der Führung fest. Diese Tatsache ermunterte einige jüngere Apotheker, den Antrag zur Errichtung einer zweiten Apotheke zu stellen. Das ungar. Ministerium wies aber alle Anträge ab.

Im Jahre 1874 stellte der Apotheker Eduard MÜLLER neuerdings den Antrag zur Errichtung einer zweiten Apotheke in Mühlbach. Dieses Gesuch wurde von 3 Ärzten der Stadt begutachtet. Es gab Befürworter und Gegner. Nach einer Verhandlungszeit von 4 Jahren erhielt dann der Besitzer der "ENGEL-APOTHEKE" Carl REINHARDT, die Verständigung, daß der Antrag des Apotheker Müller abgelehnt sei. Die Errichtung einer zweiten Apotheke wurde aber dem Apotheker Ludwig BINDER aus Mediasch in Form eines Personal-Rechtes erteilt.

Literatur:
ROTH, F.J.: "II. Fragmente zur Geschichte der deutschen Apotheken in Siebenbürgen." Siebenbürgische Bibliothek, Gundelsheim.
ACKER, Michael: "Despre trecutul farmaciilor din Sebeş si despre farmaciştii sebeşeni din trecut." (Über die Vergangenheit der Apotheken und Apotheker aus Mühlbach.) Sibiu, "Forschungen zur Volks- und Landeskunde."

M Ü H L B A C H

Rum.: Sebes

Apotheke "ZUM LÖWEN"

Siebenbürgen:

Komitat: Karlsburg — Gegründet: 1910

Ort: Mühlbach — Recht: Personal

Besitzer:	BREINSDÖRFER, Gustav	1910-
	HEITZ, Stefan	1910-1937
	BLÎNDEA, Petru	1937-1949

Die Apotheke "ZUM LÖWEN" wurde als 3. Apotheke in Mühlbach errichtet. Die beiden bestehenden Apotheken, REINHARDT und BINDER, erhoben Einspruch bei der Errichtung der 3. Apotheke. Erst nach 5 Jahren seines ersten Antrages erhielt der Apotheker die Genehmigung. Er übergab diese aber an Stefan HEITZ, der sie bis zum Jahre 1937 führte. HEITZ berichtet, daß die Versorgung der Apotheken in Mühlbach besonders nach dem ersten Weltkrieg sehr schwierig war.

1937 wird die Apotheke an BLÎNDEA Petru verkauft.

Literatur:

ROTH, F.J.: "II. Fragmente zur Geschichte der deutschen Apotheken in Siebenbürgen." Siebenbürgische Bibliothek, Gundelsheim.

ACKER, Michael: "Despre trecutul farmaciilor din Sebeş si despre farmaciştii sebeşeni din trecut." (Über die Vergangenheit der Apotheken und Apotheker aus Mühlbach.) Sibiu, "Forschungen zur Volks- und Landeskunde."

M Ü H L B A C H

Rum.: Sebeş

Apotheke "ZUM RATHAUS"

Siebenbürgen:

Komitat: Karlsburg — Gegründet: 1923

Ort: Mühlbach — Recht: Personal

Besitzer: ALESI, Oskar — 1922-

Diese Apotheke, die verhältnismäßig spät eröffnet wurde, konnte nur an einem etwas ungünstigen Platz der Stadt errichtet werden. Der sehr rührige und tüchtige Apotheker ALESI verstand es aber, seiner Apotheke ein bestimmtes Ansehen und Kundenkreis zu verschaffen.

Um sein Einkommen zu steigern, verlegte er sich auch auf die Herstellung pharm. Präparate. Mit dem Stärkungsmittel "Biotonicum" hatte er großen Erfolg. Er erzeugte bis zu 30.000 Flaschen jährlich, was schon sehr ansehnlich war. Der Vertrieb erstreckte sich hauptsächlich auf Siebenbürgen, aber auch auf ganz Rumänien.

Literatur:

ROTH, F.J.: "II. Fragmente zur Geschichte der deutschen Apotheken in Siebenbürgen." Siebenbürgische Bibliothek, Gundelsheim.

ACKER, Michael: "Despre trecutul famaciilor din Sebeş si despre farmaciştii sebeşeni din trecut." (Über die Vergangenheit der Apotheken und Apotheker aus Mühlbach.) Hermannstadt, "Forschung zur Volks- und Landeskunde."

R E U S S M A R K T

Rum.: Mercurea

Apotheke "ZUM AUGE GOTTES"

Siebenbürgen:	Gegründet: 1818
Komitat: Hermannstadt	Recht: Real
Ort: Reussmarkt	Zl. 4793/1857,
	Zl. 14445/1858
Besitzer: DIETRICH, Josef	1818-

Besitzer:	HENNING, Martin	-1858
	SCHMIDT, Friedrich Christian	1858-1893
	ZINK, Albert	1893-1911
	METZ, Alfred	1911-
Pächter:	ZINK, Albert	1892-1893
Leiter:	ZINK, Albert	1888-1892

In der Apotheke befindet sich ein Kassabuch aus dem Jahre 1858.

Literatur:

ROTH, F.J.: "II. Fragmente zur Geschichte der deutschen Apotheken in Siebenbürgen."
Siebenbürgische Bibliothek, Gundelsheim.

S A L Z B U R G

Rum.: Ocna-Sibiului

Apotheke "BINDER"

Siebenbürgen:

Komitat: Hermannstadt — Gegründet: 1845

Ort: Salzburg — Recht: Personal

Besitzer:	BINDER, Friedrich	1845-1851
	GUNESCH, Carl	1851-1856

Im Jahre 1856 macht GUNESCH Bankrott durch eine Fehlspekulation. Die Apotheke wird von der Behörde geschlossen.

Am 25. Januar 1858 erteilt der Gouverneur von Hermannstadt das Personalrecht für diese Apotheke dem Apotheker Johann VON KRONBERG.

Besitzer:	VON KRONBERG, Johann	1858-1892
	VON KRONBERG, Julius Johann	1892-1902
	VON KRONBERG, Erben	1902-1913
	SCHUSTER, Josef	1913-1914

In diesem Jahr erhält Apotheker Josef SCHUSTER durch Ministerial-Dekret das Recht, die Apotheke in eine andere Stadt zu verlegen (Craiova; damit erlöscht endgültig das Apothekenrecht in Salzburg.

Leiter:	VON KRONBERG, Julius Johann	1881-1892
	HERZBERG, Heinrich	1902-1913

Literatur:

ROTH, F.J.: "II. Fragmente zur Geschichte der deutschen Apotheken in Siebenbürgen."
Siebenbürgische Bibliothek, Gundelsheim.
BINDER, Trude: Fragebogen.

S T O L Z E N B U R G

Rum.: Slimnic

Siebenbürgen:

Komitat: Hermannstadt — Gegründet: unbekannt

Ort: Stolzenburg — Recht: Personal

Besitzer: SCHEINER, August
ZOBEL, Gustav Hermann 1947-1953

Im Jahre 1887 erwog die Sanitäts-Kommission von Hermannstadt, eine Apotheke in Stolzenburg zu errichten. Der Plan wurde verworfen und auf spätere Zeit vertagt.

Wahrscheinlich nach dem 1. Weltkrieg ist dann in Stolzenburg eine Apotheke errichtet worden. Der Gründer dieser Apotheke ist uns heute unbekannt.
1938 hat dann der Apotheker A. SCHEINER die Apotheke übernommen. Von diesem kaufte dann im Jahre 1947 Gustav Hermann ZOBEL die Apotheke und führte diese bis zur Enteignung.
Gustav Hermann ZOBEL wurde in Mediasch als Sohn eines Kürschnermeisters geboren. Zwei seiner Brüder waren auch Apotheker. Sein Praktikum absolvierte er in der Apotheke C. MÜLLER in Caransebeș (1913-1914) und in der Apotheke REINHARDT in Mühlbach. 1915 begann er sein Studium in Budapest und setzte dieses in den Jahren 1920-1922 in Klausenburg fort.
1922-1930 arbeitete er in der Apotheke Dr. KROHN in Klausenburg; darauf bei Carl PISSEL in Hermannstadt und

dann in der Apotheke KOLASCHKA in Ferdinandsberg (Banat) als Pächter.
Im Jahre 1930 wurde er Besitzer der Apotheke "ZUM GOLDENEN HIRSCHEN" in Huedin (Komitat Klausenburg), die er bis zum Jahre 1944 besaß. Durch die Kriegsereignisse wurde diese Apotheke zerstört.
Nach der Nationalisierung der Apotheke in Stolzenburg im Jahre 1953 wurde Apotheker ZOBEL Leiter der staatl. Apotheke in Baaßen.

Literatur:
ROTH, F.J.: "II. Fragmente zur Geschichte der deutschen Apotheken in Siebenbürgen." Siebenbürgische Bibliothek, Gundelsheim.
ZOBEL, Gertrud: Fragebogen.

T A L M E S C H

Rum.: Tălmaciu

Apotheke "ZUM ROTEN TURM"

Siebenbürgen:

Komitat: Hermannstadt	Gegründet: 1888
Ort: Talmesch	Recht: Personal

Besitzer:	ZINTZ, Karl	1888-1911
	ZINTZ, Karl Erben	1911-
Pächter:	ARZ, Karl	
Leiter:	SCHNEIDER, A.	

Literatur:

ROTH, F.J.: "II. Fragmente zur Geschichte der deutschen Apotheken in Siebenbürgen."
Siebenbürgische Bibliothek, Gundelsheim.

DEUTSCHE APOTHEKER IM KREIS HERMANNSTADT

A = Angestellter
P = Pächter
B = Besitzer
L = Leiter

AHLEFELD, Michael: Hermannstadt
Apotheke "ZUM SCHWARZEN ADLER", B 1734-
ALESI, Karl: Fogarasch
Apotheke "AESKULAP", A 1942-1943
ALESI, Oskar: Mühlbach
Apotheke "ZUM RATHAUS", B 1922-
ARZ, Karl: Talmesch
Apotheke "ZUM ROTEN TURM", Pä
AUNER, ? : Fogarasch
Apotheke "HYGEA", B 1894-1908
BERGER, Gustav: Mühlbach, Apotheke ? A 1920
BERGLEITER, Rudolf: Fogarasch
Apotheke "HYGEA", P 1879-1885
BARTHEL, Andreas: Hermannstadt
Apotheke "ZUM SCHWARZEN ADLER", L 1531-1549
BALCK, Wilhelm: Hermannstadt
Apotheke "ZUM SCHWARZEN ADLER", L 1580-
BINDER, Alfred: Fogarasch
Apotheke "AESKULAP", L 1887-1890
BINDER, Doris: Hermannstadt
Apotheke Kinderklinik, A 1963-1973
BINDER, Friedrich: Heltau, Apotheke BINDER, B 1832-1859
Salzburg, Apotheke BINDER, B 1845-1851
BINDER, Fritz sen.: Groß-Schenk, Apotheke BINDER, B -1916
BINDER, Fritz jun.: Groß-Schenk, Apotheke BINDER B 1916-1929
BINDER, Georg: Hermannstadt
Apotheke "ZUM SCHWARZEN ADLER", B -1747
BINDER, Georg Friedrich: Mühlbach
Apotheke "ZUM ENGEL", B 1843-1872
BINDER, Gustav: Heltau, Apotheke "BINDER", B 1859-1898
BINDER, Gustav Adolf: Heltau, Apotheke "BINDER", B 1898-1936

BINDER, Dr., Hans Gustav: Hermannstadt
Apotheke "ZUM ENGEL", B 1933-1949
BINDER, Hans: Hermannstadt, Apotheke "VIKTORIA", L 1885-1886
BINDER, Michael: Groß-Schenk, Apotheke "BINDER", B 1841-
BINDER, Ludwig: Mühlbach, Apotheke "ZUM ADLER", B 1878-1910
BITTAU, Erhard: Fogarasch
Apotheke "AESKULAP", A 1939-1942
BORDON, Johann: Hermannstadt
Apotheke "ZUM SCHWARZEN ADLER", A 1942-1945
BRÄNDEL, Elias: Hermannstadt
Apotheke "VIKTORIA", L -1720
BREINSDÖRFER, Gustav: Mühlbach
Apotheke "ZUM LÖWEN", B 1910-
BROSER, Erich: Groß-Schenk
Apotheke "BINDER", P 1926-1929
BROSER, Hans Albert: Mühlbach, Apotheke ?, A 1940
BURG, Gottlieb Johann: Hermannstadt
Apotheke "ZUM SCHWARZEN ADLER", B -1808
CAPESIUS, Christa: Hermannstadt
Apotheke Nr. 21, P 1958-1960
CAPESIUS, Ernst: Heltau, Apotheke "BINDER", P 1915-1918
DRASER, Friedrich: Hermannstadt
Apotheke "ZUM SCHWARZEN ADLER", A 1938-1940
DIETRICH, Josef: Reußmarkt
Apotheke "ZUM AUGE GOTTES", B 1818-
ENGBER, Alfred: Hermannstadt, Pharm. Großhandlung, B -1949
FABRITIUS, Guido Robert sen.: Hermannstadt
Apotheke "ZUM SCHWARZEN BÄREN", B 1903-1936
FABRITIUS, Guido jun.: Hermannstadt
Apotheke "ZUM SCHWARZEN BÄREN", B 1936-1944
Dr. FOLBERTH, Hermann: Hermannstadt
Apotheke "ZUM GOLDENEN KREUZ", A 1923
FOLBERTH, Lutz Hermann: Hermannstadt
Sanitätsschulgruppe, A 1971
FREUND, ?: Groß-Schenk, Apotheke "BINDER", B 1832
FUHRMANN, Carl: Broos
Apotheke "ZUM SCHWARZEN ADLER", B 1870-1882

GLEIM, Richard: Fogarasch, Apotheke "HYGEA", B 1885-1894
GRAFFIUS, Josef: Broos
Apotheke "ZUM GOLDENEN LÖWEN", B 1880-1914
GRAFFIUS, Wilhelm: Hermannstadt
Apotheke "ZUM LÖWEN", L 1914-1916
GRÄSER, ?: Fogarasch, Apotheke "HYGEA", B 1894-1908
GUNESCH, Carl: Slzburg, Apotheke "BINDER", B 1851-1856
HADBAWNIK, Ingrid: Hermannstadt, Apotheke Nr. 1, A 1901-1963
HEITZ, Lothar Arnold: Hermannstadt
Apotheke "MOGA", A 1925-1927
HEITZ, Stefan: Mühlbach, Apotheke "ZUM LÖWEN", B 1910-1937
HENNING, Martin: Reußmarkt
Apotheke "ZUM AUGE GOTTES", B -1858
HENRICH, Carl: Hermannstadt
Apotheke "ZUM SCHWARZEN BÄREN", L 1875-1878
Apotheke "ZUM SCHWARZEN BÄREN", P 1878-1890
Apotheke "ZUM SCHWARZEN BÄREN", B 1890-1898
HENRICH, Gottlieb: Hermannstadt
Apotheke "ZUM SCHWARZEN BÄREN", B 1898-1903
HERBERT, Julius: Heltau
Apotheke "BINDER", P 1918-1936, B 1936-
HERMANN, Hans Wilhelm: Fogarasch
Apotheke "AESKULAP", B 1939-1949
HERMANN, Hans Rudolf: Fogarasch
Apotheke "AESKULAP", B 1907-1939
HERMANN, Paul Johann: Fogarasch
Apotheke "AESKULAP", B 1868-1886
HERZBERG, Karl: Hermannstadt
Apotheke "VIKTORIA", B 1892-1893
HERZBERG, Heinrich: Hermannstadt
Apotheke "VIKTORIA", L 1893-1895
Salzburg: Apotheke "BINDER", L 1902-1913
Hermannstadt: Apotheke "ZUM GOLDENEN KREUZ"
L 1918-1919 und B 1919-1939
HERZBERG, Kurt: Hermannstadt
Apotheke "VIKTORIA", B 1923-1936
HESS, Ulrike Jutta: Hermannstadt
Farmacia Nr. 24, A 1961-1962

HIETSCH, Hans Georg: Hermannstadt, Fa. Hietsch, B 1925
HONIGBERGER, Maria: Heltau, Apotheke "BINDER", A 1964-1968
HORVATH, ?: Hermannstadt
Apotheke "ZUM LÖWEN", A 1928
HUTTER, Erna: Mühlbach
Apotheke "ZUM ENGEL", B 1941-1949
JIKELI, Carl: Hermannstadt
Apotheke "ZUR KRONE", B 1870-1903
JIKELI, Josef: Hermannstadt
Apotheke "ZUR KRONE", B -1870
ISSEKUTZ, Franz Theordor: Hermannstadt
Apotheke "VIKTORIA", B 1795-1822
KAYSER, J.C.: Hermannstadt
Apotheke "ZUM SCHWARZEN BÄREN", B 1809-1820
KAYSER Dr., G.A.: Hermannstadt
Apotheke "ZUM SCHWARZEN BÄREN", B 1852-1875
KELP, Fritz: Hermannstadt
Apotheke "ZUM SCHWARZEN BÄREN", A 1927
KLADNY, Friedrich: Hermannstadt
Apotheke "VIKTORIA", L 1838-1858
KONNERTH, Karl: Hermannstadt
Apotheke "ZUM SCHWARZEN ADLER", L 1926
KONTESWELLER, Carl: Fogarasch
Apotheke "HYGEA", B 1908-
KRASSER, Gerda: Hermannstadt, Drogerie "LOEW", A 1936-1941
Mühlbach: Apotheke "ZUM ENGEL", A 1923-1928
KRASSER, Gertie: Hermannstadt
Apotheke "ZUR KRONE", A 1951-1961
Apotheke "ZUM LÖWEN", A 1950
KRÄUTNER, Samuel: Hermannstadt
Apotheke "ZUM LÖWEN", L 1780-1783
Apotheke "ZUM SCHWARZEN ADLER", B 1783-1797
KRAUS, Friedrich: Hermannstadt
Apotheke "ZUM SCHWARZEN BÄREN", L 1867-1874
KREMER, Andreas, Hermannstadt
Apotheke "ZUR Krone", L -1868
KREMER, Kaspar: Hermannstadt
Apotheke "ZUM SCHWARZEN ADLER", L 1652-

KREMER, Otto: Hermannstadt
Apotheke "ZUR KRONE", A 1932-1943
KRONBERG von, Johann: Salzburg
Apotheke "BINDER", B 1858-1892
KRONBERG von, Julius Johann: Salzburg
Apotheke "BINDER", L 1881-1892 u. B 1892-1902
LANGER, Georg: Broos
Apotheke "ZUM SCHWARZEN ADLER", L
LEDERHILGER, Wilhelm: Mühlbach
Apotheke "ZUM ENGEL", P 1895-
LIEB, Viktor: Hermannstadt
Apotheke "ZUM SCHWARZEN ADLER", A 1924-1936
Apotheke "VIKTORIA", B 1936-1949
LOEW, Viktor: Hermannstadt
Drogerie "LOEW", B -1949
MARSCHALL, Karl: Heltau, Apotheke "BINDER", P 1904-1915
MARTINUS, ?: Hermannstadt
Apotheke "ZUM SCHWARZEN ADLER", L 1495-1507
MAUKSCH, Josef Friedrich: Hermannstadt
Apotheke "ZUM SCHWARZEN BÄREN", L . -1847
MAUKSCH, Martin: Mühlbach
Apotheke "ZUM SCHWARZEN ADLER", B 1797-
MAURER, Arthur: Hermannstadt
Apotheke "ZUM SCHWARZEN BÄREN", A 1922-1926
Apotheke "ZUM LÖWEN", A 1926-1934
MAURER, Artur Günter: Orlat, Apotheke ?,A 1965-1966
MEDERUS, Ludwig: Resinar
Apotheke "SALVATOR", B 1897-1902
METZ, Walter: Mühlbach
Apotheke "ZUM ADLER", B 1910-
MODJESCH, Georg: Freck
Apotheke "FOGARASCHI", A 1937-
MOLNAR, J.C.: Hermannstadt
Apotheke "VIKTORIA", B 1823-1838
MOLNAR, Carl: Hermannstadt
Apotheke "VIKTORIA", B 1838-1853
MORSCHER, Friedrich: Hermannstadt
Apotheke "ZUM GOLDENEN KREUZ", B 1880-1896

MORSCHER, Karl: Hermannstadt
Apotheke "ZUM ENGEL", B 1907-1911
MÜLLER, Carl sen.: Hermannstadt
Apotheke "ZUM SCHWARZEN ADLER", B 1837-1904
MÜLLER, Carl jun.: Hermannstadt
Apotheke "ZUM SCHWARZEN ADLER", B 1904-1914
MÜLLER, Friedrich Samuel: Hermannstadt
Apotheke "ZUM SCHWARZEN ADLER", B 1808-1832
MÜLLER, Fritz: Hermannstadt
Apotheke "ZUM ENGEL", B 1911-1918
MÜLLER, Erich: Hermannstadt
Apotheke "ZUM SCHWARZEN ADLER", B 1914-1949
MÜLLER, Samuel: Hermannstadt
Apotheke "ZUM SCHWARZEN ADLER", B 1832-1837
NEWIJEL, Alfred: Mühlbach
Apotheke "REINHARDT", A 1941-1950
OBERMAYER, Wilhelm: Hermannstadt
Apotheke "ZUM SCHWARZEN ADLER", A 1914-1918
PAUL, Friedrich: Hermannstadt
Apotheke "ZUM LÖWEN", B 1780-1795
PETRI, Julius: Hermannstadt
Apotheke "ZUM LÖWEN", A 1926
PIETOWSKY, Johann: Broos
Apotheke "ZUM GOLDENEN LÖWEN", B 1758-1789
PIETOWSKY, Samuel: Broos
Apotheke "ZUM GOLDENEN LÖWEN", B 1808-1813
PIETOWSKY, Stanislaus: Broos
Apotheke "ZUM GOLDENEN LÖWEN", B 1722 1758
PILDNER VON STEINBURG, Albert: Fogarasch
Apotheke "HYGEA", P 1873-1879
PILDNER VON STEINBURG, F: Fogarasch
Apotheke "ZUM SCHUTZENGEL", B 1738-
PILDNER VON STEINBURG, Viktor Dr.: Fogarasch
Apotheke "ZUM SCHUTZENGEL", B
PISSEL, Carl: Hermannstadt
Apotheke "ZUR KRONE", B 1903-1933
Apotheke "ZUM LÖWEN", L 1902-1903
PLATTNER, Erika: Heltau, Apotheke "BINDER", A 1960

PLATZ, Wilhelm: Hermannstadt
Apotheke "VIKTORIA", P 1858-1885
REIMESCH, Erwin: Hermannstadt
Apotheke "ZUM LÖWEN", A 1926
REINHARDT, Erna: Mühlbach, Apotheke Reinhardt, A 1941-1950
REINHARDT, J.C.: Mühlbach
Apotheke "ZUM ENGEL", B 1872-1910
REINHARDT, Walter: Mühlbach
Apotheke "ZUM ENGEL", B 1910-1941
REKERT, Carl: Broos
Apotheke "ZUM GOLDENEN LÖWEN", B 1871-1880
ROTH, Felix: Hermannstadt
Apotheke "ZUM ENGEL", A 1936
ROTH, Friedrich Johann: Hermannstadt
Apotheke "ZUM SCHWARZEN ADLER", A 1939-1940
ROTH, Michael: Groß-Schenk
Apotheke "BINDER", B -1841
RUMMLER, Eugen, Hermannstadt
Apotheke "ZUM GOLDENEN KREUZ", B 1896-1918
SALMEN, Friedrich August: Hermannstadt
Apotheke Nr. 20, L 1952-1969
SALMEN, Kurt Richard: Heltau
Apotheke "HERBERT", A 1940
SERFÖZÖ, Ricki: Hermannstadt
Apotheke "ZUM ENGEL", A 1935
SIGERUS, Ernst: Grossau
Apotheke "ZUM ENGEL", B 1914-1937
SIGERUS, Petrus: Hermannstadt
Apotheke "ZUM SCHWARZEN ADLER", L 1790-1795
Apotheke "ZUM LÖWEN", B 1795-1835
SPECH, Günter: Hermannstadt
Firma Beiersdorf, L 1928
SPECH, Gustav: Broos
Apotheke "ZUM GOLDENEN LÖWEN", B 1846-1871
SPECH, Josef: Broos
Apotheke "ZUM GOLDENEN LÖWEN", B 1813-1846
SCHEBESCH, Josef: Freck
Apotheke "ZUR HEILIGEN DREIEINIGKEIT", P 1895-

SCHIEVERTH, Jakob: Hermannstadt
Apotheke "ZUM SCHWARZEN BÄREN", L -1787
SCHIEVERTH, Tobias: Hermannstadt
Apotheke "ZUM SCHWARZEN BÄREN", L -1793
SCHMIDT, Carl: Hermannstadt
Apotheke "ZUR KRONE", B 1903-1908
SCHMIDT, Friedrich Christian: Reußmarkt
Apotheke "ZUM AUGE GOTTES", B 1858-1893
SCHMIDTS, Kurt: Hermannstadt
Apotheke "ZUM SCHWARZEN ADLER", A 1941-1949
SCHNEIDER, A: Talmesch
Apotheke "ZUM ROTEN TURM", L
SCHNEIDER, Wilhelm: Mühlbach
Apotheke "ZUM ENGEL", P 1892-1894
SCHUSTER, Felix: Hermannstadt
Apotheke "ZUM SCHWARZEN ADLER", A 1932
SCHUSTER, Gottlieb: Hermannstadt
Apotheke "ZUR KRONE", B 1762-
SCHUSTER, Josef: Hermannstadt
Apotheke "ZUR KRONE", A 1910
Salzburg: Apotheke "BINDER", B 1913-1914
SCHUSTER, Wilhelm: Hermannstadt
Apotheke "ZUM LÖWEN", L 1916-1918
SCHWARZ, Hedwig: Mühlbach
Apotheke "REINHARDT", A 1941-1950
Dr. SCHWARZ, Ferdinand: Hermannstadt
Apotheke "ZUM ENGEL", A 1938-1939
STEIN, Josef: Grossau, Apotheke "ZUM ENGEL", B 1937-
VON STEINBURG, ?: Broos
Apotheke "ZUM SCHWARZEN ADLER", B 1852-1870
STERZINGER, Josef: Fogarasch
Apotheke "HYGEA", B 1830-1867
TEUTSCH, August sen.: Hermannstadt
Apotheke "ZUM LÖWEN", B 1836-1879
TEUTSCH, August jun.: Hermannstadt
Apotheke "ZUM LÖWEN", B 1879-1911
TEUTSCH, Friedrich: Hermannstadt
Apotheke "ZUM SCHWARZEN BÄREN", A 1926

TEUTSCH, Frida: Hermannstadt, Apotheke "MOGA", A 1934
TEUTSCH, Viktor Julius: Hermannstadt
Apotheke "ZUM ENGEL", A 1942-1943
THEISS, ?: Hermannstadt
Apotheke "ZUM SCHWARZEN ADLER", B -1790
TIMAL, Siegfried:Hermannstadt
Apotheke "ZUM GOLDENEN KREUZ", B 1940-1949
UNGAR, Josef: Fogarasch
Apotheke "HYGEA", B 1775-
VETTE, Georg sen.: Hermannstadt
Stadtapotheke, L
VETTE, Georg jun.: Hermannstadt
Stadtapotheke, L -1704
Apotheke "ZUM SCHWARZEN ADLER", B 1704-
WALKESS, Ernst: Hermannstadt
Apotheke "ZUM SCHWARZEN ADLER", L -1652
WEBER, Wilhelm: Hermannstadt
Apotheke "ZUM ENGEL", A 1937
WERMESCHER, Benno: Hermannstadt
Apotheke "VIKTORIA", P 1951-1952
WERMESCHER, Emil: Hermannstadt
Apotheke "ZUM LÖWEN", B 1914-1939
WESELIN, Georg: Hermannstadt
"STADTAPOTHEKE", L 1525-1531
WITTMAYER, Eugen: Hermannstadt
Apotheke "ZUM ENGEL", B 1918-1933
WOLFF, G.: Reußmarkt, Apotheke "ZUM AUGE GOTTES", B 1884
ZIEGLER, Heinrich: Hermannstadt
Apotheke "ZUM LÖWEN", A 1927
ZIMMERMANN, Paula: Mühlbach
Apotheke "REINHARDT", A 1941-1944
ZINK, Albert: Reußmarkt
Apotheke "ZUM AUGE GOTTES", L 1888-1892,
P 1892-1893, B 1893-1911
Hermannstadt: Apotheke "ZUM LÖWEN", B 1911-1914
ZINTZ, Karl: Talmesch
Apotheke "ZUM ROTEN TURM", B 1888-1911
ZOBEL, Erika: Hermannstadt, Apotheke "ZUR KRONE", P

<u>ZOBEL</u>, Fritz: Hermannstadt
Apotheke "ZUR KRONE", P 1925-1933, B 1933-1949

<u>ZOBEL</u>, Gustav Hermann:
Hermannstadt: Apotheke "ZUR KRONE", A 1923-1924
Stolzenburg: Apotheke ? B 1947-1953

Literatur:

ROTH, F.J.: "II. Fragmente zur Geschichte der deutschen Apotheken in Siebenbürgen."
Siebenbürgische Bibliothek, Gundelsheim.

ROTH, F.J.: "Matrikel-Register "anyakönv" des ungarischen pharm. Kollegs, Kreis Nr. 21, Süd-Siebenbürgen."
Siebenbürgische Bibliothek, Gundelsheim.

Auswertung der Fragebogen.

DIE DEUTSCHEN APOTHEKEN DES KREISES MEDIASCH

von

Dr. Hermann Folberth, Apotheker

Freiburg/Br.

Dazu zählen folgende Apotheken:

Agnetheln, Baaßen, Birthälm, Elisabethstadt, Gross-Blasendorf, Leschkirch, Marktschelken, Mediasch, Seiden.

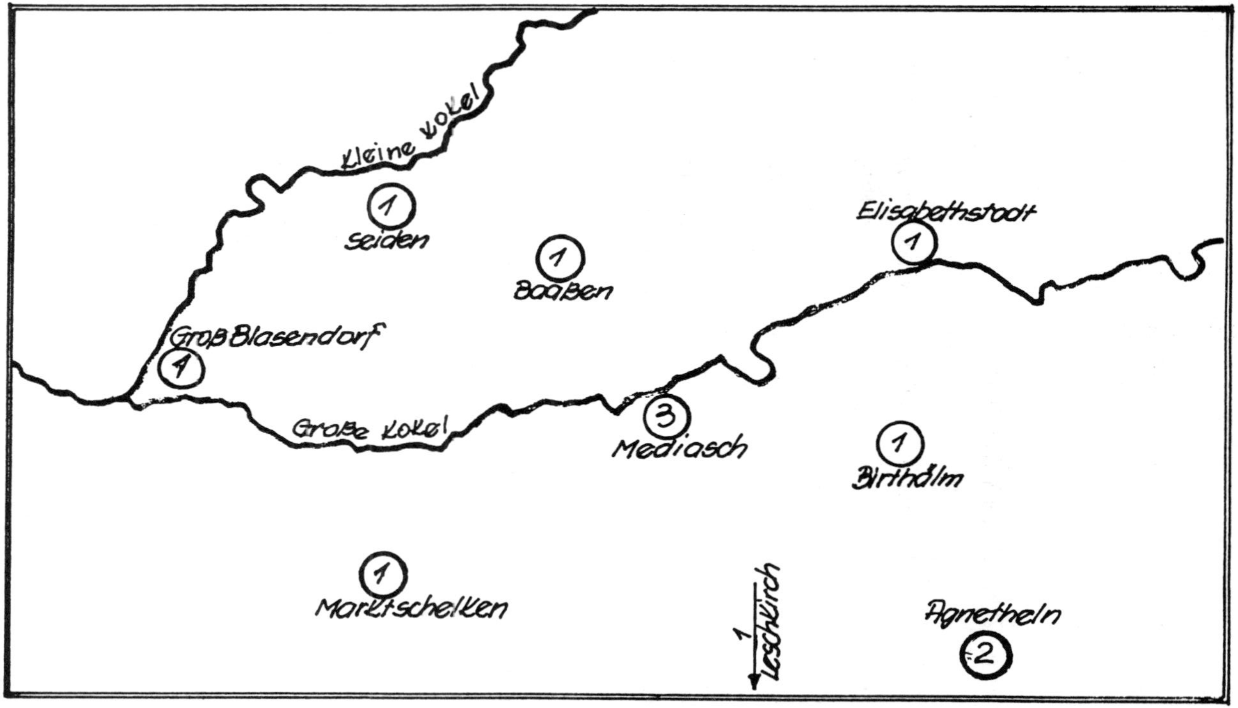

Deutsche Apotheken im Kreis Mediasch

AGNETHELN

Rum.: AGNITA

Apotheke "ZUR HEILIGEN AGNETHA"

"Die Apotheke "ZUR HEILIGEN AGNETHA" wurde im Jahre 1815 auf Grund Gubernial-Erlasses Nr. 9401/21.IX.1815, von Apotheker KAUFMANN Georg-Friedrich, mit der Begründung, daß der Kreis Groß-Schenk keine einzige Apotheke habe, gegründet."

Siebenbürgen:	Gegründet: 1815
Komitat: Groß-Kokeln	Recht: Real
Ort: AGNETHELN	Zl-3871/I.1859
	(A.M.S.Nr. 065688/1928)

Besitzer:	KAUFMANN Georg Friedrich	1815-
	KAUFMANN Michael	
	KAUFMANN Friedrich	-1875
	KAUFMANN Karl	1875-1877
	KAUFMANN Karl Franz Viktor	1877-1905
	FRÖHLICH Wilhelm	1905-1921
	DIEZKO-FRÖHLICH Gertrud	1921-1949
Pächter:	BINDER Gustav Adolf	1921-1924
	WAGNER Heinrich	1924-
Leiter:	BERGLEITER Rudolf	1877-1878
	MEYNDT Wilhelm	1879-1884
	PISSEL Karl	1885-1887

Bis zum Jahr 1905 war die Apotheke im Besitz der Familie

KAUFMANN und KNALL, ging dann durch Kauf, einschließlich Wohnhaus, an Wilhelm FRÖHLICH über. Im Jahre 1912 erfolgte ein moderner Um- und Ausbau von Haus und Apotheke. Die Apotheke selbst wurde mit neuen Standgefäßen, Glas- und Rezepturgefäßen versehen, die Möbel frisch hergerichtet und ergänzt.

Als Mitarbeiter waren ein Assistent und ein Praktikant tätig. SCHUSTER Josef, späterer Besitzer einer Apotheke in Craiova und MAURER Arthur, späterer Besitzer der Apotheke in Leschkirch, praktizierten bei Wilhelm FRÖHLICH.

Die Lage der Apotheke am Marktplatz, wo sich auch der überwiegende Teil der Kaufläden befand und Wochen- und Jahrmärkte abgehalten wurden, war sehr günstig.

Der Kundenkreis der Apotheke rekrutierte sich aus den Bewohnern der Stadt, Gewerbetreibenden, Arbeitern und Landwirte der Umgebung. Dank der Tüchtigkeit der Einwohner bestanden schon vor dem ersten Weltkrieg in Agnetheln 2 Lederfabriken, 1 Spiritusfabrik, Strickereibetriebe und zahlreiche Handwerker. In der nächsten Umgebung waren die Apotheken Wilhelm BREIHOFFR in Groß-Schenk und Arthur MAURER in Leschkirch.

In der Apotheke "ZUR HEILIGEN AGNETHA" waren einige Manuale für galenische Präparate aus dem 19. Jahrhundert, sowie gedrechselte Holzstandgefäße vorhanden, die alle der Nationalisierung zum Opfer fielen.

Infolge der sich entwickelnden Industrie und der durch Viehzucht und Mast einträglichen Landwirtschaft, war auch den Apothekern ein gesichertes Einkommen gegeben, und sicherte dem Apotheker bei interessiertem und umsichtigem Betrieb ein dem Stande entsprechendes Leben.

Wilhelm FRÖHLICH erzeugte Flüssig-Käselab-Essenz und Haferflocken, die auch in bekannten Apothekerkreisen abgesetzt wurden. Für den eigenen Verkauf wurden Veterinärpräparate und kosmetische wie Handverkaufspräparate hergestellt.

Die letzte Besitzerin der Apotheke "ZUR HEILIGEN AGNETHA" war DIEZKO Gertrud geb. FRÖHLICH, geboren am 30.03.1907 in Agnetheln, Tochter des Apothekers Wilhelm FRÖHLICH und dessen Gattin Erna geb. MAURER.

Die Praktikantenjahre von Frau DIEZKO erfolgten in der eigenen Apotheke unter der Leitung von Apotheker Heinrich WAGNER, 1927-1928, und anschließend das zweite Praktikantenjahr in der Apotheke Fritz LUKAS in Kronstadt. Im Herbst 1929 bezog sie die Hochschule in Klausenburg und erwarb im Dezember 1932 das Apothekerdiplom.

Es folgte nun ihre Tätigkeit in verschiedenen Apotheken: Apotheke "ZUR HEILIGEN AGNETHA" 1927-1928, 1933-1949. Apotheke "ZUM GOLDENEN KREUZ" Fritz LUKAS in Kronstadt 1928-1929. Nach 1949 arbeitete sie in den Staatsapotheken in Mediasch, Schässburg und Agnetheln.

Sie arbeitete mit den folgenden deutschen Apothekern zusammen: Heinrich WAGNER, Agnetheln 1927-1928, 1933-1935. Apotheker Fritz LUKAS in Kronstadt 1928-1929. Apotheker JUNG in Agnetheln 1935-1938. Apotheker HELM, ebenfalls in Agnetheln 1938-1942. Edgar SCHMIDTS in der Staatsapotheke in Mediasch, 1949-1950. Apotheker Ed. DIEZKO (Ehemann der Besitzerin) 1939-1949.

In Agnetheln bestand noch eine zweite deutsche Apotheke, Besitzer Eduard SCHWARZ, gegründet 1920.

1949 wurden beide Apotheken nationalisiert. Die Apotheke "ZUR HEILIGEN AGNETHA" blieb als einzige Apotheke als Staatsapotheke in Agnetheln bestehen.

Literatur:

F. J. ROTH "II Fragmente zu der Geschichte der einzelnen Apotheken."

Heinrich WAGNER: Fragebogen

Gertrud DIEZKO-FRÖHLICH: Fragebogen.

AGNETHELN

Rum.: Agnita

Apotheke "ZUM GOLDENEN KREUZ"

Das Gründungsjahr der Apotheke "ZUM GOLDENEN KREUZ" in Agnetheln wird im Pharmazeutischen ALMANACH 1923 von Dr. Hans HEGER mit 1920 angegeben, während F.J. ROTH als Gründungsjahr 1921 anführt.

Siebenbürgen:	Gegründet: 1921
Komitat: Groß-Kokeln	Recht: Personal
Ort: Agnetheln	31.03.1921
Besitzer: SCHWARZ Eduard	1921-

Eduard SCHWARZ, geboren in Mediasch, entstammt einer angesehenen Kaufmannsfamilie. Nach den Schuljahren in seiner Vaterstadt, erwarb er in Wien das Diplom eines Magister der Pharmazie. Nach dem ersten Weltkrieg arbeitete er vorübergehend in der Apotheke "ZUM SCHWARZEN ADLER" in Mediasch und gründete dann die Apotheke "ZUM GOLDENEN KREUZ" in Agnetheln. Es war dieses die zweite Apotheke am Ort.

Die Verleihung des Personalrechtes seiner Apotheke erfolgte laut Verfügung des "Leitenden-Rates" (Consiliul-dirigent) in Klausenburg, dessen Vorsitzender Prof. Dr. Julius Moldovan, Sohn des Mediascher gr. kath. rumänischen Stadtpfarrers in Mediasch.

Eduard SCHWARZ war ein überaus pedanter und gewissenhafter

Mensch, der die Apotheke mit viel Sorgfalt leitete. In guter Lage am Marktplatz fand sie Zuspruch der Stadt- und Landbevölkerung.

Wenige Jahre vor der Nationalisierung erlag Eduard SCHWARZ einem Herzinfarkt. Die Leitung der Apotheke übernahm nun vorübergehend Karl SOOS, ebenfalls ein Mediascher, und Heinrich WAGNER. Nach der Nationalisierung im Jahre 1949 wurde die Apotheke in ein anderes Lokal verlegt und in eine Drogerie umgewandelt, die aber schon nach kurzer Zeit aufgelöst wurde. Nun bestand in Agnetheln nur eine Staatsapotheke, die aus der Apotheke "ZUR HEILIGEN AGNETHA", ehemals FRÖHLICH-DIEZKO, hervorgegangen war.

Literatur:

F. J. ROTH, "II. Fragmente zur Geschichte der Apotheken." Pharmazeutischer Almanach 1923 von Dr. Hans HEGER.

Fragebogen: Heinrich WAGNER und G. DIEZKO.

PAASSEN

Rum.: Basna

Apotheke "ZUM ENGEL"

Siebenbürgen:	Gegründet: 1910
Komitat: Klein-Kokeln	Recht: Personal
Ort: Baaßen	
Besitzer: NEUMANN Abraham	1910-1919
BREIHOFER Wilhelm	1919-

Über das Gründungsjahr der Apotheke gibt es widersprüchliche Angaben.

Im "PHARMAZEUTISCHEN ALMANACH" 1914 von Dr. Hans HEGER wird das Personalrecht 1908, neuerlich im Jahre 1910, an Alois NEUMANN verliehen.
Im "PHARMAZEUTISCHEN ALMANACH" 1923 von Dr. Hans HEGER wird das Personalrecht 1908 Alois NEUMANN angegeben.
F.J. ROTH gibt im Teil II seiner "FRAGEN ZU DER GESCHICHTE DER EINZELNEN APOTHEKEN" als Gründungsjahr 1910 an. Ebenso wird das Emblem der Apotheke nach Almanach "ZUM SCHUTZ-ENGEL", nach ROTH "ZUM ENGEL" angegeben.

Nach Almanach wird als erster Apotheker Alois NEUMANN, während nach ROTH Abraham NEUMANN genannt wird. Es liegt also die Vermutung nahe, daß die Apotheke nicht im Jahre 1908, sondern erst im Jahre 1910 durch die neuerliche Verleihung des Rechtes an Abraham NEUMANN in Betrieb genommen wurde. Einzelheiten aus dem Leben und Tätigkeit von Abraham NEUMANN sind nicht bekannt.

Wilhelm BREIHOFER, geboren in Schässburg, besaß zunächst eine Apotheke in Groß-Schenk und erwarb im Jahre 1919 die Apotheke in Baaßen. Das Magister-Diplom erwarb er an der Universität Wien.

Die Apotheke war in einem Haus in Miete in der Nähe der Kuranlage untergebracht. Die Einrichtung der Apotheke war gut und den Erfordernissen entsprechend. Baaßen als Kurort mit seinen Heilquellen war ein über die Grenzen unserer Heimat bekanntes und besuchtes Bad. Die erzielten Erfolge bei rheumatischen Leiden waren allgemein bekannt. Aus den Salzquellen wurde das "BAASSENER JODSALZ" hergestellt, das in alle Teile des Landes verschickt wurde.

Der Umsatz der Apotheke war weitgehend abhängig vom Besuch des Bades und erreichte seinen Höhepunkt in der Badesaison. BREIHOFER selbst, sehr fleißig und arbeitsam, nützte die stillen Monate im Apothekerbetrieb zum Sammeln von Heilpflanzen, die örtlich vorkamen, wie Althea, Malve, Plantago und andere mehr. Ein besonderes Verdienst BREIHOFERS war seine Pfefferminzkultur, zu der er sich das Ausgangsmaterial von der Versuchsanstalt in Erfurt kommen ließ. Die Kulturen befanden sich sowohl in Baaßen als auch in Mediasch. Zweimal im Jahre wurde geerntet und die Blätter sachgemäß getrocknet. Die Qualität der Droge war hervorragend und fand Absatz bis in die Schweiz. Aus den Rückständen destillierte er das Pfefferminzöl ab, das anschließend in der Adler-Apotheke in Mediasch rektifiziert wurde. Nebenbei erzeugte er auch Leberegel-Gelantinekapseln, die auch in anderen Apotheken Absatz fanden.

In der Apotheke war im Jahre 1934 vorübergehend Johann BORDON tätig.

Nach der Verstaatlichung blieb die Apotheke auch weiterhin in Funktion, wurde aber in ein Lokal der Kuranstalt verlegt.

Der einstige Besitzer Wilhelm BREIHOFER mußte seinen Arbeitsplatz und Tätigkeitsort, so wie alle Landapotheker, verlassen.

Seine letzten Lebensjahre verlebte er in Mediasch. Seine so schönen Pfefferminzkulturen wurden umgepflügt.

Quellenangabe:

PHARMAZEUTISCHER ALMANACH 1914 und 1923.

F.J. ROTH: Teil II "Fragen zur Geschichte der einzelnen Apotheken."

Johann BORDON: Fragebogen.

BIRTHÄLM

Rum.: Biertan

Apotheke "ZUR GOLDENEN VORSEHUNG"

Siebenbürgen: Gegründet: 1809

Komitat: Groß-Kokeln Recht: Real

Ort: Birthälm

Besitzer:	JIKELI Johann	1810-1861
	BERGLEITER Luise	1861-1880
	BERGLEITER Luise Tochter	1880-1895
	KENST Wilhelm	1895-1896
	SCHNELL Josefine KENST Fr.	1896-1910
	HERZBERG Eugenie geb. WOLFF	1910-1920
	Gebrüder RUMMLER	1920-1925
	SERAPHIN Julius	1925-
Pächter:	KÄSTNER Friedrich	1861-1870
	BERGLEITER Julius	1870 1873
	MÜLLER Friedrich	1874-1880
	UMBERATH Wilhelm	1880-1894
	SALZER Michael	1896-
	EGRI Johann	-1921
	SERAPHIN Julius	1921-1925

Über die Gründung der Apotheke in Birthälm ist nach F.J. ROTH das "1552 Apotheken-Errichtungsdokument anno 1809 der Birthälmer Apotheke des Johann JIKELI" erhalten geblieben. Unter Zahl PH.s.11. April 1809, ausgestellt vom "Magistratul L. Rigiod ac Civitatis et Sedis Saxonalis

Mediensis" hat es folgenden Wortlaut:

"Sacrae Caesarea Refiae et Apostoliae Mattis M. Principis Transilvaniae et Secularem Comitis Dno nostris Clementissimi nomine.
Prudentes ac Circumspecti Nobis Benevoli! Salutem et Graciae Caesarea Regiae incrementum.

Quam Scientia Pharmaceutica Johannis JIKELI examinati Apothekarii tam exhibitis antea R. Gubernis Documentis. Quam submissa per D-vestres medie Representationis, suae de 5ª November a.p. emanatae Physici egatis relatione suficienter edacta essent, hinc petitiem Pharmacopoleum in opidum Berethalom origendi facultatem ex rationibus per Physicum egatem adductis eidem Johanni JIKELI impertiri.

D-vestris ad praecitatem Representationem eo fine perscribitur, at nominatum JIKELI eo invient, que Officinem secundum Leges actis instruat et antequam illam aperiret, fine revisionis et aprobationis substitutum Protomedicum desuper certioret. In reliqua altefacta sua Mattas benigne proponsa manet. E Regila Patris Transsylvaniae Gubernio Claudiopoli Die 14 Maerti 1809.

Et. Bánfy

Davod Vajda

Die Verleihung des Realrechtes erfolgte also 1809, die Gründung 1810.

Birthälm, einst freier königl. Markt und Sitz der sächsischen Bischöfe, mit der wohl schönsten Wehrburg unserer alten Heimat, liegt abseits der Verkehrswege in einem Seitental der Großen-Kokel. So konnte es mit dem wirtschaftlichen Fortschritt nicht mitgehen und wurde zu einem stillen lieben Ort, der so recht an vergangene nie wiederkehrende Zeiten erinnert.

Die Einwohner, fleißig und tüchtig, betrieben Landwirtschaft, Weinbau. Besondere Bedeutung hatte seinerzeit die Faßbinderei, deren Erzeugnisse ins ganze Land geliefert wurden. Die umliegenden Gemeinden Reichesdorf, Groß-Kopisch und Tobsdorf, sowie der Sitz zweier Ärzte, sicherten der Apotheke ein entsprechendes Einkommen. Heute hat Birthälm ein medizinisches Dispensar mit Entbindungsheim und eine moderne Groß-Kellerei.

Über die Geschichte der Apotheke und die Tätigkeit deren Besitzer ist uns nur wenig erhalten geblieben. Der erste Besitzer und Gründer der Apotheke muß aber ein tüchtiger und fleißiger Mann gewesen sein, der es zu Wohlstand brachte. Seine drei Töchter verheiratete er an Apotheker und verhalf jedem Schwiegersohn zu einer Apotheke. Es waren dieses Julius BERGLEITER, Carl MÜLLER und Johann Josef FOLBERTH.

Die Apotheke befand sich ursprünglich in einem schönen mit auf Säulen gestützten Vordach gelegenen Haus in der Steingasse, wurde dann vorübergehend in ein Haus auf dem Marktplatz und dann wieder in das alte Apothekenhaus verlegt, wo sie auch heute noch untergebracht ist. Sie hatte drei Räume: Offizin, Laboratorium und Vorratsraum. Die Einrichtung bestand aus schönen furnierten Möbeln und Standgefäßen. Im Laboratorium war ein wertvoller aus Kupfer getriebener Destillierapparat, der heute nebst einem

Arbeitstisch im Apothekenmuseum in Hermannstadt für die Nachwelt aufbewahrt wird. Von den schönen Standgefäßen -Porzellan, Glas und gedrechseltem Holz- konnte nichts mehr gerettet werden. Sie gingen in das Inventar der Staatsapotheke über.

Der letzte Besitzer Julius SERAPHIN, geb. am 10.12.1890 in Keisd und gestorben am 18.02.1947 in Birthälm, erwarb das Magisterdiplom in Wien und arbeitete nach seiner Rückkehr in die alte Heimat mehrere Jahre in der Apotheke Fritz ZOBEL in Hermannstadt und anschließend in der Apotheke Halmagy in Elisabethstadt.

Der Kundenkreis der Apotheke rekrutierte sich aus der heimischen und der Bevölkerung der umliegenden Gemeinden. In der Apotheke wurden die üblichen Hausspezialitäten hergestellt, die ausschließlich für den eigenen Verkauf bestimmt waren.

Nach der Nationalisierung waren in der Apotheke vorübergehend E. SOOS, Erich BROSER, Lutz FOLBERTH sowie einheimisches technisches Personal tätig. Auch St.L. ROTH verwaltete die Apotheke kürzere Zeit.

Literatur:

F.J. ROTH, Teil II "Zur Geschichte der einzelnen Apotheken."

Waldemar SERAPHIN: Persönliche Mitteilungen.

Fragebogen: E. SOOS.

ELISABETHSTADT

Rum.: Dumbrăveni

Apotheke "ELISABETH"

Siebenbürgen: Gegründet: 1908

Komitat: Klein Kokeln Recht: Personal

Ort: Elisabethstadt

Besitzer: SALZER Friedrich Viktor 1908-

Im Jahre 1908 wurde die Apotheke "ELISABETH" mit Realrecht in Elisabethstadt von Michael SALZER, geb. 11.09.1859, gestorben 23.05.1929, gegründet. Als Sohn des ersten evang. Pfarrers in Birthälm, nach der Verlegung des Bischofsitzes von Birthälm nach Hermannstadt, Johann Michael SALZER, dem Verfasser des Buches "Birthälm in Siebenbürgen", absolvierte er das Gymnasium in Mediasch und besuchte anschließend die Universität in Heidelberg. Von 1896-1908 war er Pächter der Apotheke in Birthälm.

Sein Sohn Friedrich Viktor SALZER, geb. 07.10.1895, gestorben 19.09.1971, übernahm die väterliche Apotheke und entschädigte die vier Geschwister. Nach Absolvierung des Mediascher Gymnasiums erwarb er an der Universität in Klausenburg das Apothekerdiplom. Die Apotheke war zunächst in einem Mietlokal in unmittelbarer Nähe der armenischen Kirche untergebracht. Nach seiner Eheschließung mit Juliane geb. BARTA am 24.12.1926 verlegte er die Apotheke in das am Marktplatz gelegene Haus seiner Ehegattin.

Es folgten harte Jahres des Sparens und der Arbeit bis die Geschwister ausgezahlt waren. Dank seines Fleißes, seiner Tüchtigkeit und seiner mannigfaltigen Fähigkeiten, wurde er in Kürze der beliebteste und geachteste Apotheker des Ortes und der Umgebung. Seine Erzeugnisse, nach eigenen Rezepten hergestellt, waren weit bekannt und anerkannt. Ganz seinem Beruf ergeben, legte er besonderen Wert auf Investitionen, Modernisierungen und Vergrößerung der Arbeitsfläche. Seinen größten Erfolg erzielte er durch seine gewissenhafte Arbeit und die gründliche Ausbildung der werdenden Apotheker, die nach der Nationalisierung im Staatsdienst hohe fachliche Stellungen einnahmen. Johann BORDON war vom 01.09.1934 - 01.07.1936 bei ihm tätig.

Urlaub kannte er nicht. Seine Hobbys, die Jagd, Bienenzucht und Gartenarbeit, brachten ihm die nötige Erholung.

Militärdienst leistete er in den 20er Jahren als Leutnant, und im zweiten Weltkrieg als Apotheker-Hauptmann. Nach der Nationalisierung war er vorübergehend in Blasendorf tätig, wurde dann aber auf Wunsch der Bevölkerung wieder nach Elisabethstadt zurückberufen und wirkte nun als Chef in seiner ehemaligen Apotheke bis zu seiner Pensionierung.

Die Einwohner von Elisabethstadt dankten und ehrten seine unermüdliche und treue Hingabe bei seinem Gang zur ewigen Ruhe. Alle Glocken läuteten, alle Geschäfte waren geschlossen. Ein ehrendes Zeichen der Anerkennung.

Literatur:

F. J. ROTH, Teil II "Zur Geschichte der einzelnen Apotheken."

Juliane SALZER: Persönliche Mitteilungen.

GROSS-BLASENDORF

Rum.: Blaj

Apotheke "SALVATOR"

Siebenbürgen:	Gegründet: 1817
Komitat: Karlsburg	Recht: Real
Ort: Blasendorf	Zl. 3378/07.01.1858
Besitzer: SCHIESSL Johann Georg	1817-1858
SCHIESSL Karl	1858-1878
SCHIESSL Karl Erben	1878-1883
SCHIESSL Karl jun.	1883-1934
SCHIESSL Karl Dr.	1934-

Die ersten Ahnen der Familie SCHIESSL wanderten im 17. Jahrhundert aus Passau über Wien, Ofen, Temeschburg, Hermannstadt nach Siebenbürgen ein.
SCHIESSL Johann Georg gründet im Jahre 1817 die "SALVATOR-Apotheke" in Groß-Blasendorf. Seine Ehefrau Johanna war die Tochter des Divisionssekretärs im Gubernium in Hermannstadt Friedrich HOCH: Johann Georg SCHIESSL hat zwei Söhne, dessen ältester Albert eine Apotheke in Körösbânya (Baia de Cris) eröffnete, während der jüngere Sohn Karl Boromeus die väterliche Apotheke in Groß-Blasendorf erbt. Karl Boromeus hat zwei Söhne. Beide werden Apotheker. Der älteste Karl erbt die Apotheke in Groß-Blasendorf, der jüngere Sohn Viktor eröffnet im Jahre 1891 in Seiden eine eigene Apotheke.
Die Apotheke in Groß-Blasendorf geht im Jahre 1934 in den

Besitz von Karl Albert über, der die Apotheke bis zur Nationalisierung führt. Als Angestellter arbeitet er in einer Staatsapotheke in Martinskirch und wandert Mitte der 70er Jahre in die Bundesrepublik Deutschland aus.

Aus der Tätigkeit der verschiedenen Besitzer ist nur wenig bekannt. Auch sie gehörten zu den "unbekannten Soldaten" im Dienst der vielen Kranken.

Karl Boromeus von SCHIESSL spielte im öffentlichen Leben eine Rolle. Als Bürgermeister der Stadt brachte er die Straßen in Ordnung, führte das Wasser ein und siedelte die zugewanderten Griechen in einen besonderen Stadtteil an.
Karl SCHIESSL promoviert im Jahre 1913 laut Veröffentlichung aus dem Pharmazeutischen Institut der Kgl.ung. Franz Josef Universität in Klausenburg unter Direktor Öffentl. Prof. Dr. Josef LÖTE zum Doktor, mit der Dissertation "Wertbestimmungen der in Drogen befindlichen Anthraglykosiden."

Die in der Beilage befindlichen Bilder der Apotheke SCHIESSL in Groß-Blasendorf zeigen die äußere Ansicht der Apotheke aus dem Jahr 1912 und 1922, wobei zu bemerken ist, auf dem Bild aus dem Jahr 1912 die Firma in allen 3 Landessprachen, hingegen auf dem Bild aus dem Jahr 1922 die Firma nur noch in rumänischer Sprache erscheint.

Literatur:
F.J. ROTH: Teil II "Fragmente zur Geschichte der einzelnen Apotheken."
Dr. Kasimir von SCHIESSL: Persönliche Mitteilungen.

ZWEITE INTERNATIONALE
PHARMACEUTISCHE AUSSTELLUNG
IN PRAG 1896.

LAUT BESCHLUSS DER GENERAL-JURY ERHIELT
HERR

VIKTOR VON SCHIESSL,

APOTHEKER IN ZSIDVE,

FÜR SEINE IN DER V. GRUPPE AUSGESTELLTEN OBJECTE
DAS

ANERKENNUNGS-DIPLOM.

FÜR DIE GENERAL-JURY:

DER REFERENT:

DER VICEPRÄSES:

PRAG 1896.

LESCHKIRCH

Rum.: Nocrich

Apotheke "ZUM SCHWARZEN ADLER"

Siebenbürgen:		Gegründet: 1874
Komitat: Hermannstadt		Recht: Personal
Ort: Leschkirch		03.03.1874
Besitzer:	TEUTSCH Julius	1874-1889
	BINDER August	1889-1907
	ZIKELI Robert	1907-1935
	MAURER Artur	1935-
Leiter:	GROSS Karl	1882-1885

anno 1844

"I N T E L I G E N Z B L A T T
Z U M S I E B E N B Ü R G E R B O T E N"

Nr. 66 Hermannstadt am 20. August 1844

Bekanntmachung

Die Apotheker-Freiheit in Leschkirch des verstorbenen Apothekers Michael AUNER wird am 18. November l.J. in den Vormittagsstunden von 9-12 Uhr im Wege öffentlichen Versteigerung zum Verkauf aufgeboten werden.

Liebhaber hierauf wollen sich demnach am vorbezeichneten Tag auf dem hiesigen Rathaus einfinden.

Leschkirch den 17. August 1844

"DIE LIZITATIONS-KOMMISSION"

Wie aus vorliegendem Dokument deutlich hervorgeht, hat schon vor 1844 eine Apotheke in Leschkirch bestanden. Bis zur Stunde ist es mir aber leider nicht gelungen ein weiteres Dokument, oder auch nur einen Hinweis oder Anhaltspunkte, zu finden. Einwandfrei ist festzustellen, daß dieses Recht durch die oben angekündigte Lizitation nicht vergeben wurde und damit endgültig erloschen ist.

Die neue Apotheke wird erst 1874 gegründet.
Der Marktflecken Leschkirch war Sitz eines Landgerichtes, der Pretur (administrative Verwaltung des Unterkreises), des Kreisarztes, eines praktischen Arztes, gleichzeitig auch Homeopath. Zum Umkreis gehörten eine Reihe stattlicher Gemeinden, so daß die materielle Grundlage der Apotheke gesichert war.

Die Apotheke war im Zentrum der Gemeinde in einem ehemaligen Bruckenthalbesitz plaziert. Robert ZIKELI, der Besitzer von 1907-1935, verpachtete die Apotheke mehrere Jahre an Apotheker Hans BUDAKER, aus dessen Lehre viele Äskulapjünger hervorgingen. So legten hier Johann BORDON von 1928-1930 und Georg MODJESCH von 1930-1932 ihre Praktikantenzeit ab.

Im Jahre 1935 erwarb Arthur MAURER durch Kauf die Apotheke in Leschkirch. Als Sohn einer angesehenen Kaufmannsfamilie, am 29.03.1897 in Agnetheln geboren, besuchte er zunächst die Elementarschule in seiner Vaterstadt, und anschließend das Gymnasium in Schässburg.
Von 1913-1915 arbeitete er als Praktikant in der Apo-

theke FRÖHLICH in Agnetheln, und wurde dann zum Kriegsdienst eingezogen. Nach Absolvierung der Reserveoffiziersschule kämpfte er an der italienischen, russischen und wiederum an der italienischen Front, wo er die schweren Isozoschlachten mitmachte und schwer verwundet wurde. Für seinen tapferen Einsatz wurde er mit dem Militärverdienstkreuz, Signum Laudis, vier Tapferkeitsmedaillen und dem Eisernen Kreuz dekoriert. Nach dem Zusammenbruch der Monarchie nahm er in der rumänischen Armee an dem Feldzug gegen Ungarn teil und wurde auch hier mit der Krone von Rumänien dekoriert. 1920 bezog er die Universität Graz und promovierte 1921 zum Magister der Pharmazie. In die Heimat zurückgekehrt, arbeitete er von 1922-1934 als diplomierter Apotheker in den Apotheken FABRITIUS und ZOBEL in Hermannstadt. Nun als Besitzer der Apotheke "ZUM SCHWARZEN ADLER" in Leschkirch entfaltete er seine volle Tätigkeit. Der erzielte Reingewinn ermöglichte es ihm ein neues Haus zu bauen, in dessen schöne Räume er nun auch die Apotheke verlegte. In den Jahren 1941-1944 leistete er abermals in verschiedenen Militärlazaretten Dienst. 1945 wurde er, obwohl er das gesetzliche Alter überschritten hatte, nach Russland deportiert, wo er in einem Lager als Apotheker arbeitete. In die Heimat zurückgekehrt, fand er sein Haus enteignet, in seiner Apotheke aber einen rumänischen Kollegen als Leiter eingesetzt. Zu Gunsten dieses Kollegen, Constantin POINAR, verzichtete er freiwillig auf seine Konzession und beteiligte sich an der Neugründung einer Apotheke in Schässburg mit Oktavian MOGA.

Die neu gegründete Apotheke, an einem guten verkehrsreichen Platz gelegen, erwarb sich rasch einen großen Kundenkreis, doch auch ihrer aussichtsreichen Tätigkeit von 1946 an wurde durch die Nationalisierung im Jahre 1949 ein Ende bereitet.

Nach der Nationalisierung leitete MAURER kurze Zeit eine Staatsapotheke in Schässburg und wurde dann zum Leiter der Poliklinikapotheke ernannt, das Amt das er von 1949-1964 mit viel Umsicht und zur vollen Zufriedenheit seiner Vorgesetzten versah. 1964 wurde er pensioniert, arbeitete aber noch ein Jahr als Leiter einer Apotheke bei Grosswardein und vertretungsweise in Staatsapotheken.

1973 erfolgte die lang ersehnte Ausreise in die Bundesrepublik. Doch das Schicksal gönnte es ihm nicht, die Schönheiten der neuen Heimat zu genießen. Am 9. Juli 1976 fand sein so bewegtes Leben in Waldkraiburg ein Ende.

Sein Sohn Artur Günter MAURER, geb. 26.05.1938 in Hermannstadt, wurde ebenfalls Apotheker. Er studierte an der Universität Klausenburg von 1956-1961 und leistete während des Studiums auch das Praktikum ab. 1961-1965 als Apotheker in Gurahonț, Kreis Arad, 1965-1966 in Orlat, Kreis Hermannstadt, 1966-1970 Marktschelken, 1970-1974 Krankenhausapotheke in Schässburg. 1975 erfolgte die Ausreise in die Bundesrepublik. Heute ist er Besitzer einer Apotheke in Schweinfurt.

Literatur:

F. J. ROTH: Teil II "Zur Geschichte der einzelnen Apotheken."

Otti MAURER: Lebenslauf ihres Gatten Arthur MAURER.

Johann BORDON: Fragebogen.

Georg MODJESCH: Fragebogen.

Günter Artur MAURER: Fragebogen.

Neubau der Apotheke Maurer, Leschkirch

MARKTSCHELKEN

Rum.: Şeica-mare

Apotheke "SALVATOR"

Siebenbürgen:		Gegründet: 1856
Komitat: Gross-Kokeln		Recht: Personal
Ort: Marktschelken		
Besitzer:	SZENCI Gábor	1856-1877
	BRAUN Albert	1877-1895
	BRAUN A. Erben	1895-1900
	SCHEINER Augustin	1900-1931
	ROTH Stefan Ludwig	1931-
Pächter:	BÖHM Gustav	1895-1900

Der Kundenkreis der Apotheke in Marktschelken bestand ausschließlich aus der Landbevölkerung des Ortes und der umliegenden Gemeinden Arbegen, Klein-Schelken und Kaltwasser. Somit war die Existenz der Apotheke gesichert.

Aus dem Leben und der beruflichen Tätigkeit der einzelnen Besitzer ist nur wenig bekannt. 31 Jahre befand sich die Apotheke im Besitz von August SCHEINER, dessen Mitarbeiter vorübergehend sein Sohn Herwart SCHEINER war. Beide hatten das Magister-Diplom in Wien erworben.

1931 ging die Apotheke durch Kauf an Stefan Ludwig ROTH über, der sein Magister-Diplom an der Universität Graz erworben hatte. ROTH leitete die Apotheke bis zur Verstaatlichung mit viel Umsicht. Einer seiner Mitarbeiter war vorübergehend Georg MODJESCH.

Nach der Verstaatlichung der Dorfapotheken arbeitete ROTH in seiner gewesenen Apotheke als Angestellter weiter. Nach einigen Jahren wanderte er in die Bundesrepublik aus.

Von 1966-1970 leitete Artur Günter MAURER die verstaatlichte Apotheke.

Nach der Verstaatlichung der städtischen Apotheken wurde deren Anzahl stark reduziert. So z.B. in Mediasch und Schässburg von 6 auf 3. Überregionale Arzneimittellager versorgten zweimal monatlich die Apotheken. Die unzureichend rumänische pharmazeutische Industrie und der Mangel an Devisen für den Import ausländischer Pharmazeutika bedingten oft Lücken in der Versorgung der Bevölkerung mit Medikamenten.

Literatur:

F. J. ROTH: Teil II "Zur Geschichte der einzelnen Apotheken."

Günter Artur MAURER: Fragebogen.

Georg MODJESCH: Fragebogen.

MEDIASCH

Rum.: Mediaş

Apotheke "ZUM ADLER"

Siebenbürgen:		Gegründet: 1760
Komitat: Groß-Kokeln		Recht: Real
Ort: Mediasch		1467/27.1.1859
Besitzer:	THOMAE Michael	1760-1787
	KESSLER Martin Traugott	1787-1807
	HIETSCH Georg Michael	1807-
	JEKELI Johann u. Peter	
	JEKELI Peter allein	-1831
	FOLBERTH Johann Josef	1835-1858
	FOLBERTH Friederich Dr.	1858-1892
	FOLBERTH Hermann d.Ä.	1892-1934
	FOLBERTH Hermann Dr.	1934-1949
Pächter:	FOLBERTH Hermann	
	AUNER Fritz	1918-1924

Der Beginn der Heilkunde in Mediasch geht in das 15. Jahrhundert zurück. Waren es zunächst die Franziskaner Mönche, die seit 1440 ansässig ihre eigene Kirche hatten, -auch Spitalskirche genannt- so folgten ihnen im 17. Jahrhundert die "Balbiere", die in Zünfte zusammengefaßt auch die Heilkunde betrieben.

Am 4. Juli 1647 wird in den Kirchenbüchern der Tod eines Apotheker DAVID verzeichnet, der damals der in Mediasch wütenden Pest zum Opfer fiel.

In den Jahren 1714 und 1719 wird abermals ein Apotheker Johann Adolf WAOEPAGI genannt, der sich mit dem Verkauf von Heilmitteln befaßt. Er stirbt im Jahre 1730.

Im 18. Jahrhundert wird dann von der Gründung der ersten Apotheke berichtet. Wolfgang Conrad WÖLFFLING aus Stuttgart entstammt einer adligen Familie. Er studiert in Tübingen, wird dort examiniert, wurde 1729 zunächst in Karlsburg und 1734 in Mediasch seßhaft und errichtet hier eine Apotheke, die nach seinem Tode sein Sohn Friedrich Gottlieb WÖLFFING (1749-1791) weiter führte. Vater und Sohn WÖLFFLING standen in hohem Ansehen. Nach ihrem Tod wurde die Apotheke aufgelöst. Aus der Lehre von Vater und Sohn WÖLFFLING ging eine Reihe von Apothekern, die alle vorbildlich ausgebildet wurden, hervor.

In dieser Zeit war WÖLFFLING nicht der einzige Apotheker in Mediasch. Sein erster Zögling Michael THOMAE errichtete, nach mehrjähriger beruflicher Tätigkeit in Hermannstadt und Bukarest, im Jahre 1760 die zweite, eben die Apotheke "ZUM SCHWARZEN ADLER", die somit als die älteste Apotheke in Mediasch anzusehen ist. THOMAE gilt als fleißiger und guter Wirt. Er starb am 30.05.1787. Sein Erbe tritt sein Sohn, dem er die Aufnahme in die Apotheke verweigert hatte, an. Seine Tätigkeit erschöpfte sich im Verkauf aller Spirituosen und Handverkaufsartikel.

Auf Antrag von Dr. med. LUPINI übernimmt im Oktober 1787 Martin Traugott KESSLER die Apotheke. KESSLER, auch ein

Zögling von Fr. G. WÖLFFLING, wird 1783 freigesprochen, praktiziert bei KRÄUTNER in Hermannstadt und bei FABIANI DE HOMIATI in Bistritz und wird in Ofenpest examiniert.

Neue Standgefäße und ein guter Rezepturtisch gaben der Apotheke ein schönes Aussehen. Sein Fleiß, Genauigkeit in der Arbeit, dienstgefällig und gesellig, heben die Apotheke zu hohem Ansehen.

Zu dieser Zeit bestanden in Mediasch zwei Apotheken, die von M. T. KESSLER und Johann Peter SCHUSTER. Gegen das Ansuchen mehrerer junger Apotheker um Verleihung einer dritten Konzession, nimmt KESSLER in seiner "Kurze Übersicht der pharmazeutischen Verhältnisse in Mediasch" mit der Begründung Stellung, daß drei Apotheken ihr materielles Auskommen nicht finden könnten bei der geringen Anzahl der Einwohner. Die Bevölkerung, gering an Anzahl, würde durch den geringen Absatz der Apotheken dadurch nur mit an Wirksamkeit verminderten Arzneimitteln versehen. Kaiser Franz II bewilligt jedoch die dritte Apotheke und KESSLER verkauft im Jahre 1807 seine Apotheke an Georg Michael HIETSCH.

Als weitere Besitzer folgen nun: Johann und Peter JEKELI, die die Apotheke zunächst gemeinsam führen und schließlich Peter JEKELI allein, der die Apotheke am 18. 08.1831 an Johann Josef FOLBERTH, den Schwiegersohn seines Bruders, zum Preis von 7000 Fl. verkauft.

Johann Josef FOLBERTH (1804-1858) in Schässburg geboren, wurde nach Absolvierung der Schulen in seiner Vaterstadt Apotheker. Durch den häufigen Wechsel der Besitzer, sank der Gewinn der Apotheke. Eifer, Gewissenhaftigkeit und Sachkenntnis des neuen Besitzers hoben das Ansehen der Apotheke zum ersten Geschäft des Platzes. Seine warme Begeisterung für alles Erhabene und Schöne, machten ihn zu einem angesehenen Bürger. Mitglied der Kommunität und Orator, gehörte er den acht Vertretern von Mediasch, neben St. L. ROTH und Stadtpfarrer Josef FABINI, an, die in den erweiterten Nationalkonflux am 20.06.1848 nach Hermannstadt entsandt wurden, deren Aufgabe es war, den sächsischen Vertretern des siebenbürgischen Landtages in Klausenburg Weisungen über die Union zwischen Siebenbürgen und Ungarn zu erteilen.

Sein Sohn Dr. Friedrich FOLBERTH (1833-1895) übernahm nun die väterliche Apotheke. 1854 erwarb er das Magister-Diplom in Wien und promovierte 1856 zum Doktor der Philosophie in Chemie an der Universität Gießen. Die Apotheke leitete er vorbildlich. In seinem gut eingerichteten wissenschaftlichen Laboratorium erarbeitete er zahlreiche Untersuchungen über die Mineralquellen von Baasen, Rodna, Borszek, Kovasna, Niedereidisch und Elöpatak. Beiträge zur Kenntnis siebenbürgischer Weine, die Weinbereitung, über die Zusammensetzung des Nagyagits sind in den Verhandlungen und Mitteilungen des siebenbürgischen Vereins für Naturwissenschaften veröffentlicht. Als Schüler LIEBIG`S galt sein besonderes Interesse der Agrikulturchemie, das sich in seine Arbeiten über die Düngung und die Wirkung des Rauchfeuers wiederspiegelt. An der landwirtschaftlichen Lehranstalt in Mediasch hielt er Vorträge über organische Chemie. 1873 berichtet er über die

Cholera in Mediasch. Auch auf gerichtsmedizinischem Gebiet war er tätig, was ihm die Anerkennung der Wiener Institute eintrug.

Ein besonderes Verdienst von ihm war, daß er als Erster die Metangasquellen im Schemmert, einem Wald zwischen Eibesdorf und Wurmloch, nachwies, die später als Energiequelle für weite Teile des Landes dienten und so viel zum wirtschaftlichen Aufbühen beitrugen.

Seiner Kirche und Volk diente er mit Hingabe, die ihm die ehrenvolle Berufung zum Kurator eintrug.

Hermann FOLBERTH d.Ä., trat nun in den Besitz der väterlichen Apotheke. Nach Absolvierung des Gymnasiums seiner Vaterstadt erwarb er am 26.03.1887 in Wien das Magister-Diplom. Anschließend besuchte er die Universität Berlin, um Chemie zu studieren. Doch die schwere Erkrankung seines Vaters berief ihn in die Heimat, wo er die väterliche Apotheke übernahm. Sein Pflichtbewußtsein, seine Gewissenhaftigkeit und besonders seine außerordentliche Hingabe und Hilfsbereitschaft, hoben seine Apotheke zu hohem Ansehen und Wertschätzung. Mit besonderer Hingabe widmete er sich der Ausbildung seiner Zöglinge, die auch von diesen durch Treue und Anhänglichkeit geehrt wurde.

Der Mangel an Mitarbeitern im ersten Weltkrieg überforderten seine Kräfte, und so war er gezwungen, im Jahre 1918 aus Gesundheitsgründen seine Apotheke an Fritz AUNER zu verpachten.

Fritz AUNER stammte aus einer angesehenen Familie von Mediasch. In den Jahren 1894-1908 war er mit Friedrich

GRÄSER gemeinsamer Besitzer der Apotheke "HIGEA" in Fogarasch, die im Jahre 1775 gegründet worden war. Sehr vielseitig begabt, mit gutem fachlichen Wissen ausgestattet, stellte er seine Arbeitskraft der Allgemeinheit zur Verfügung. So richtete er mit viel Verständnis das Museum "ALT MEDIASCH" ein, betätigte sich bei den Veranstaltungen der Vereine als Bühnendekorateur mit viel Erfolg. In seinem kleinen Privatlaboratorium stellte er Käselabessenz her, die weithin Absatz fand. Nach Ablauf der Pacht errichtete er eine Drogerie, die auch den Vertrieb des Baaßner-Jodsalzes hatte.

Gemeinsam mit Hermann FOLBERTH d.Ä. und Andreas SCHMIDTS gründeten sie in Medaisch ein pharmazeutisches Laboratorium. Die technische Leitung hatte Dr. LAURENTZI, langjähriger Mitarbeiter des pharm. Betriebes POHL in Wien. Das Laboratorium war gut eingerichtet und zur Erzeugung pharmazeutischer und kosmetischer Präparate bestimmt. Kaum war der Betrieb aufgenommen, brannte dieser durch einen Fehler in der Trockenanlage bis auf die Grundmauern ab. Es war wohl Schicksal, daß sich am Tage des Brandes der Vertreter der Firma F. Merck, der Chemiker Dr. KONRADI, meldete und das Interesse an einer Zusammenarbeit bekundete.

1924 übernahm Hermann FOLBERTH d.Ä. wieder die Führung seiner Apotheke und arbeitete nun bis 1934 zusammen mit seinem Sohn Hermann FOLBERTH d.J. Es war eine ersprießliche und harmonische Zusammenarbeit. Die Apotheke war mit schönen furnierten Regalen und Rezepturtisch eingerichtet, und mit schönen Standgefäßen ausgestattet, die auch heute noch zum Teil im Apothekermuseum in Klausenburg erhalten sind. Besonders wertvoll war die reichhaltige Bibliothek, bestehend aus gut erhaltenen Manualen bis zum 18. Jahrhundert und Taxen. Die überwiegende Anzahl der Bücher waren naturwissenschaftliche Abhandlungen, zum Teil in künstlerischer Ausführung. Die Bibliothek wurde bis zur Nationalisierung mit neuzeitlicher Fachliteratur ergänzt. Ein Teil der älteren Bücher, sowie eine schöne Steinsammlung, wurde den Gymnasien in Mediasch gespendet. Der Rest fiel der Nationalisierung zum Opfer.

Hermann FOLBERTH d.Ä. war es vergönnt eine seltene Jubelfeier zu erleben. Am 18.08.1931 jährte es sich zum hundersten Male, daß die Apotheke im Besitz der Familie FOLBERTH war. Im Kreise zahlreicher Freunde und dankbarer Kunden wurde dem Besitzer der Dank und ehrende Anerkennung für den so vorbildlichen Dienst zum Wohle unserer kleinen Gemeinschaft ausgesprochen. Ein Verdienst, das sich Hermann FOLBERTH mit seiner Redlichkeit erarbeitet hatte.

Dr. Hermann FOLBERTH, geboren am 07.09.1900 in Mediasch, war ab 1934 der vierte und letzte Besitzer der Apotheke "ZUM SCHWARZEN ADLER" in der Generation. Nach Absolvierung des Gymnasiums und der Reserveoffiziersschule in der K.u.K. Armee, legte er das Praktikum in der väterlichen Apotheke und das Tyrozinium in Klausenburg ab und bezog die Universität in Graz, wo er 1922 das Magister-Diplom erwarb. Vorübergehend in der Apotheke Heinrich HERZBERG in Hermannstadt tätig, studierte er 1930-1932 an der Pharmazeutischen Anstalt der Universität Basel und erwarb 1939 an der Universität Bukarest das Doktor-Diplom in Pharmazie mit der Dissertation "UNTERSUCHUNGEN ÜBER DIE TINKTUREN UND EXTRAKTE DER BRECHNUSS".

Nun erfolgte eine vollkommene Modernisierung des Laboratoriums. Eine automatische Tablettenpresse, Perkolatoren, Diaperkolatoren, Suppositorienpresse, Granuliervorrichtungen, Seitzfilder u.a.mehr, vervollständigten die zeitgemäße Einrichtung. Jeder Arbeitsplatz hatte Anschluß von Gas, Wasser, Strom und Vakuum. Erzeugt wurden eine ganze Palette von Tabletten, Fluidextrakte, Granulate -die teilweise auch in anderen Apotheken Absatz fanden- sowie die für den eigenen Bedarf notwendigen Galenika und kosmetischen Präparate und Tubenpräparate. Im Studium befand sich ein Digitalispräparat, für das die Reinglykoside der Pflanze entzogen wurden. An Veterinärpräparaten wurde ein Mittel gegen seuchenhaftes Verkalben der Rinder erzeugt, das auch an das Landwirtschaftsministerium in größeren Mengen abgesetzt wurde.

Ein eigener Raum diente als gut eingerichtetes Laboratorium für wissenschaftliche Arbeiten, in dem die Kontrolle der Erzeugnisse durchgeführt, sowie medizinisch-chemische und chemisch-technische Analysen erarbeitet wurden. Hier wurden auch Maßlösungen für die Industrie in größeren Mengen hergestellt. Das Tätigkeitsfeld dieses Laboratoriums war recht mannigfaltig und wurde oft in Anspruch genommen.

Der Kundenkreis der Apotheke rekrutierte sich aus der

städtischen, sowie der Bevölkerung der umliegenden stattlichen Landgemeinden. Durch den wirtschaftlichen Aufschwung der Stadt, die zahlreiche Industrie, Handwerk und blühende Landwirtschaft, war die materielle Existenz der Apotheke gesichert.

Die Zukunft der Apotheke und des Laboratoriums, wo nun auch schon sein ältester Sohn Lutz Hermann FOLBERTH mitarbeitete, war vielversprechend. Dem Traum, dem Sohn einstmals das Erbe in fünfter Generation zu übergeben, wurde am 02.04.1949 durch die Nationalisierung und vollkommene Enteignung des ganzen Besitzes ein jähes Ende bereitet.

Ab 1934 waren die deutschen Kollegen Herwart SCHEINER, Alfred NEWIJEL, Edgar SCHMIDTS, Alfred MÖSLER, Friedrich TEUTSCH, Roland POLUDEK-FABINI, derzeit Prof. für pharm. Chemie an der Universität Greifswald, und Julius Friedrich TEUTSCH in der Apotheke "ZUM SCHWARZEN ADLER" tätig.

Nach der Nationalisierung war die Apotheke für ein pharm. Laboratorium vorgesehen, wurde dann aber in eine pharmazeutische Abgabestelle (punct farmaceutic) umgewandelt.
In den Räumen des Laboratoriums und im Obergeschoß etablierte sich das SANITÄTS-INSPEKTORAT mit seinen bakteriologischen und chemischen Laboratorien.

Dr. Hermann FOLBERTH war vorübergehend Leiter der Poliklinik-Apotheke und wurde dann bis zu seiner Pensionierung 1969 zum Chef des chemischen Laboratoriums des Sanitäts-Inspektorates berufen. Seine Tätigkeit erstreckte sich auf die Kontrolle der Lebensmittelindustrie, der Wasserversorgung und der Umweltbelastung durch die bestehende Industrie. Aus dieser Zeit gingen zahlreiche wissenschaftliche Arbeiten hervor, die seinen vorgesetzten Behörden unterbreitet wurden. Vorträge an dem hygienischen Institut in Klausenburg und in medizinisch-pharmazeutischen Kreisen, sowie Fortbildung seiner Mitarbeiter und Kontrolle ihrer Tätigkeit.

Bis zur Nationalisierung veröffentlichte er mehrere kleinere Arbeiten im "SÜDOSTDEUTSCHEN APOTHEKER" und hielt Vorträge im Rahmen des Ferienhochschulkurses in Hermannstadt und im Kreise des Mediascher Apothekerkollegiums.

Nach 1949 blieben von den einstweilen 6 bestehenden Apotheken (3 deutsche, 2 rumänische und 1 ungarische) noch 3 Staatsapotheken in Betrieb. Die Apotheke des Krankenhauses wurde mit der Poliklinikapotheke vereinigt.

Im zweiten Weltkrieg war FOLBERTH als Chef der "Roten-Kreuz" Apotheke des Feldspitals Nr. 228 und anschließend in der Militärapotheke des Spitals Groß-Wardein tätig.

Nach 1944 teilte er das Schicksal so vieler Volksgenossen: Verhöre, Verhaftungen und Lager.

1977 wurde ihm mit seiner Frau und der Familie seines jüngsten Sohnes die Ausreise in die Bundesrepublik gestattet. Den letzten Dienst leistete er seinem Volk als Bezirkskirchenkurator und Kurator der Mediascher Kirchengemeinde.

Literatur:
F. J. ROTH: Teil II "Zur Geschichte der einzelnen Apo-

theken." In diesen Mitteilungen wird als Gründer der Apotheke "TOMU MICHAEL" angegeben. Der Gründer war "THOMAE MICHAEL". Die dort fehlenden Besitzer nach THOMAE waren bis 1835 der Reihe nach: Johann und Peter JEKELI und schließlich Peter JEKELI allein.

Martin Traugott KESSLER: Kurze Übersicht der pharmazeutischen Verhältnisse zu Mediasch. 1804. Privatbesitz.
Dr. med. G. Gott. SCHEINT anno 1816: Nachricht von dem Zustand der Apotheken in Mediasch.
Dr. Hermann FOLBERTH: Zur Geschichte der Mediascher Apotheken.
Dr. Hermann FOLBERTH: Zur Geschichte der Familie Folberth. Privatbesitz.

Adler-Apotheke, Dr. Folberth, Mediasch

Innenansicht der Adler-Apotheke, Mediasch

expl. III.

NOS
DECANUS ET FACULTAS MEDICA

in antiquissima ac celeberrima Universitate Graeciensi
omnibus et singulis notum facimus

DOMINUM ARMINIUM FOLBERTH
ORIUNDUM E MEDIASCH IN TRANSSILVANIA

postquam praelectiones publicas ad magistri artis pharmaceuticae dignitatem rite impetrandam praescriptas, quae in hac universitate habentur de physica, de botanice, de chemia et generali et analytica et pharmaceutica denique de pharmacognosia, frequentavit atque exercitiis, quae cum disciplina chemica et pharmacognostica coniuncta sunt, diligentissime operam dedit examina, quae antecedunt ad physicam, botanicen chemiamque generalem pertinentia ac deinde examen rigorosum pharmaceuticum lege constitutum prospero cum eventu subiisse atque in omnibus eius partibus satisfecisse.

Quare eum **artis pharmaceuticae MAGISTRUM** ~~agnoscimus~~, approbamus declaramus, ea tamen conditione ut pro sponsione sollemniter nobis data leges universitatis facultatisque nostrae semper et ubique religiose observet.

Cuius rei documentum hoc ei **diploma** exhibemus facultatis nostrae sigillo et subscriptione decani et professoris chemiae munitum.

Actum Graecii die primo mensis decembris MCMXXII.

Professor chemiae

Decanus facultatis medicae.

UNIVERSITÄT IN GRAZ

UNTER DEM REKTORAT DES

Univ. Prof. Dr. theol. et phil. WINFRIED GRUBER

UND UNTER DEM DEKANAT DES

Univ. Prof. Dr. phil. STANISLAUS HAFNER

HAT

DIE PHILOSOPHISCHE FAKULTÄT

VERTRETEN DURCH DEN PROMOTOR

Univ. Prof. Dr. phil. GUSTAV ZIGEUNER

DIE VERLEIHUNG DES AKADEMISCHEN GRADES

MAGISTER DER PHARMAZIE

FÜR HERRN

Magister HERMANN FOLBERTH

DOKTOR DER PHARMAZIE DER UNIVERSITÄT BUKAREST

IN WÜRDIGUNG SEINER HERVORRAGENDEN BERUFLICHEN WIRKSAMKEIT
ERNEUT VORGENOMMEN

GRAZ, AM 29. JUNI 1973

Dr. Stanislaus Hafner
DEKAN

Winfried Gruber
REKTOR

Dr. Gustav Zigeuner
PROMOTOR

MEDIASCH

Rum.: Mediaş

Apotheke "ZUM AUGE GOTTES"

Siebenbürgen:		Gegründet: 1783
Komitat: Groß-Kokeln		Recht: Real
Ort: Mediasch		
Besitzer:	SCHUSTER Johann Peter	1784-1825
	SCHUSTER Michael	1825-1856
	SCHUSTER Michael d.J.	1856-
	SCHUSTER Gustav	
	GRAESER Friederich	-1934
	TONTCH Hermann	1934-1943
	KREMER Otto	1943-1949

Zur Zeit der Gründung der Apotheke "ZUM AUGE GOTTES" bestanden in Mediasch zwei Apotheken, die von W.C. WÖLFFLING und Michael THOMAE.

Johann Peter SCHUSTER, ein Zögling von Fr. Gottlieb WÖLFFLING, leitete die Wölfflingsche Apotheke bis 1779, arbeitete dann bis 1780 in der BEKER-schen Apotheke in Kronstadt und legt in demselben Jahr das EXAMEN RIGOROSUM in Ofen ab und kehrt nach Mediasch zurück. 1784 errichtet er eine schöne Apotheke, die er zu dem höchsten Wohlstand erhob. Sehr vermögend lebte er mehr der Ökonomie als der Apotheke. Sehr wohltätig schenkt der dem Mediascher "publico" zwei wertvolle Feuerspritzen, erbaut eine Mädchenschule, ein Absteigequartier und unterstützt die

Armen. Seine Zöglinge waren: BREKNER, THEISS, SCHUSTER und ZIKELI.

Im Jahre 1825 übernimmt Michael SCHUSTER die Apotheke, der gleichzeitig auch die THEISS-sche Apotheke in Elisabethstadt besaß, weswegen er in Prozeß geriet.

1856 übernimmt sein Sohn Michael SCHUSTER d.J. die Apotheke.

Der letzte Besitzer der Familie SCHUSTER war Gustav SCHUSTER, der Vater unseres Heimatdichters SCHUSTER DUTZ. Seine Apotheke verkauft er an Friedrich GRAESER und tritt selbst in städtische Dienste als Senator ein.

Friedrich GRAESER besaß gemeinsam mit Friedrich AUNER von 1894-1908 die im Jahre 1775 gegründete Apotheke HIGEA in Fogarasch. Er entstammt einer hochangesehenen Mediascher Familie und erwarb nach Absolvierung der Schulen in seiner Vaterstadt das MAGISTER-DIPLOM in Wien. Ihn zeichnete eine besondere Gewissenhaftigkeit gepaart mit einem herzlichen Humor aus. In seine Vaterstadt zurückgekehrt, besaß er zunächst mit einigen Teilhabern ein Zementwarenwerk und erwarb dann durch Kauf die Apotheke "ZUM AUGE GOTTES". Er verlegte die Apotheke, die bis zu dieser Zeit im Stammhaus der Familie SCHUSTER am Marktplatz untergebracht war, zunächst in ein Lokal in der Rothgasse und dann später auf den Kleinen-Platz. Die Einrichtung der Apotheke war gediegen und schön, besaß auch schöne alte Standgefäße.

Nach seinem Tode im Jahre 1934 leitete Mag. QUITTNER die Apotheke bis sie in demselben Jahr käuflich durch

Hermann TONTCH übernommen wurde.

Hermann TONTCH, Sohn des Lehrers Rudolf TONTCH, geboren am 07.05.1894 in Rode und gestorben 23.09.1943 in Mediasch, besuchte die Schulen in Mediasch und maturierte 1912. In Wien erwarb er 1915 das Magister-Diplom. In demselben Jahr wurde er zum Kriegsdienst eingezogen und geriet sieben Jahre in Gefangenschaft in Russland und Sibirien. 1922 aus der Gefangenschaft heimgekehrt, arbeitete er bis 1934 in der Apotheke Dr. Josef OBERTH in Mediasch. Nach seinem Tode betrieb seine Frau Anna TONTCH geb. NEWIJEL mit Otto KREMER als Provisor die Apotheke.

Otto KREMER geb. 18.08.1902 in Mediasch maturierte 1922, leistete ein Jahr Militärdienst, arbeitete vorübergehend in einer Lederfabrik, da er Gerberei studieren wollte. Anschließend ein Jahr Praktikum in einer Bank, und schließlich 1925-1927 als Praktikant bei Apotheker Oskar ALESI in Mühlbach. Ein Jahr Tätigkeit in der Apotheke FABRITIUS in Hermannstadt. 1928-1931 Studium der Pharmazie und Diplom in Klausenburg. 1931-1932 arbeitet er als Diplomierter in der Apotheke FOLBERTH in Mediasch und anschließend bis 1943 in der Apotheke ZOBEL in Hermannstadt. 1943-1948 ist er Provisor der Apotheke H. TONTCH in Mediasch, heiratet dessen Witwe und ist Besitzer der Apotheke bis zur Nationalisierung im Jahre 1949.

Nach der Verstaatlichung der Apotheken war er Leiter der Staatsapotheke Nr. 41 in Mediasch und schließlich bis zu seiner Pensionierung im Jahre 1969 als Angestellter der Staatsapotheke Nr. 38.

Der Kundenkreis der Apotheke KREMER bestand aus der städtischen sowie Landbevölkerung aus den umliegenden Gemeinden von Mediasch. Die umsichtige Leitung der Apotheke sicherte deren materielle Existenz.

Die alten und wertvollen Standgefäße, sowie die Einrichtung der Apotheke, fielen der Nationalisierung zum Opfer, und über deren Verbleib ist nichts bekannt.

Bis 1949 bestanden folgende Apotheken in Mediasch:
Apotheke "ZUM SCHWARZEN ADLER", Dr. Hermann FOLBERTH, gegründet 1760.
Apotheke "ZUM AUGE GOTTES", Otto KREMER, gegründet 1783.
Apotheke "ZUR KRONE", Dr. Josef OBERTH, gegründet 1808.
Apotheke "MINERVA", Romulus LUPU, gegründet 1922.
Apotheke Gheorghe DAIANU, die der Besitzer, ein gebürtiger Mediascher, nach der Lostrennung der Teile Rumäniens aus Roman nach Mediasch verlegte.
Apotheke Gisella KÖLÖNTE, gegründet 1946 (?)
Nach 1949 blieben als Staatsapotheken bestehen:
Apotheke "ZUR KRONE", Dr. Josef OBERTH.
Apotheke "MINERVA", Romulus LUPU.
Apotheke Gh. DAIANU, die in das neuentstandene Stadtviertel Krähenwiese verlegt wurde.
Apotheke Gisella KÖLÖNTE, die nach einigen Jahren auch aufgelöst wurde.
Apotheke "ZUM SCHWARZEN ADLER", Dr. Hermann FOLBERTH, wurde in eine pharmazeutische Abgabestelle (punct farmaceutic) und in das Sanitäts-Inspektorat mit bakteriologischem und chemischem Laboratorium umgewandelt.

Apotheke "ZUM AUGE GOTTES", Otto KREMER, wurde geschlossen.

Literatur:
F. J. ROTH: Teil II "Zur Geschichte der einzelnen Apotheken".
Dr. Hermann FOLBERTH: Zur Geschichte Mediascher Apotheken.
Prof. Hermann TONTCH: Persönliche Mitteilungen.

MEDIASCH

Rum.: Mediaş

Apotheke "ZUR KRONE"

Siebenbürgen:		Gegründet: 1807
Komitat: Groß-Kokeln		Recht: Real
Ort: Mediasch		Zl. 17122/1857
Besitzer:	SCHUSTER Martin Traugott	-1807
	BALTHES Martin	1807-1860
	SIEGMUND Andreas Heinrich Dr.	1862-1866
	SIEGMUND Heinrich	1866-
	HIENZ Adolf	1871-1898
	OBERTH Josef d.Ä.	1898-1911
	OBERTH Josef Dr.	1911-
Pächter:	FEHDENFELD von Julius	1860-1862
Leiter:	WELLMANN Richard	1911-1913
	HEDRICH Rudolf sen.	1913-1923
	SOOS Karl	1923-1926

Auf Ansuchen mehrerer Bewerber genehmigte Kaiser Franz II die Gründung der dritten Apotheke in Mediasch.

Martin Traugott SCHUSTER, ein Zögling von Martin Traugott KESSLER, wo er das Fach erlernte und freigesprochen wurde, arbeitet zunächst in der KRÄUTNER-schen Apotheke in Hermannstadt und wird 1806 in Pest examiniert. Seiner neugegründeten Apotheke gab er ein elegantes Aussehen und fand Zulauf und Abnahme. In seine Apotheke nahm er den

Mediascher M. SANDER und dazu einen zweiten Apotheker, denen er größtenteils die Apotheke überließ. Die Folge war, daß die Apotheke an Umsatz und Ansehen zurückfiel, der Besitzer sich aber mehr dem Vergnügen und der Gesellschaft widmete. Die Apotheke ging nun in den Besitz von Martin BALTHES, einem gebürtigen Schässburger, über, der dieselbe 1860 an Andreas SIEGMUND, von Beruf Seifensieder, verkauft. Zunächst wird die Apotheke zwei Jahre an Jul. von FEHDENFELD verpachtet und anschließend von Provisoren verwaltet. 1866 übernimmt Heinrich SIEGMUND, der Sohn von Andreas SIEGMUND, die Apotheke. In Wien studiert und zum Doktor der Chemie promoviert, verlegt er die Apotheke an einen sehr günstigen verkehrsreichen Platz und setzt alle Hebel in Bewegung, um sein Geschäft über die zwei anderen Apotheken zu heben. Waren es nun überspannte Anforderungen, die dieser junge Mann an seine Apotheke stellte, oder war es Mangel an Geschäftsroutine, seine Apotheke blieb zwar glänzend, aber nicht einträglich. 1860 verkaufte er die Apotheke und geht nach Wien.

Sein Sohn Dr. Heinrich SIEGMUND, Oberstadtphysikus in Mediasch, verlor den Vater als fünfjähriger Knabe. Bekannt und geschätzt wurde er durch seine "volksbiologischen Forschungen. Er war es auch, auf dessen Initiative die Schulärzte an unseren Lehranstalten eingeführt wurden.

Der neue Besitzer Adolf HIENZ aus Groß-Schenk verkauft nun seinerseits die Apotheke an Josef OBERTH d.Ä., er selbst aber widmet sich der Landwirtschaft.

Josef OBERTH d.Ä. leitet die Apotheke bis zu seinem frühen Tode. Die Apotheke wird nun von Rudolf HEDRICH d.Ä. und Karl SOOS bis zum Jahre 1924 geleitet, wo dann der Sohn des verstorbenen Besitzers dieselbe übernahm.

Josef OBERTH d.J. maturierte in Mediasch, erwarb 1922 das Magister-Diplom an der Universität Graz und promoviert dort zum Doktor der Philosophie mit dem Hauptfach Botanik. Seine Apotheke leitet er mit viel Umsicht, gliedert ihr eine Drogerie an und hat gleichzeitig den Vertrieb des Baaßner Jodsalzes inne. Er erzeugte ein Kohlensäure- und Sauerstoffbad, Fichtennadelbad und ein Tonikum, die auch in anderen Apotheken Absatz fanden. Nach seinem Tode leitete seine Witwe die Apotheke bis zur Nationalisierung.

So bestanden bis zum Jahr 1918 drei deutsche Apotheken in Mediasch. Die Apotheke "ZUM SCHWARZEN ADLER", gegründet 1760, die Apotheke "ZUM AUGE GOTTES", gegründet 1784 und die Apotheke "ZUR KRONE", gegründet 1807.

Nach dem Anschluß Siebenbürgens an Rumänien kamen drei weitere Apotheken nach Mediasch:
Apotheke "MINERVA", gegründet 1922 von Romulus LUPU, der in Klausenburg studiert hatte und auch Vorsitzender des Apotheker-Kollegiums von Groß-Kokeln war.

1944 verlegte Gheorghe DAIANU, ein gebürtiger Mediascher, seine Apotheke, nach Lostrennung der Gebiete an Russland, von Roman nach Mediasch. 1946 eröffnete Gisella KÖLÖNTE die sechste Apotheke.

Nach der Eröffnung der drei weiteren Apotheken wurde der Umsatz der bestehenden alten Apotheken geschmälert, und es bedurfte fachmännischen Fleißes, um den Bestand auch weiterhin zu sichern.

Nach der Nationalisierung blieben vier Staatsapotheken bestehen, von denen eine nach wenigen Jahren aufgelöst wurde.

Die Apotheke der Poliklinik wurde mit der Apotheke des Krankenhauses vereinigt.

Nach der Verstaatlichung arbeiteten die deutschen Kollegen: Lothar HEITZ, der auch verschiedene Präparate in größeren Mengen herstellte, Gertrud KRASSER geb. JIKELI, Edgar SCHMIDTS, Kurt SCHMIDTS, Anna KREMER verw. TONTCH, Lutz Hermann FOLBERTH, in der genannten Apotheke Nr. 38.

Literatur:
F. J. ROTH: Teil II "Zur Geschichte der einzelnen Apotheken."
Dr. Hermann FOLBERTH: Zur Geschichte der Mediascher Apotheken.
Fragebogen: HEITZ, KRASSER, JIKELI.
Ernst Wagner: Heinrich Siegmund und die volksbiologische Forschung in der Zwischenkriegszeit. In Zeitschrift für Siebenbürgische Landeskunde, 1983, S. 177-186.

SEIDEN

Rum.: Jidve

Apotheke "ZUM ENGEL"

Siebenbürgen:	Gegründet: 1894
Komitat: Klein-Kokeln	Recht: Personal
Ort: Seiden	
Besitzer: SCHIESSL Viktor	1894-1948
SCHIESSL Kasimir Josef	1948-1953

Der Gründer der Apotheke "ZUM ENGEL" in Seiden, geboren 16.02.1867 in Blasendorf (Grossblasendorf) besuchte die Schulen seiner Vaterstadt und in Karlsburg. Sein Praktikum beging er in der Apotheke DERBARICI in Neumarkt bis 1885. Das Apothekerdiplom erwarb er 1888 an der Universität Klausenburg. Bis 1891 arbeitete er als diplomierter Apotheker in der Apotheke Dr. HINTZ in Klausenburg, und anschließend bis 1894 in Grossblasendorf.

Viktor Emanuel von SCHIESSL eröffnete 1894 in Seiden die Apotheke "ZUM ENGEL". Der Kundenkreis bestand ausschließlich aus den örtlichen und der umliegenden Gemeinden bäuerlicher Bevölkerung. Seine eigenen Erzeugnisse, ein Tonikum auf Basis von Eisen und Arsen, sowie verschiedene Kosmetika und Hustensyrup -die auch in auswärtigen Apotheken Absatz fanden- erhielten auf der "Zweiten internationalen pharmazeutischen Ausstellung in Prag 1896" das "ANERKENNUNGS-DIPLOM".

Viktor Emanuel von SCHIESSL starb im Jahre 1948 in Seiden.

Kasimir Josef von SCHIESSL, sein Sohn, geb. 30.03.1908 in Seiden, besuchte die Volksschule in Seiden und absolvierte 1926 das Gymnasium in Mediasch. Zunächst inskribierte er an der Universität in Klausenburg, bezog dann die Universität Graz und erwarb dort das Magister-Diplom. 1932 promovierte er zum Dr. phil. mit dem Hauptfach Chemie und Nebenfach Physik, mit der Dissertation "Zur Kenntnis der Chinone des Perylens". Nach 50 Jahren wurde ihm das "GOLDENE-DOKTOR-DIPLOM" der Universität Graz verliehen, das er persönlich in Empfang nehmen durfte.

In Seiden und Groß-Blasendorf legte er das pharmazeutische Praktikum ab und war dann als leitender Apotheker bei der Firma KNOLL in Bukarest tätig, bis diese im Jahre 1948 als "russische Kriegsbeute" endgültig liquidiert wurde. Nun kehrte er nach Seiden zurück und führte die väterliche Apotheke, die ihm bereits übertragen war, bis zur Nationalisierung am 16.05.1953, um dann bis zu seiner Pensionierung als Chemiker im Chemischen Kombinat in Martinskirch zu arbeiten. Heute lebt auch er mit seiner Gattin in der Bundesrepublik.
Während des zweiten Weltkrieges 1944 wurde die Apotheke und Wohnhaus geplündert. (Frontnähe)

Literatur:

F. J. ROTH: "Zur Geschichte der einzelnen Apotheken", Teil II.
Dr. Kasimir Josef SCHIESSL: Persönliche Mitteilungen.

DEUTSCHE APOTHEKER IM KREIS MEDIASCH

A = Angestellter

P = Pächter

B = Besitzer

L = Leiter

AUNER Friedrich: Mediasch
Apotheke "ZUM SCHWARZEN ADLER", P 1918-1924.

BALTHES Mathias: Mediasch
Apotheke "ZUR KRONE", B 1807-1862.

BERGLEITER Luise: Birthälm,
Apotheke "ZUR GOLDENEN VORSEHUNG", B 1861-1880.

BERGLEITER Luise Tochter: Birthälm
Apotheke "ZUR GOLDENEN VORSEHUNG", B 1880-1895.

BERGLEITER Julius: Birthälm
Apotheke "ZUR GOLDENEN VORSEHUNG", P 1870-1873.

BERGLEITER Rudolf: Agnetheln
Apotheke "ZUR HEILIGEN AGNETHA", L 1877-1878.

BINDER August: Leschkirch
Apotheke "ZUM SCHWARZEN ADLER", B 1889-1907.

BINDER Gustav: Agnetheln
Apotheke "ZUR HEILIGEN AGNETHA", P 1921-1924.

BRAUN Albert: Marktschelken
Apotheke "SALVATOR", B 1877-1895.

BRAUN A. Erben: Marktschelken
Apotheke "SALVATOR", B 1895-1900.

BREIHOFER Wilhelm: Baaßen
Apotheke "ZUM ENGEL", B 1919-1953.

BÖHM Gustav: Marktschelken
Apotheke "SALVATOR", P 1895-1900.

BORDON Johann:
A bei E. Czoppelt S-Regen, Fogarasch Freck, W. Breihofer Baaßen, Fr. Salzer Elisabethstadt, W. Metz Mühlbach, J. Schuster, E.P. v. Steinburg Schirkanyen, E. Müller Hermannstadt, 1945-49 Deportation,
A bei Centrofarm Hermannstadt,
L bei Apotheke Nr. 9 Kronstadt,
A bei Direktion des Innenministeriums Bukarest,
A bei pharm. Amt Region Kronstadt,
Apothekeninspektor, Hauptapotheker.

DIEZKO Eduard: Agnetheln
Apotheke "ZUR HEILIGEN AGNETHA", A

DIEZKO-FRÖHLICH Gertrud: Agnetheln
Apotheke "ZUR HEILIGEN AGNETHA", B 1921-1949.

EGRI Johann: Birthälm
Apotheke "ZUR GOLDENEN VORSEHUNG", P 1920-1921.

FOLBERTH Johann Josef: Mediasch
Apotheke "ZUM SCHWARZEN ADLER", B 1831-1858.

FOLBERTH Friedrich Dr.: Mediasch
Apotheke "ZUM SCHWARZEN ADLER", B 1858-1892.

FOLBERTH Hermann d.Ä.: Mediasch
Apotheke "ZUM SCHWARZEN ADLER", B 1892-1934.

FOLBERTH Hermann d.J. Dr.: Mediasch
Apotheke "ZUM SCHWARZEN ADLER", B 1934-1949.

FOLBERTH Lutz Hermann, P.T.A.: Mediasch
Apotheke "ZUM SCHWARZEN ADLER", A, Krankenhausapotheke, Apotheke Nr. 38, L pharm. Verkaufstelle, nach 1981 Abteilungsleiter der A. Hübner G.m.b.H. pharm. kosm. Produkte Ehrenkirchen.

FRANK Heinrich: Mediasch
Apotheke "ZUM SCHWARZEN ADLER" und Apotheke "ZUR KRONE", A

FRÖHLICH Wilhelm: Agnetheln
Apotheke "ZUR HEILIGEN AGNETHA", B 1905-1921.

GRÄSER Friedrich: Mediasch
Apotheke "ZUM AUGE GOTTES", B 1934.

GROSS Karl: Leschkirch
Apotheke "ZUM SCHWARZEN ADLER", L 1882-1885.

HEDRICH Rudolf d.Ä.: Mediasch
Apotheke "ZUR KRONE", L 1913-1923.

HEITZ Lothar
A Apotheke Dr. Iteanu Bukarest,
A Bayer Bukarest,
B Apotheke Fehdenfeld Reps,
A Staatsapotheke Nr. 38 Mediasch,
L Krankenkassenapotheke Mediasch.

HERZBERG Eugenie geb. Wolff: Birthälm
Apotheke "ZUR GOLDENEN VORSEHUNG", B 1910-1920.

HIENZ Adolf: Mediasch
Apotheke "ZUR KRONE", B 1871-1898.

JIKELI Johann: Birthälm
Apotheke "ZUR GOLDENEN VORSEHUNG", B 1809-1861.

KAUFMANN Friedrich: Agnetheln
Apotheke "ZUR HEILIGEN AGNETHA", B 1875.

KAUFMANN Karl: Agnetheln
Apotheke "ZUR HEILIGEN AGNETHA", B 1875-1877.

KAUFMANN Georg Friedrich: Agnetheln
Apotheke "ZUR HEILIGEN AGNETHA", B 1815-

KAUFMANN Michael: Agnetheln
Apotheke "ZUR HEILIGEN AGNETHA", B.

KAUFMANN Viktor-Friedrich: Agnetheln
Apotheke "ZUR HEILIGEN AGNETHA", B 1877-1905.

KÄSTNER Friedrich: Birthälm
Apotheke "ZUR GOLDENEN VORSEHUNG", P 1861-1870.

KENST Wilhelm: Birthälm
Apotheke "ZUR GOLDENEN VORSEHUNG", B 1895-1896.

KREMER Otto: Mediasch
Apotheke "ZUM AUGE GOTTES", L 1943-1948, B 1948-1949.

MAURER Artur: Leschkirch
Apotheke "ZUM SCHWARZEN ADLER", B 1935-

MEYNDT Wilhelm: Agnetheln
Apotheke "ZUR HEILIGEN AGNETHA", L 1879-1884.

MODJESCH Georg:
Apotheke Poiana Sibiului, L 1935-1937,
1937 Ausreise in die Bundesrepublik Deutschland.

MÖSLER Alfred: Craiova
Apotheke J. Schuster, Mediasch, A,
Apotheke "ZUM SCHWARZEN ADLER", Mediasch, A -1944,
Apotheke Gh. Daianu, A -1949,
Apotheke Mediasch Nr. 38, A.

MÜLLER Friedrich: Birthälm
Apotheke "ZUR GOLDENEN VORSEHUNG", P 1874-1880.

NEWIJEL Alfred: Mediasch
Apotheke "ZUM SCHWARZEN ADLER", Mediasch, A,
Apotheke Walter Reinhardt, Mühlbach, A.

NÖSNER Susanna:
Apotheke Csonkai J. Martinskirch, A,
R. Hedrich, Nadlac, A,
Fr. Salzer Elisabethstadt, A,
Apotheke "ZUR KRONE", Mediasch, A,
Staatsapotheke Nr. 38, A.

OBERTH Josef d.Ä.: Mediasch
Apotheke "ZUR KRONE", B 1898-1911.

OBERTH Josef d.J. Dr.: Mediasch
Apotheke "ZUR KRONE", B 1911-

PISSEL Karl: Agnetheln
Apotheke "ZUR HEILIGEN AGNETHA", L 1885-1887.

ROTH Stefan Ludwig: Marktschelken
Apotheke "SALVATOR", B 1931-

RUMMLER Gebrüder: Birthälm
Apotheke "ZUR GOLDENEN VORSEHUNG", B 1920-1925.

SALZER Friedrich: Elisabethstadt
Apotheke "ELISABETH", B 1908-

SALZER Michael: Birthälm
Apotheke "ZUR GOLDENEN VORSEHUNG", P 1896-

SERAPHIN Julius: Birthälm
Apotheke "ZUR GOLDENEN VORSEHUNG", B 1925-

SEYDL Frieda:
P.T.A. vorübergehend Apotheke "ZUM SCHWARZEN ADLER", Dr. H. Folberth, Mediasch und Laboratorium chemotechnica Mediasch.

SIEGMUND Andreas Heinrich: Mediasch
Apotheke "ZUR KRONE", B 1862-1871.

SOOS Karl: Mediasch
Apotheke "ZUR KRONE", L 1923-1926.

SCHEINER Augustin: Marktschelken
Apotheke "SALVATOR", B 1900-1931.

SCHEINER Herwart: Marktschelken
Apotheke "SALVATOR", A,
Apotheke "ZUM SCHWARZEN ADLER", Mediasch, A.

SCHIESSL Johann Georg: Groß-Blasendorf
Apotheke "SALVATOR", B 1817-1858.

SCHIESSL Erben: Groß-Blasendorf
Apotheke "SALVATOR", B 1878-1883.

SCHIESSL Karl: Groß-Blasendorf
Apotheke "SALVATOR", B 1858-1878.

SCHIESSL Karl d.J.: Groß-Blasendorf
Apotheke "SALVATOR", B 1883-1934.

SCHIESSL Karl Dr.: Groß-Blasendorf
Apotheke "SALVATOR", B 1934-

SCHIESSL Kasimir Josef Dr.: Seiden
Apotheke "ZUM ENGEL", B 1948-1953.

SCHIESSL Viktor: Seiden
Apotheke "ZUM ENGEL", B 1894-1948.

SCHMIDTS Edgar: Mediasch
Apotheke "ZUM SCHWARZEN ADLER", A,
Apotheke Dr. Mihalovici, Bukarest, A,
Labor. Chemo-pharm Mediasch, L.

SCHNELL Josefine und KENST Friedrich: Birthälm
Apotheke "ZUR GOLDENEN VORSEHUNG", B 1896-1910.

SCHUSTER Gustav: Mediasch
Apotheke "ZUM AUGE GOTTES", B -1934.

SCHWARZ Eduard: Agnetheln
Apotheke "ZUM GOLDENEN KREUZ", B 1921-

TEUTSCH Friedrich: Csikszèpviz B 1905-1929,
Apotheke Fabritius, Hermannstadt, A,
Apotheke Herzberg, Hermannstadt, A,
Apotheke Wokalek, Bistritz, A,
Apotheke Dr. Folberth, Mediasch, A,
Labor. Chemopharm Mediasch, B.

TEUTSCH Julius: Leschkirch
Apotheke "ZUM SCHWARZEN ADLER", B 1874-1889.

TEUTSCH Viktor:
Praktikum Apotheke Dr. Folberth, Mediasch,
"UNTERE APOTHEKE", Vaihingen/Ens B.

TITTUS Karl:
vorübergehend Apotheke "ZUM SCHWARZEN ADLER"
Mediasch, A, dann Wien.

<u>THOMAE</u> Michael: Mediasch

Apotheke "ZUM SCHWARZEN ADLER", B 1760-1787.

<u>TONTCH</u> Hermann: Mediasch

Apotheke "ZUM AUGE GOTTES", B 1934-1943.

<u>UMBERATH</u> Wilhelm: Birthälm

Apotheke "ZUR GOLDENEN VORSEHUNG", P 1880-1894.

<u>WAGNER</u> Heinrich:

vorübergehend Provisor der Apotheke "ZUR HEILIGEN AGNETHA" in Agnetheln und Apotheke Dr. Capesius in Schässburg.

<u>WELLMANN</u> Richard: Mediasch

Apotheke "ZUR KRONE", Dr. Oberth, L 1911-1913.

<u>ZIKELI</u> Robert: Leschkirch

Apotheke "ZUM SCHWARZEN ADLER", B 1907-1935.

<u>Nachtrag</u>

<u>HIETSCH</u> Georg: Mediasch

Apotheke "ZUM SCHWARZEN ADLER", B 1807-

<u>JIKELI</u> Johann: Mediasch

Apotheke "ZUM SCHWARZEN ADLER".

<u>JIKELI</u> Peter: Mediasch

Apotheke "ZUM SCHWARZEN ADLER", -1831.

DIE DEUTSCHEN APOTHEKEN DES KREISES SCHÄSSBURG

von

Friedrich August Salmen, Apotheker

Kaufbeuren

Dazu zählen folgende Apotheken:

Hamruden, Kaisd, Keresztur, Oderhellen, Praid, Reps, Schäßburg.

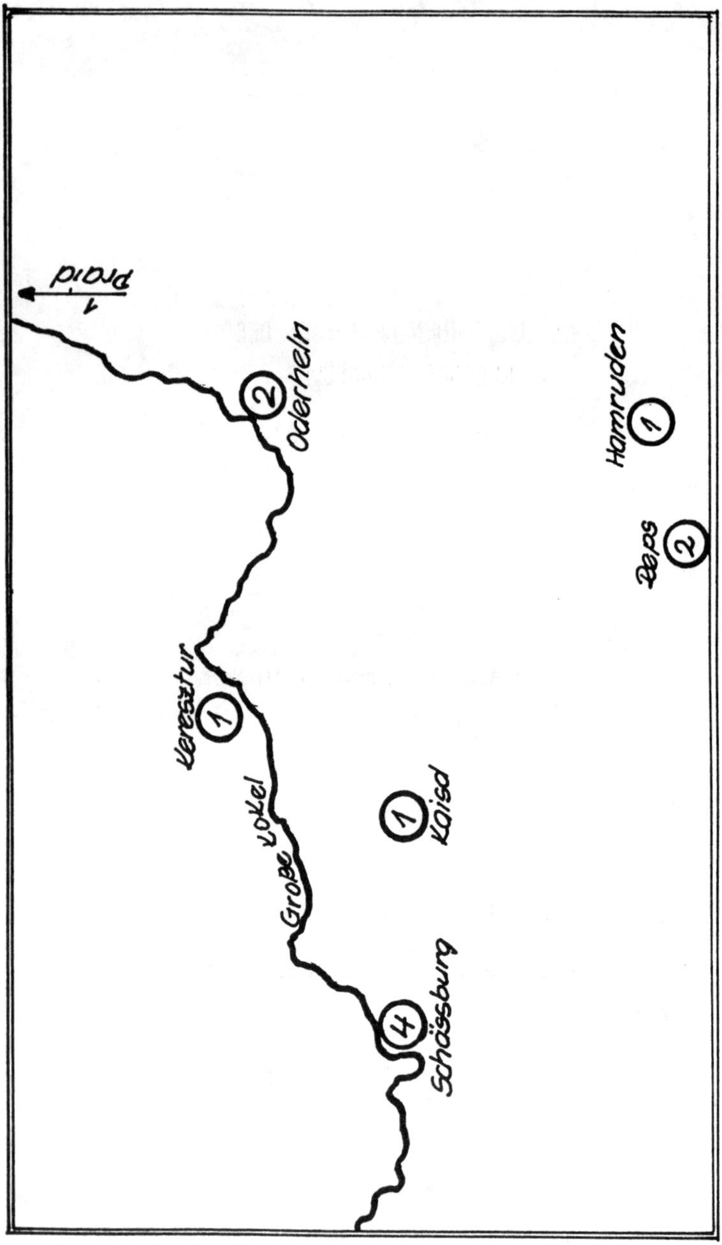

Deutsche Apotheken im Kreis Schäßburg.

Beiträge zur Geschichte der Apotheken in Schäßburg

Am 24. März 1487 wurden in Giurgiu in Anwesenheit des Voevoden Stefan BATHORI die Streitigkeiten, die sich wegen des Spitals in der Unterstadt von Schäßburg ergeben hatten, durch einen Vergleich zwischen einer Abordnung der Stadt Schäßburg, bestehend aus dem Bürgermeister AMBROSIUS PEER und den Senatoren MICHAEL und ANTONIUS einerseits und dem Perceptor des Antonius-Ordens ALBERTUS andererseits, bereinigt.

Dies ist das erste und einzig verbliebene und übermittelte Dokument aus dem 15. Jahrhundert, das über die Existenz einer sanitären Institution in Schäßburg berichtet. Hierdurch sind wir berechtigt anzunehmen, daß dieses Spital schon viel früher existiert hat, weil bekannt ist, daß beinahe alle Spitäler zur Zeit des 14.-15. Jahrhunderts von Mönchsorden gegründet worden sind und später städtischen Verwaltungen unterstellt wurden, wie obiges Dokument veranschaulicht.

Erst im Jahre 1561 wird in Schäßburg ein Subchirurg mit Namen PANGRATIUS erwähnt.

Im Jahre 1570 wird zum erstenmal ein dem Schäßburger Spital angegliedertes Siechenhaus erwähnt, das außerhalb der Stadtmauern errichtet wurde.

Mit dem Anwachsen der Zahl der Ärzte in Siebenbürgen, wächst auch die Zahl der Spitäler. So wird in Schäßburg im Jahre 1575 ein zweites Spital unter der Bezeichnung "XENODOCHIUM" eröffnet.

Andererseits ist es interessant, aus den Kirchenmatrikeln des Schäßburger Spitals, aus den Aufzeichnungen des Spitalspredigers Stefan LANY, gebürtig aus Groß-Lasseln, in der Mitte des 18. Jahrhunderts, zu erfahren, daß die Tätigkeit der ersten 25 Pfarrer, die an der Spitalskirche tätig waren, sich auf die Jahre 1461-1736 erstreckt.

Dieses bestätigt die obige Annahme, daß das erste Spital in Schäßburg schon viel früher, also vor 1461 errichtet worden ist.

Es ist schwer zu glauben, daß in einer Stadt und Burg wie Schäßburg, in der schon im Jahre 1575 ein zweites Spital errichtet wurde, keine Apotheke existiert haben soll.

Schriftliche Aufzeichnungen wurden bisher nicht gefunden, so daß wir uns auf die im Schäßburger Museum vorhandenen Angaben, auf die im Register des ungarischen pharmazeutischen Colegiums -genannt Anyakönyv-, und auf einige Daten aus Archiven und von Chronisten beschränken müssen.

Der "Siebenbürgischen Chronik" des Georgius KRAUS, Stadtschreiber in Schäßburg, entnehmen wir: (Bd. II. Seite 351-352) "Im Jahre 1663 erkrankte der Fürst Siebenbürgens APAFI im türkischen Lager zu "Neuhäusel" (einer Ortschaft zwischen Budapest und Wien). Der Großwesir entsendet ihm seinen Leibarzt, einen gebürtigen Italiener, mit der Parole "große Eile" und dem Auftrag ihm jede Hilfe zuteil werden zu lassen, da befrüchtet wird, daß der Fürst vergiftet worden sei. Der Arzt stellt jedoch eine einfache Indisposition, hervorgerufen durch die Luftveränderung und die fremde Umgebung, fest und verordnet ihm nur "Spiritus vitrioli", zu dessen Herbeischaffung ein besonderer Bote nach Siebenbürgen zu Andreas BERTRAMUS aus Schäßburg geschickt wird.

Paul KÄRSTCHEN aus Schäßburg erhält am 4. August 1687 das Diplom der pharmazeutischen Praxis vom berühmten Apotheker und Botaniker Georgius VETTE aus Hermannstadt.

In der Apotheke des Museums in Schäßburg befindet sich ein Medikamentenbesteck des Apothekers Andreas BERTRAMUS aus dem Jahre 1663, hergestellt aus braunem Leder mit verschiedenfarbigen Lederstickereien. Die Schachtel ist 20-25 cm lang, 5-6 cm breit und 9-10 cm hoch und hat einen Deckel aus demselben Material.

Auch finden sich im Museum verschiedene Standgefäße aus Fayence und Porzellan, in den im 18. und 19. Jahrhundert bekannten Formen.

Die ungefähr 40 Standgefäße aus Glas mit Glasstopfen, zum Teil zylindrisch für Pulver, andere für Flüssigkeiten, tragen alle auf der Vorderseite den österreichischen Adler mit den 2 Köpfen -das Staatswappen- in dessen Mitte die Etikette sich befindet. Außerdem findet sich dort eine Hängewaage und eine Handwaage mit einer Serie von Gewichten.

Unter den Holzstandgefäßen aus dem 18. Jahrhundert finden zwei Gefäße eine besondere Beachtung, wegen der besonderen Form, der Etikette auf weißem Grund und schwarze Buchstaben, und der Anfangsbuchstabe jedes Wortes rot geschrieben, bezeichnend für das 18. Jahrhundert.

Vielleicht läßt sich in der Zukunft noch feststellen, ob

Andreas BERTRAMUS ein "behandelnder Apotheker" einer Adelsfamilie -ein ambulanter Apotheker in der Art von NAGY, der im selben Jahrhundert in den Diensten des Grafen BATTHÂNY stand- oder ein Apotheker der Stadtapotheke, der Militärapotheke, sogar der Begründer der

Apotheke zur "KRONE" -gegründet vor 1700-

war.

Die Apotheke zur "KRONE", gegründet vor 1700, war im Besitze von Jacob Georg KANNENBERGER bis zum Jahre 1705, ihm folgt Georg HETZELDORFER bis zum Jahre 1719.

In diesem Jahr übernimmt Apotheker Michael KLESCHKEN die Apotheke, der allerdings in den Schäßburger Akten unter diesem Namen nur einmal erscheint.

Ihm folgt Michael KÄRSTCHEN, immer im Jahr 1719, der wahrscheinlich mit Michael KLESCHKEN identisch ist, und in dessen Besitz die Apotheke bis 1724 sich befindet.

Der nächste Besitzer der Apotheke ist Michael WEISSKIRCHER, von 1724-1740, und schließlich Daniel WEBER bis zum Jahre 1766.

In diesem Jahr wird die Apotheke aus bisher noch nicht geklärten Gründen geschlossen.

Die zweite Apotheke in Schäßburg war die

"STADTAPOTHEKE"

die vom Rat der Stadt Schäßburg 1720 gegründet wurde.

Die Apotheke wurde 12 Jahre hindurch bis zum Jahre 1732 vom Apotheker Daniel STÜRZER sen. geleitet. Danach geht sie in seinen Besitz über. Im Jahre 1737 übernimmt sein Sohn Daniel STÜRZER jun. die Apotheke und leitet sie 57 Jahre lang bis zum Jahr 1794.

Die Apotheke wird von Apotheker Johann MISSELBACHER übernommen, der sie schon nach 4 Jahren -1798- seinem Sohn Johann Theophil MISSELBACHER übergibt, der die Apotheke 46 Jahre hindurch bis 1844 leitet.

Der Rat der Stadt Schäßburg übermittelt Ende August, unter Zahl Nr. 1283/1830, dem Apotheker Johann Theophil MISSELBACHER vom Protomedicus Josephus FERENTZI aus Klausenburg unterzeichnete aus 3 Teilen bestehende Verordnung zur gefälligen Kenntnisnahme und Befolgung.

Unter Zahl Nr. 2835/1 1832 des Schäßburger Stadtrates werden dem Apotheker Johann Theophil MISSELBACHER die unter Zahl 12.105/1832 veröffentlichten Anweisungen des Apothekers Ludwig POLY aus Obernberg, betreffend die Aufbewahrung und Besorgung der Blutegel,mitgeteilt.

Carl MISSELBACHER, der Sohn des obengenannten Joh. Theophil MISSELBACHER, ist bis zum Jahr 1856 Besitzer dieser Apotheke.

Im Jahre 1856 geht die Stadtapotheke unter der Bezeichnung

Apotheke zum "LÖWEN"

in den Besitz von Carl HERBERT über, der am 8. Januar 1857 unter Zahl Nr. 26077/856 das "Real-Recht" erhält.

Unter Zahl Nr. 4845/1857 übermittelt der Rat der Stadt Hermannstadt am 10. Februar 1858 dem Apotheker Carl HERBERT die Verfügung des Guberniums von Hermannstadt Nr. 27.442/ 3195 1857 vom 8. Dezember 1857 zur Beachtung und genauen

Durchführung.

Diese Verfügung bezieht sich auf den Beschluß des Innenministeriums Nr. 32.537/1857, die vorsieht, daß nur gute Elemente mit Gymnasialbildung zu Apothekerpraktikanten zugelassen werden dürfen.

Trotzdem haben sich Elemente mit weniger Vorbildung und ohne Gymnasialbescheinigung in diesen Beruf eingeschlichen. Dem Apotheker ist es untersagt, an solche Leute Bescheinigungen über ein absolviertes Praktikum auszufolgen.

Im Jahre 1862 geht die Apotheke in den Besitz von Apotheker Karl KRAFT über, der sie im Jahre 1870 an den Apotheker Johann Heinrich WEBER verpachtet, der sie im Jahre 1875 kauft und bis 1909 besitzt.

Im Jahre 1902 verpachtet J.H. WEBER die Apotheke an Apotheker August SALMEN, der sie 1909 um 70.000 Goldkronen kauft und bis 1949 deren Besitzer ist (Enteignung der Apotheken).

Die Apotheke zum "Löwen" in Schäßburg war die ganze Zeit über in demselben Lokal -Marktplatz Nr. 45- untergebracht.

Die dritte Apotheke in Schäßburg, die

Apotheke zum "ADLER"

wurde im Jahre 1755 vom Apotheker Johann MISSELBACHER gegründet, in dessen Besitz sie 58 Jahre, bis zum Jahre 1813, verblieb.

Aus dieser Zeit findet sich ein großer Kupfermörser mit der Inschrift "Johann Misselbacher Apothekarius 1793" und ein großer Mörser aus Eisen, dessen Größe dadurch ersichtlich ist, daß eine Literflasche bis zum Griff des Mörsers reicht, und der Griff in der Hälfte des Mörsers angebracht ist. Außerdem finden sich dort noch Fayancetiegel und einige Glas-Standgefäße aus dem 18. Jahrhundert und eine Mensur aus Zinn.

Im Jahr 1813 übernimmt Apotheker Gottfried HENRICH die Apotheke, in dessen Besitz sie bis 1846 bleibt.

Es ist anzunehmen, daß HENRICH schon vor dem Jahr 1846 als Leiter oder Pächter der Adler-Apotheke gearbeitet hat, denn es existiert ein Originaldokument aus dem Jahr 1807, das an die Apotheker MISSELBACHER und HENRICH gerichtet ist.

Diese Zuschrift des Stadtrates von Schäßburg lautet:

Der Rat der Stadt Schäßburg übermittelt unter Zahl Nr. 1236 vom 13. Juni 1807 den Apothekern MISSELBACHER und HENRICH aus Schäßburg eine Verordnung des Gubernial-Protomedicus NYULAS aus Klausenburg, die vorsieht, daß keine von Quacksalbern, Scharlatanen, Hebammen und Kräuterweibern ausgestellte Rezepte ausgefolgt werden dürfen, soweit sie nicht von einem autorisierten Arzt gegengezeichnet sind.

Auch wird angenommen, daß Johann MISSELBACHER in den Jahren 1794-1798 gleichzeitig auch Besitzer der Apotheke zum "Löwen" gewesen ist, und er nach 4 Jahren diese Apotheke seinem Sohn Johann Theophil MISSELBACHER übergibt. Zur selben Zeit könnte 1794 HENRICH Leiter der Adler-Apotheke gewesen sein.

Die Apotheke zum "Löwen", als ältere und besser plazierte

Apotheke, wurde von Joh. MISSELBACHER wahrscheinlich mehr beachtet, so daß er diese Apotheke seinem Sohn Johann Teophil MISSELBACHER übergab -im Jahre 1798- und die Apotheke zum "Adler" im Jahr 1798 an HENRICH verkaufte.

Auf Apotheker Gottfried Henrich folgt Apotheker Friedrich BERWERTH, der im Jahre 1855 unter Zahl Nr. 5016/ 1. März 1855 das Real-Recht erhält, das jedoch erst sehr spät unter Zahl Nr.9834/13.707/1876 vom Siebenbürgischen Gubernium bestätigt wurde.

Im Jahre 1883 wird die Apotheke zum "Adler" von Apotheker Johann Friedrich FOLBERTH übernommen, der jedoch schon nach 6 Jahren -1889-,wahrscheinlich aus Gesundheitsgründen, den Apotheker Andreas Wolfgang LINGNER als Leiter der Apotheke anstellt, der die Apotheke nach 4 Jahren pachtet und nach weiteren 6 Jahren die Apotheke kauft -1899- und sie bis 1930 besitzt.

Anschließend verbleibt die Apotheke der Witwe von Apotheker Andreas Wolfgang LINGNER, bis sie an Apotheker Helmuth LINGNER übergeht, der sie bis zum Jahre 1949, der Enteignung der Apotheken in Rumänien, besitzt.

In das Jahr 1820 fällt die Wiedereröffnung der

Apotheke zur "Krone",

die im Jahre 1766 aus unbekannten Gründen geschlossen wurde.

Apotheker Josef WAGNER erhält 1820 die Genehmigung zur Eröffnung einer Apotheke und führt sie bis zum Jahr 1846. Apotheker Friedrich SCHUSTER übernimmt die Apotheke und erhält das Real-Recht unter Zahl Nr. 16.675/1857. Nach dessen Tod geht die Apotheke in den Besitz seines Sohnes Friedrich SCHUSTER jun. über. Nachdem dieser nicht Apotheker ist, verpachtet er die Apotheke seinem nahen Verwandten, dem Apotheker Alvil Robert CAPESIUS, der sie von 1878-1889 führt. Anschließend wird die Apotheke an Ernst CAPESIUS bis zum Jahre 1915 verpachtet.

In den Jahren 1908-1930 ist Dr. Viktor CAPESIUS (Arzt) der Besitzer der Apotheke.

Pächter der Apotheke sind:

CAPESIUS Ernst	1889-1915
Nachher Leiter der Apotheke:	
OKONSKY Klemens	1915-1922
ERNST Fritz	1922-1926
ZACHARIDES Hermann	1926-1930

Nach 1930 ist Apotheker Alvil CAPESIUS Besitzer der Apotheke. Er stirbt 1943 im Krieg (Spital in Golta).

Die Apotheke verbleibt im Besitz der Familie bis zur Enteignung (1947 CASBI).

Verfügungen und Verordnungen für die Apotheker in Schäßburg

Unter Zahl Nr. 8215/1808 werden den Apotheken in Schäßburg Betriebsinstruktionen übermittelt, die für das ganze Gebiet des Guberniums Gültigkeit haben. Sie bestehen aus 57 Paragraphen und sind vom Protomedicus NYULAS aus Klausenburg mit dem Datum vom 1. Mai 1807 unterzeichnet.

Laut einem Dokument des Gubernialamtes aus Klausenburg, am

14. Juli 1808 vom Grafen BANFFY und Bedeus von SCHARBERG unterzeichnet,

verfügt der Protmedicus:

1. Die Apotheken werden von den städtischen Chefärzten zweimal jährlich inspiziert, und zwar am Anfang des Sommers, nach dem Einsammeln und Ernten der Kräuter, Blätter, Blumen, Rinden und Wurzeln etc. und zum zweitenmal im Herbst, nach dem Einernten der Blätter, Früchte, Samen und nach dem Empfang der exotischen Materialien.

2. Nachdem festgestellt worden ist, daß die von den lokalen Ärzten durchgeführten Inspektionen nicht streng genug durchgeführt werden, was sich durch die vorhandenen freundschaftlichen Beziehungen zwischen Arzt und Apotheker erklären läßt, befehlen wir strenge Kontrollen, unparteiisch und ohne Bevorzugung durchzuführen, über die ein ausführliches Referat an den Protomedicus einzusenden ist. Entgegengesetzten Falles wird der Protomedicus die Inspektion auf Kosten des betreffenden Arztes durchführen, der auch die Folgen dieser Kontrolle zu tragen haben wird.

3. Als Leiter der Apotheke werden nur Apotheker zugelassen, die das Diplom in Botanik und Chemie besitzen.

4. Die Vorräte von Cortex Angusturae (ein Mittel gegen Wechselfieber), die sich versiegelt in der Apotheke MISSELBACHER und HENRICH befinden, sollen vom städtischen Chefarzt verbrannt werden, worüber ein Referat dem Protomedicus einzureichen ist. (Hier wird die Apotheke HENRICH im Jahre 1808 erwähnt.)

Unter Zahl Nr. 3782/1809 wird eine Ergänzung zu den Verordnungen aus dem Jahre 1807 übermittelt, bestehend aus 5 Paragraphen, unterzeichnet vom Protomedicus Andreas SZÖTS aus Klausenburg, am 10. Juni 1809.

Unter Zahl Nr. 1916/1820 wird noch eine Ergänzung, bestehend aus 4 Teilen, mit dem Datum vom 10. Januar 1820 vom Gubernium aus Klausenburg übermittelt, doch ohne Unterschrift.

Unter Zahl Nr. 658/1835 werden neue Betriebsordnungen der Apotheken, bestehend aus 58 Paragraphen, in lateinischer Sprache geschrieben und unterzeichnet vom Protomedicus Josephus FERENTZI.

Unter Zahl Nr. 9103/1847 werden neue Verordnungen für den Apothekenbetrieb unter Nr. 10.355/1846 betreffend die "autorisierten Materialisten" -?- (Materialista sive aromatarius constitutus), wahrscheinlich eine Art Apotheken-Helfer für das Einsammeln und die Besorgung der Medizinalpflanzen, mitgeteilt. Die Verordnung besteht aus 7 gedruckten Blättern.

Unter Zahl Nr. 1848 vom 7. April 1854 wird "kaiserlich-königliche" -?- Verordnung Nr. 3478/1854 M.D.C. des hohen Innenministeriums übermittelt, die die Diurnen der Ärzte für die Inspektionen der Apotheken regelt.

Unter Zahl Nr. 1337/136/1855 des Hermannstädter Guberniums wird die kaiserlich-königliche Order Nr. 29.470 vom 22. Dezember 1854 übermittelt, die den Preis für Blutegel für die Zeit vom 1. Februar bis Ende des Jahres mit 4 Kronen pro Stück festsetzt.

Und schließlich wird unter Zahl Nr. 594/1859 die Verordnung des Hermannstädter Guberniums Nr. 29.708/3876/1858 vom 4. Februar 1859, unterzeichnet vom höfischen Beirat AMODEY mitgeteilt, die die Ausfolgung von Zinnober, für von alten Weibern durchgeführten Räucherungen, untersagt.

Die Verordnung ordnet "Zinnober" in die Kategorie der Arzneimittel, die in der letzten pharmazeutischen Taxe mit einem Kreuz versehen sind. Dieses Medikament kann nur auf eine spezielle ärztliche Verordnung eines Arztes, Chirurgen oder eines autorisierten Tierarztes ausgefolgt werden.

In den Jahren von 1700-1925 gab es in der Stadt Schäßburg drei Apotheken.

Apotheke zur "Krone", vor 1700-1766, dann geschlossen, eröffnet 1820-1947.

Apotheke zum "Löwen", Stadtapotheke von 1720-1856, Apotheke zum "Löwen" 1856-1949.

Apotheke zum "Adler", 1755-1949.

Diese drei Apotheken befanden sich auf dem Marktplatz.

Apotheke "Hygea", 1925-1949.

Apotheke des Apothekers Martin ALEXANDRU

Apotheke des Moga Octavian

Krankenkassen-Apotheke

Apotheke des Komitatsspitals

Literatur:

Diese Daten wurden nach Angaben von Apotheker J.F. ROTH und persönlichen Erinnerungen zusammengestellt.

1. Matrikelregister "Anyakönyv" der einstigen "VEREINIGUNG DER APOTHEKER" der 6. Siebenbürgischen Region, des 21. Kreises, von deren Gründung bis zum Jahre 1919. Der Versuch einer Erstellung eines verlorengegangenen Dokumentes. (Veröffentlicht in "Studii si Comunicari" des Bruckenthal-Museums, Hermannstadt 1973.)

2. Almanach der Apotheken aus den Jahren 1923-1937.

3. Aus Archiven der Apotheken gesammelte Daten.

4. FISCHER Emil Dr.: Deutsche Ärzte und Apotheker in Rumänien, Bukarest 1908.

5. HEGER Hans: Pharmazeutischer Almanach, 1899-1916.

6. Staatsarchiv der Stadt Hermannstadt: Siebenbürgisch-Deutsches Tageblatt.

7. FISCHER Emil Dr.: Dic Kulturarbeit der Deutschen in Rumänien, Hermannstadt 1911.

8. PISSEL Carl: Daten der Apotheken des Hermannstädter Komitates. (Bruckenthal-Museum, in Handschrift)

9. ROTH F.J.: Karteiblätter der Apotheken aus Süd-Siebenbürgen bis zum Ende des 19. Jahrhunderts (Bruckenthal-Museum).

10. ORIENT Gyula Prof. Dr.: "Aus pharmazeutischer Vergangenheit Siebenbürgens und des Banates", (Caransebes-Cluj 1928).

11. ZIMMERMANN Franz: "Urkundenbuch zur Geschichte der Deutschen in Siebenbürgen", 1892.

12. Persönliche mündliche Informationen von Apothekern und deren Angehörigen. Ergänzt von F.A. Salmen.

HAMRUDEN

Rum.: Homorod

Apotheke

Siebenbürgen:	Gegründet: 1889
Komitat: Groß-Kokeln	Recht: Personal
Ort: Hamruden	
Besitzer: ZAPPE Albert	1889-1905
BÖCKEL Samuel	1905-
Pächter: VASS Albert	1905-

KAISD

Rum.: Saşchiz

Apotheke zum "GOLDENEN SCHMETTERLING"

Siebenbürgen:	Gegründet: 1884
Komitat: Groß-Kokeln	Recht: Personal
Ort: Kaisd	
Besitzer: HEDRICH Rudolf	1884-

Die Apotheke wurde geschlossen und wiedereröffnet Nr. 138.038/17.12.1908.

VON SILBERNAGEL Emil	1909-
NÉMETH Andor	

HEDRICH Rudolf:

Leiter der "Kronen-Apotheke" in Mediasch, 1913-1923.

Emil VON SILBERNAGEL: Geboren am 16.09.1862 in Lets.

Diplomiert in Wien 1887, praktiziert bei Apotheker SCHUSTER in der Apotheke zur "Krone" in Schäßburg, 1888-1890, und in der Apotheke KENES in Oderhellen, 1890-1891, Provisor der Apotheke HORNUNG in Kronstadt, 1906-1909.
Erhält das Recht zur Wiedereröffnung der Apotheke in Kaisd. 1909. (Ist bekannt durch seine Schmetterling-Sammlung.)

KERESZTUR

Rum.: Cristur

Apotheke zum "SZEKLER WAPPEN"

Siebenbürgen:		Gegründet: 22.09.1833
Komitat: Oderhellen		Recht: Real
Ort: Keresztur		Z.L. 183 332/4 G.Z. 4301
Besitzer:	BINDER Martin	1833-1859
	HERMANN Johann	1859-1867
	AESCHT Adolf	1867-1875
	AESCHT Erben	1875-1878
	JÄGER Josef Friedrich	1878-
	JÄGER Gebrüder	
Pächter:	JÄGER Josef Friedrich	1875-1878

BINDER Martin: Geboren 09.01.1809 in Mediasch.
Diplomiert in Budapest, praktiziert in Birthälm und erhält 1833 das Recht zur Eröffnung der Apotheke in Keresztur.
Die Apotheke wird am 22.04.1833 eröffnet.

AESCHT Adolf: Geboren 04.05.1837 in Kronstadt.
Diplomiert in Wien 1861, stirbt im Dezember 1875 in Keresztur.

JÄGER Josef Friedrich: Geboren 30.01.1855 in Kronstadt. Diplomiert in Klausenburg 1875. Pachtet die Apotheke 1875-1878 und kauft sie 1878.

KERESZTUR

Rum.: Cristur

Apotheke

Siebenbürgen: Gegründet: 1894

Komitat: Oderhellen

Ort: Keresztur

Besitzer: LENGYEL Samu 1894-

LENGYEL Samu: Diplomierter Apotheker erhält das Recht in Keresztur eine Apotheke zu eröffnen, was er 1894 tut. Apotheker LENGYEL Samu ist kein Deutscher. Ob in dieser Apotheke deutsche Apotheker je gearbeitet haben, konnte nicht festgestellt werden.

ODERHELLEN

Rum.: Odorhei

Apotheke zum "GRAFEN MIKO IMRE"

Siebenbürgen:		Gegründet: 1861
Komitat: Oderhellen		Recht: Personal
Ort: Oderhellen		
Besitzer:	SOLYMOSSY János sen.	1861-
	SOLYMOSSY János jun.	-1905
	ZIEGLER Heinrich	
Pächter:	GASKO Julius	Ende 19. Jahrhundert
Leiter:	HENNING Gustav	

SOLYMOSSY János sen.: Diplomierter Apotheker, erhält das Recht zur Eröffnung einer Apotheke in Oderhellen, die er im Jahre 1861 gründet und nachher seinem Sohn

SOLYMOSSY János jun.: übergibt, der sie bis 1905 besitzt.

Nach anderen Angaben wird der Name GOLYMASSY János genannt. Dieses dürfte ein Schreibfehler sein.

ODERHELLEN

Rum.: Odorhei

Apotheke zum "LÖWEN"

Siebenbürgen: Gegründet: ?

Komitat: Oderhellen

Ort: Oderhellen

In den Akten sind Widersprüche zu verzeichnen.

Als Besitzer erscheinen:

KONCZ VON NAGYSOLYMOS Andreas Johann	1835-1891
KONCZ Armin	1891-1910

In diesem Zeitraum werden noch andere Apotheken-Besitzer erwähnt:

JIKELI Josef	1848-1852
KAUTZ Johann	1852-1854 (1859)

Hierzu folgende Ausführungen:

KONCZ VON NAGYSOLYMOS Andreas Johann: Geboren in Schäßburg, gestorben im März 1891 in Oderhellen. Diplomierter Apotheker, Besitzer der Apotheke zum "Löwen" in Oderhellen, 1835-1891.

KONCZ Armin: Geboren 1873 in Oderhellen, gestorben 31.06.1910 ebendort. Ist Besitzer der Apotheke zum "Löwen" in Oderhellen.

JIKELI Josef: Diplomierter Apotheker, Besitzer der Apotheke zum "Löwen" in Oderhellen, 1848-1852.

KAUTZ Johann: Diplomierter Apotheker, Besitzer der Apotheke zum "Löwen" in Oderhellen, 1852-1854 (bzw. 1859).

PRAID

Ung.: Paraid

Apotheke "HYGEA"

Siebenbürgen:		Gegründet: 1867
Komitat: Oderhellen		Recht: Personal
Ort: Praid		
Besitzer:	WEBER Andreas sen.	1867-
	WEBER Andreas Erben	
	WEBER Andreas jun.	Ende des 19. Jahrh.
Leiter:	OSVÁTH Karl	Ende 19. Jahrh.
	LEHMANN Viktor	
Pächter:	JEKELI Rudolf	-1907

WEBER Andreas sen.: War Besitzer der Apotheke "ZUM LÖWEN" in Târnaveni, 1859-1867, und erhält das Recht zur Eröffnung einer Apotheke in Praid.

JEKELI Rudolf: Geboren 1858, stirbt 04.07.1907 in Praid. Diplomiert in Wien 1885, praktiziert in Leoben und Wien und pachtet die Apotheke "HYGEA" bis zum Jahre 1907.

REPS

Rum.: Rupea

Apotheke zum "GOLDENEN ADLER"

Siebenbürgen:		Gegründet: 1775
Komitat: Groß-Kokeln		Recht: Real
Ort: Reps		
Besitzer:	FIGULI Martin	1775-
	NAGELSCHMIDT Samuel sen.	1807-
	NAGELSCHMIDT Samuel jun.	-1883
	MELAS Eduard Johann	1883-1898
	CZINK	um 1900
	CZINK Erben	
	FEHDENFELD Julius FETTER VON	1934-1949
Pächter:	PAULINI Johann	1848-1884
	MELAS Viktor Eduard	1892-
Leiter:	MELAS Elias	1859-
	PAULINI Johann	1884-1897
	WEBER Ernst	1914-

FIGULI Martin: Geboren in Hermannstadt. Errichtet 1775 die Apotheke in Reps.

NAGELSCHMIDT Samuel sen.: Diplomiert 1802 in Pest, Besitzer der Apotheke 1807.

NAGELSCHMIDT Samuel jun.: Geboren in Reps. Diplomierter Apotheker, Besitzer der Apotheke bis 1883.

MELAS Eduard Johann: Geboren 1824, gestorben 1898 in Reps. Seit 1883 Besitzer der Apotheke zum "Goldenen Adler".

FEHDENFELD Julius FETTER VON: Geboren in Reps. Absolviert das Gymnasium in Schäßburg 1925. Diplomiert in Klausenburg 1931, Besitzer der Apotheke von 1934-1949 (Enteignung).
WEBER Ernst: Geboren 1863 in Broos. Diplomiert in Wien. Erhält die Konzession und eröffnet die "Salvator" Apotheke in Törzburg 1904-1914. Anschließend wird er Leiter der Apotheke zum "Goldenen Adler" in Reps, 1914- .
PAULINI Johann: Ist Pächter der Apotheke zum "Adler" in Reps, 1848-1884, und nachher Leiter dieser Apotheke von 1884-1897.

REPS

Rum.: Rupea

Apotheke zur "KRONE"

Siebenbürgen:	Gegründet: 1876
Komitat: Groß-Kokeln	Recht: Personal
Ort: Reps	Z.L. 18465 28.05.1878
Besitzer: WOLFF Ernst	1876-1902
MEDERUS Ludwig	1902-1937
MEDERUS Walter	1937-1949

WOLFF Ernst: Geboren 1846 in Schäßburg, gestorben 1906 in Reps. Diplomiert 1868 in Wien, praktiziert in Wien 1868-1870 und nachher in der Apotheke zur "KRONE" in Mediasch, 1870-1875. Erhält die Konzession zur Eröffnung der Apotheke zur "KRONE" 1876 und besitzt sie bis 1902.

MEDERUS Ludwig: Geboren 06.08.1871 in Mediasch. Erwirbt das Diplom 1893 in Klausenburg. Praktiziert von 1894-1896 in der Apotheke zum "GOLDENEN ADLER" in Reps. In den Jahren 1897-1898 ist er Pächter der "SALVATOR" Apotheke in Răşinar, die er anschließend kauft und bis 1902 deren Besitzer ist. Im Jahre 1902 kauft er die Apotheke zur "Krone" in Reps und besitzt sie bis 1937. Danach geht sie in den Besitz seines Sohnes MEDERUS Walter über.

MEDERUS Walter: Diplomiert in Wien. Besitzer der Apotheke von 1937-1949 (Enteignung der Apotheken).

SCHÄSSBURG

Rum.: Şighişoara

Apotheke zur "KRONE"

Siebenbürgen: Gegründet: vor 1700

Komitat: Groß-Kokeln

Ort: Schäßburg

Besitzer:	KANNENBERGER Jacob Georg	-1705
	HETZELDORFER Georg	1705-1719
	KLESCHKEN Michael	1719- ?
	KÄRSTCHEN Michael	1719-1724
	WEISSKIRCHER Michael	1724-1742
	WEBER Daniel	1742-1766

1766 wird die Apotheke aus bisher unbekannten Gründen geschlossen.
KLESCHKEN Michael: Wird einmal unter diesem Namen erwähnt; wahrscheinlich mit KÄRSTCHEN Michael, Besitzer der Apotheke von 1719-1724, identisch.
Über die anderen Apotheker ist weiter nichts zu berichten. In den oben angegebenen Jahren waren die Besitzer der Apotheke zur "KRONE" in Schäßburg.
Im Jahre 1820 erhält Apotheker WAGNER Joseph das Recht zur Wiederöffnung der Apotheke.

Demnach gegründet: 1820
Recht: Real
Z.L. 16675/1857

Besitzer: WAGNER Josef 1820-1846

	SCHUSTER Friedrich sen.	1846-1878
	SCHUSTER Friedrich jun.	1878-1908
	CAPESIUS Viktor Dr.	1908-1930
	CAPESIUS Alvyl	1930-1943
	CAPESIUS Viktor Dr.	1943-1947 (CASBI)
Pächter:	CAPESIUS Alwil Robert	1888-1889
	CAPESIUS Ernst	1889-1915
	OKONSKY Klemens	1915-1922
Leiter:	CAPESIUS Alwil Robert	1881-1888
	ERNST Fritz	1922-1926
	ZACHARIEDES Hermann	1926-1930

WAGNER Joseph: Diplomierter Apotheker, verlangt die Konzession zur Wiedereröffnung der 1766 gesperrten "KRONEN"-Apotheke.

SCHUSTER Friedrich: Geboren 16.07.1816 in Schäßburg. Erhält sein Diplom 1840 in Wien, praktiziert bei Apotheker SCHUSTER in Mediasch und bei Apotheker MISSELBACHER in Schäßburg in den Jahren 1841-1846 und ist Besitzer der Apotheke zur "KRONE" in Schäßburg in den Jahren 1846 1878.

CAPESIUS Alwil Robert: Geboren 08.02.1857 in Agnetheln. Diplom 1881 in Wien. Provisor der Kronen-Apotheke in Schäßburg, 1881-1888, und anschließend Pächter der Apotheke, 1888-1889.

CAPESIUS Ernst: Geboren in Großschenk. Diplomiert in Wien 1882, praktiziert in Fogarasch in der "Aesculap-Apotheke", 1882-1885, und in Wien 1885-1889. Pächter der "Kronen" Apotheke in Schäßburg, 1889-1915.

OKONSKY Klemens: Geboren 02.09.1871 in Hermannstadt. Diplom in Klausenburg 1895. Praktiziert in Hermannstadt 1895-1909. Leiter der Apotheke zum "Schwarzen Adler" in Leschkirch, 1909-1915. Anschließend pachtet er die Apotheke zur "Krone" in Schäßburg von 1915-1922.

ERNST Fritz: Leiter der "Kronen-Apotheke" in Schäßburg 1922-1926. Im Jahre 1926 kauft er die Apotheke "HYGEA" vom Apotheker Mureşan Alexandru in Schäßburg und besitzt sie bis 1949 (Enteignung).

Nachdem Apotheker Dr. CAPESIUS Viktor im Jahr 1943, als sein Bruder Alwil starb, sich in der Bundesrepublik (Krieg) befindet, wird die Apotheke von seiner Frau, Apothekerin Dr. Fritzi CAPESIUS, weiter geführt.
Die Apotheke wird im Jahr 1947 (1948) von CASBI enteignet.

In dieser Apotheke arbeitet Apotheker MOGA Octavian längere Jahre (um 1935). Nochmaliger Besitzer einer Apotheke in Schäßburg, die er neu eröffnet.

SCHÄSSBURG

Rum.: Șighișoara

Apotheke zum "ADLER"

Siebenbürgen:	Gegründet: 1755
Komitat: Groß-Kokeln	Recht: Real
Ort: Schäßburg	Z.L. 5016/1.3.1855
	Guvernat. Zahl
	9834/ 13707/ 1876

Besitzer:	MISSELBACHER Johann	1755-1813
	HENRICH Gottfried	1813-1846
	BERWERTH Friedrich	1846-1883
	FOLBERTH Friedrich Johann	1883-1899
	LINGNER Andreas Wolfgang	1899-1930
	Witwe von LINGNER Andreas W.	1930-
	LINGNER Helmuth	-1949
Pächter:	LINGNER Andreas Wolfgang	1893-1899
Leiter:	HENRICH Gottfried	1794-1813
	LINGNER Andreas Wolfgang	1889-1893
	LINGNER HELMUTH	1928-

In der Apotheke befanden sich viele alte Standgefäße, ein großer Mörser aus Bronze mit der Inschrift: "Johann Misselbacher Apothekarius 1793."

Einige alte Standgefäße wurden dem Schäßburger Stundturm-Museum übergeben. Nach der Enteignung der Apotheken (02.04.1949) kamen einige Standgefäße nach Klausenburg in das Apothekenmuseum, ein anderer Teil nach Kronstadt oder

Bukarest?.

Besitzer: MISSELBACHER Johann: Geboren 1726 in Schäßburg. Diplomierter Apotheker, erhält die Erlaubnis zur Eröffnung der Apotheke zum "Adler" in Schäßburg im Jahre 1755, deren Besitzer er bis zum Jahre 1813 ist. Wahrscheinlich ist er in den Jahren 1794-1798 gleichzeitig auch Besitzer der Apotheke zum "Löwen" in Schäßburg, (siehe dort). Die Apotheke zum "Löwen" überläßt er seinem Sohn Joh. Theophil MISSELBACHER und die "Adler-Apotheke" läßt er von Apotheker HENRICH Gottfried von 1794-1813 leiten, der sie dann kauft (1813).

HENRICH Gottfried: Diplomierter Apotheker, Provisor der Apotheke zum "Adler" in Schäßburg 1794-1798 oder sogar bis 1813. Anschließend Besitzer dieser Apotheke, 1813-1846.

BERWERTH Friedrich: Geboren 1820 in Schäßburg. Diplomiert in Wien 1841, praktiziert in den Jahren 1841-1846 bei Hornung in Kronstadt und Henrich in Schäßburg. Von 1846-1883 ist er Besitzer der "Adler" Apotheke in Schäßburg.

FOLBERTH Friedrich Johann: Geboren 17.11.1843 in Schäßburg. Erwirbt das Apotheker-Diplom 1865 in Wien, praktiziert 4 Jahre bei Hornung, Fabik und Kugler in Kronstadt (1865-1869), erhält die Konzession zur Eröffnung der "AESCULAP"-Apotheke in Marienburg (bei Kronstadt), die er von 1870-1882 leitet. Im Jahre 1883 wird er Besitzer der Apotheke zum "Adler" in Schäßburg bis zum Jahre 1899.

LINGNER Andreas Wolfgang: Geboren 24.10.1865 in Schäßburg,

gestorben 1930 in Schäßburg. Er erwirbt im Jahre 1888 sein Diplom in Wien. In den Jahren 1889-1892 ist er Leiter der "Adler"-Apotheke in Schäßburg, anschließend von 1892-1898 pachtet er diese Apotheke und kauft sie 1899. In seinem Besitz bleibt die Apotheke bis 1930.
Nachdem sein Sohn Andreas, der Jüngste von 3 Söhnen, im Jahr 1922 (1920 ?) auf tragische Weise ums Leben kam, mußte der älteste Sohn Helmuth, der Eisenhändler werden sollte, das Apotheker-Studium aufnehmen. Nach erlangtem Diplom leitete er die Apotheke bis zur Übernahme durch den Staat (Enteignung 1949).

LINGNER Helmuth: Geboren in Schäßburg. Gelernter Eisenhändler, wurde Apotheker, um die väterliche Apotheke übernehmen zu können. Besitzer der Apotheke 1930-1949. (Enteignung durch den Staat.) Wurde in eine Apotheke nach Reps versetzt. Er starb 1951.

SCHÄSSBURG

Rum.: Șighișoara

Apotheke zum "LÖWEN"

Siebenbürgen: Gegründet: 1720

Komitat: Groß-Kokeln Recht: Real

Ort: Schäßburg Z.L. 26077/856/8.1.1857

Besitzer:	Stadtapotheke	1720-1732
	(Leiter der Apotheke: STÜRZER Daniel sen.)	
	STÜRZER Daniel sen.	1732-1737
	STÜRZER Daniel jun.	1737-1794
	MISSELBACHER Johann	1794-1798
	MISSELBACHER Johann Theophil	1798-1844
	MISSELBACHER Carl	1844-1856
	HERBERT Carl	1856-1862
	KRAFT Karl Samuel	1862-1874
	WEBER Johann Heinrich	1875-1909
	SALMEN August	1909-1949
Pächter:	WEBER Johann Heinrich	1870-1875
	SALMEN August	1902-1909
Leiter:	STÜRZER Daniel sen.	1720-1732
	SALMEN Friedrich August	1938-1949

STÜRZER Daniel sen.: Geboren in Kronstadt. In den Jahren 1720-1732 ist er Leiter der Stadtapotheke in Schäßburg, die er 1732 kauft und sie als Apotheke zum "LÖWEN" bis 1737 besitzt.

<u>STÜRZER Daniel jun.:</u> Übernimmt die Apotheke von seinem Vater. Er ist Besitzer der Apotheke bis 1794, als er in Schäßburg stirbt.

<u>MISSELBACHER Johann:</u> Geboren 1726 in Schäßburg.
Er erhält die Konzession zur Eröffnung der Apotheke zum "Adler" in Schäßburg, die er von 1755-1813 besitzt.
In den Jahren 1794-1798 ist er auch Besitzer der Apotheke zum "Löwen" in Schäßburg, die er seinem Sohn Johann Theophil übergibt. Es wird angenommen, daß die Apotheke zum "Löwen" besser eingeführt, weil günstiger gelegen, dem Sohn vererbt wurde. Und die von Johann MISSELBACHER gegründete Apotheke zum "Adler" an Apotheker HENRICH Gottfried verpachtet bzw. von ihm geleitet worden ist. (1794-1813)

<u>MISSELBACHER Johann Theophil:</u> Geboren 1766 in Schäßburg. Diplomierter Apotheker, Besitzer der Apotheke zum "Löwen", 1798-1844, die er von seinem Vater ererbte.

<u>MISSELBACHER Carl:</u> Geboren 1815 in Schäßburg. Erwirbt sein Diplom in Wien 1839 und ist Besitzer der Apotheke zum "Löwen" in Schäßburg von 1844-1856.

<u>HERBERT Carl:</u> Geboren in Zuckmantel (Großkokler Komitat). Diplomierter Apotheker und Besitzer der Apotheke zum "Löwen" in Schäßburg,von 1856-1862.

<u>KRAFT Karl Samuel:</u> Geboren am 08.02.1839 in Schäßburg. Diplomiert in Wien 1861. Besitzer der Apotheke zum "Löwen" in Schäßburg, von 1862-1874 (1877). ?

<u>WEBER Johann Heinrich:</u> Geboren 12.07.1839 in Schäßburg,

gestorben 1909 ebendort. Diplomiert in Wien 1865, praktiziert in den Jahren 1865-1867 in Wien, anschließend ist er Leiter der Apotheke zum "Adler" in Mediasch von 1867-1870. Er pachtet die Apotheke zum "Löwen" in Schäßburg von 1870-1875 und wird nachher Besitzer der Apotheke von 1875-1909.

SALMEN August: Geboren 29.11.1869 in Schäßburg, gestorben 26.06.1956. Erwirbt das Apotheker-Diplom 1891 in Graz, praktiziert anschließend in Kroatien, Steiermark (Radkersburg) und dann in Kronstadt und Schäßburg in den Jahren 1891-1902. Im Jahre 1902 pachtet er die Apotheke bis 1909 und kauft sie anschließend. Sie bleibt in seinem Besitz bis 2.4.1949, dem Tag der Enteignung der Apotheke.

SALMEN Friedrich August: Geboren 05.03.1907 in Schäßburg. Praktiziert ein Jahr in Schäßburg und ein Jahr in Craiova in der "Venus" Apotheke des Heinrich LOY, 1925-1927. Diplomiert in Klausenburg 1930. Angestellt in der Apotheke zum "Löwen" in Schäßburg von 1930-1949, Enteignung der Apotheke. In den Jahren 1938-1949 Leiter der väterlichen Apotheke. Nach der Enteignung der Apotheken, Leiter der verstaatlichten Apotheke Nr. 2 in Schäßburg, dann Direktor der "CENTROFARM" des Großkokler Komitates (1950), anschließend Direktor adj. "CENTROFARM" in Hermannstadt und Leiter der Apotheke Nr. 20 in Hermannstadt, 1951 und 1952-1969.

In der Apotheke zum "LÖWEN" in Schäßburg waren noch folgende Personen tätig:

WAETH Josef: Elevat in den Jahren 1881-1882.

MELAS August: Praktizierte von 1889-1890.

ORKISZ Josef: Praktizierte von 1897-1901.

KINN Robert: Elevat von 1881-1882.

BINDER Daniel: Praktiziert von 1890-1895.

GUTT Michael: Elevat 1894-1897.

GRÄSER Michael: Praktiziert 1894-1908.

SCHASER Friedrich: Assistent.

BOTH Maria: Apothekerin.

FABRITIUS-KREMPELS Irmgard: Assistent (techn. Kraft)

WEBER Wilhelm: Praktikant.

SALMEN Kurt Richard: Geboren in Schäßburg 08.02.1914. Diplom in Bukarest, praktiziert in der Apotheke zum "Löwen" in Schäßburg und in Apotheken in Elisabethstadt, Heltau, Comarnic. 1940 in Österreich - Leiter der "Fürstlich-Erzbischöflichen Hofapotheke"in Salzburg. Pachtet und erwirbt später die "Engel" Apotheke in Salzburg.

SALMEN Regine Hermine: Technische Hilfskraft, 1938-1949.

SCHÄSSBURG: "APOTHEKE ZUM LÖWEN"

Lehrjahre eines Apotheker-Praktikums

Apotheker August SALMEN (1869-1956) aus Schäßburg, von 1909-1949 Besitzer der Apotheke zum "Löwen" in Schäßburg, Marktplatz Nr. 45, berichtet über den Lehrgang des Apotheken-Praktikanten zur Zeit der Jahrhundertwende (um 1885):

„Um als Praktikant die Apothekerlaufbahn beginnen zu können, mußte man bis zum Jahre 1884, 4 Gymnasialklassen absolviert haben und Latein und Griechisch im Zeugnis nachweisen. Latein wurde schon in der Prima (1. Gymn. Klasse), Griechisch in der Tertia (3. Gym.Kl.) unterrichtet.

Vom Jahr 1884 an wurde der Abschluß der Sexta (6. Gymn. Klasse) verlangt.

Die Lehrzeit des Praktikanten betrug 3 Jahre, und anschließend wurde noch 1 Jahr, das sogenannte Dankjahr, in der Apotheke geleistet, mit einem kleinen Gehalt, ein besseres Taschengeld.

Für Absolventen des Gymnasiums (8Klassen) -Maturanten- betrug die Lehrzeit des Praktikanten nur 2 Jahre.

Öffnungszeiten: Im Winter wurde die Apotheke um 7 Uhr, im Sommer um 6 Uhr aufgesperrt und war am Abend immer bis 22 Uhr geöffnet. Nachtdienst wurde in jeder Apotheke gehalten.

Der Praktikant mußte immer im Dienst sein. Jeden 2ten Sonntag hatte er von 8 Uhr vormittags bis 12 Uhr und nachmittags von 14 bis 19 Uhr Ausgang. Die Assistenten

hatten noch einen Nachmittag in der Woche frei.
Praktikant und Assistenten hatten die Kost im Hause des Chefs.

<u>Das Praktikum:</u> Der Praktikant mußte die Apotheke rein halten; jeden Morgen den Staub von den Standgefäßen, Stellagen, Waagen usw. wischen, die Petroleumlampen reinigen.

Das Auskehren der Apotheke und das Geschirrspülen besorgte der Laborant (Laufbursche).

Im ersten Jahr lernte man, sich mit den verschiedenen Arbeiten vertraut zu machen. Übersetzungen aus dem Lateinischen in das Deutsche wurde geübt. (Die Pharmacopoee war in lateinischer Sprache geschrieben.) Es wurde der Handverkauf erlernt. Das Einpacken der verschiedenen selbsterzeugten Präparate mußte erlernt werden, und man begann zu laborieren.

Mit der Rezeptur durfte erst im zweiten Jahr angefangen werden, und dieses nur unter Aufsicht eines Assistenten oder Apothekers. Gearbeitet wurde in der Apotheke sehr viel, da auch Sachen gemacht wurden, die mit der Apotheke eigentlich wenig zu tun hatten, z.B. Schuhwichse, Pfeffer stoßen, Zimt und Zucker stoßen, waren Praktikantenarbeit, Gläser waschen, Rechnungen austragen, Besorgungen machen und auch mit den Kindern des Apothekers spazieren gehen, unter dem Namen: botanisieren, denn jeder Praktikant mußte ein Herbarium anlegen und am Ende seiner Lehrzeit vorweisen können. Wollte man auf eine Unterhaltung gehen oder ein Konzert, ein Theater besuchen, so mußte man schön um Erlaubnis bitten.

Die theoretische Ausbildung bestand im ersten Jahr aus Botanik und Physik, im zweiten Jahr lernte man Chemie und Pharmakognosie, und im dritten Jahr Rezeptur und praktische Arbeiten.
Das Herbarium und mehrere chemische Arbeiten wurden dem Gremium eingereicht, klassifiziert und bei gutem Erfolg auch prämiert.
Nach Ablauf der drei praktischen Jahre mußte man sich einer Prüfung aus allen Gegenständen, die im Laufe der drei Jahre durchgenommen worden waren, unterziehen. Prüfer waren die Apotheker aus der Stadt, unter dem Vorsitz des Comitats-Physicus. Die Prüfung dauerte zwei Stunden und wurde klassifiziert. Nach bestandener Prüfung wurde man undiplomierter Assistent und hatte noch das schon erwähnte Dankjahr - mit einem kleinen Gehalt- abzustatten. Bevor man zur Universität ging, kondizionierte man noch ein Jahr in einer anderen Stadtapotheke, um etwas dazu zu lernen.
Der Militärpflichtige konnte auch mit einem Konditionsjahr die Universität besuchen, doch benötigte er dazu die Einwilligung des Ministeriums.
Das Universitätsstudium dauerte zwei Jahre.
Nach Ablegung verschiedener Prüfungen wurde man Magister Pharmaciae und diente dann das einjährige Jahr in einer Garnisions-Apotheke ab."

SCHÄSSBURG

Rum.: Şighişoara

Apotheke "HYGEA"

Siebenbürgen:	Gegründet: 1925
Komitat: Groß-Kokeln	Recht: Personal
Ort: Schäßburg	
Besitzer: MUREŞANU Alexandru	1925-1926
ERNST Friedrich	1926-1949

In Schäßburg existierten noch zwei Apotheken:(öffentliche)

Apotheke des MARTIN Alexander, gegründet um 1932 ?

Apotheke des MOGA Octavian, gegründet um 1946.

Mitbeteiligt war hier Apotheker MAURER Arthur, Besitzer der Apotheke in Leschkirch.

Außerdem gab es die APOTHEKE der KRANKENKASSE und die SPITALSAPOTHEKE.

Literatur:

Diese Daten wurden nach Angaben von Apotheker J.F. ROTH erstellt.

1. Karteiblätter-Matrikel (Anyakönyv) des ungarischen pharmazeutischen Kollegiums, Kreis Nr. 21, Südungarn.

2. Staatsarchiv Hermannstadt: Vereinzelte medizinische Informationen aus dem 15. und 19. Jahrhundert.

3. Gesammelte Daten aus Archiven verschiedener Apotheken.

4. MÜLLER Friedrich: Geschichte der siebenbürgischen Hospitäler bis zum Jahre 1625; veröffentlicht im "Programm des evangelischen Gmynasiums in Schäßburg und der damit verbundenen Lehranstalten zum Schluß des Schuljahres 1855-1856."
5. Aus dem Schäßburger Museum und seinen Archiven.
6. Prof. Dr. ORIENT Julius: Aus pharmazeutischer Vergangenheit Siebenbürgens und des Banates. Caransebes-Cluj 1928.
7. PISSEL Carl: Daten der Apotheker des Hermannstädter Komitates (Manuscript im Bruckenthal-Museum).
8. Informationen, erhalten von Apothekerkollegen und deren Familien.
9. Fragebogen und persönliche Erinnerungen. F.A. SALMEN.

DEUTSCHE APOTHEKER IM KREIS SCHÄSSBURG

A = Angestellter

P = Pächter

B = Besitzer

L = Leiter

AESCHT Adolf: Keresztur

Apotheke zum "SZEKLER WAPPEN", B 1867-1875.

BERTRAMUS Andreas: Schäßburg

Berühmter Apotheker um das Jahr 1663.

BERWERTH Friedrich: Schäßburg

Apotheke zum "ADLER", B 1846-1883.

BINDER Daniel: Schäßburg

Apotheke zum "LÖWEN", A 1890-1895.

BINDER Martin: Keresztur

Apotheke zum "SZEKLER WAPPEN", B 1833-1859.

BÖCKEL Samuel: Hamruden

Apotheke, B 1905-

CAPESIUS Alvil: Schäßburg

Apotheke zur "KRONE", B 1930-1943.

CAPESIUS Alvil Robert: Schäßburg

Apotheke zur "KRONE", P 1888-1889.

CAPESIUS Ernst: Schäßburg

Apotheke zur "KRONE", P 1889 1915.

CAPESIUS Friedrike Dr.: Schäßburg

Apotheke zur "KRONE", L 1943-1947.

CAPESIUS Viktor Dr. -Arzt-: Schäßburg

Apotheke zur "KRONE", B 1908-1930.

CAPESIUS Viktor Dr.: Schäßburg

Apotheke zur "KRONE", B 1943-1947.

CZINK: Reps

Apotheke zum "GOLDENEN ADLER", B um 1900.

ERNST Friedrich: Schäßburg

Apotheke "HYGEA", B 1926-1949.

FEHDENFELD FETTER VON Julius: Reps

Apotheke zum "GOLDENEN ADLER", B 1934-1949.

FIGULI Martin: Reps

Apotheke zum "GOLDENEN ADLER", B 1775-

FOLBERTH Friedrich Johann: Marienburg u. Schäßburg

Marienburg: Apotheke "AESCULAP", B 1870-1882.

Schäßburg: Apotheke zum "ADLER",B 1883-1899.

GRÄSER Michael:

Schäßburg: Apotheke zum "LÖWEN", prakt. 1886-1889.

Fogarasch: Apotheke "HYGEA", B 1894-1908.

GUTT Michael: Schäßburg

Apotheke zum "LÖWEN", prakt. 1894-1897.

HEDRICH Rudolf:

Kaisd: Eröffnet die Apotheke 1884

Mediasch: Apotheke zur "KRONE", L 1913-1923.

HENNING Gustav: Oderhellen

Apotheke zum "GRAFEN MIKO IMRE", L.

HENRICH Gottfried: Schäßburg

Apotheke zum "ADLER", B 1813-1846.

HERBERT Carl: Schäßburg

Apotheke zum "LÖWEN", B 1856-1862.

HERMANN Johann: Keresztur

Apotheke zum "SZEKLER WAPPEN", B 1859-1867.

HETZELDORFER Georg: Schäßburg
Apotheke zur "KRONE", B 1705-1719.

JÄGER Josef Friedrich: Keresztur
Apotheke, P 1874-1878, nachher B 1878.

JEKELI Rudolf: Praid
Apotheke "HYGEA", P bis 1907.

JIKELI Josef: Oderhellen
Apotheke zum "LÖWEN", B 1848-1852.

KANNENBERG Jakob Georg: Schäßburg
Apotheke zur "KRONE", B bis 1705.

KÄRSTCHEN Michael: Schäßburg
Apotheke zur "KRONE", B 1719-1724.

KAUTZ Johann: Oderhellen
Apotheke zum "LÖWEN", B 1852-1854 (1859).

KINN Robert: Schäßburg
Apotheke zum "LÖWEN", Elevat 1889-1892.

KONCZ VON NAGYSOLYMOS Andreas Johann: Oderhellen
Apotheke zum "LÖWEN", B 1835-1891

KONCZ Armin: Oderhellen
Apotheke zum "LÖWEN", B 1891-1910.

KRAFFT Carl Samuel: Schäßburg
Apotheke zum "LÖWEN", B 1862-1874 (1877).

LEHMANN Viktor: Praid
Apotheke "HYGEA", L Ende 19. Jahrhundert.

LINGNER Andreas Wolfgang: Schäßburg
Apotheke zum "ADLER", B 1899-1930.

LINGNER Helmuth: Schäßburg
Apotheke zum "ADLER", B 1932-1949.

LENGYEL Samu: Keresztur

Eröffnet die Apotheke, B 1894.

MEDERUS Ludwig:

Reps: Apotheke zur "KRONE", B 1902-1937.

Rasinar: Apotheke "SALVATOR", P 1897-1898,

B 1898-1902.

MEDERUS Walter: Reps

Apotheke zur "KRONE", B 1937-1949.

MELAS August: Schäßburg

Apotheke zum "LÖWEN", prakt. 1889-1890.

MELAS Eduard Johann: Reps

Apotheke zum "GOLDENEN ADLER", B 1883-1898.

MELAS Elias: Reps

Apotheke zum "ADLER", L 1859-

MELAS Victor Eduard: Reps

Apotheke zum "GOLDENEN ADLER", P 1892

MISSELBACHER Carl: Schäßburg

Apotheke zum "LÖWEN", B 1844-1856.

MISSELBACHER Johann: Schäßburg

Apotheke zum "ADLER", B 1755-1813,

Apotheke zum "LÖWEN", B 1794-1798.

MISSELBACHER Johann Theophil: Schäßburg

Apotheke zum "LÖWEN", B 1798-1844.

NAGELSCHMIDT Samuel sen: Reps

Apotheke zum "ADLER", B 1807

NAGELSCHMIDT Samuel jun.: Reps

Apotheke zum "ADLER", B bis 1883.

OKONSKY Klemens: Schäßburg

Apotheke zur "KRONE", P 1915-1922.

<u>ORKISZ</u> Josef: Schäßburg

Apotheke zum "LÖWEN", prakt. 1897-1901.

<u>OSVATH</u> Karl: Praid

Apotheke "HYGEA", L Ende des 19. Jahrhundert.

<u>PAULINI</u> Johann: Reps

Apotheke zum "ADLER", L 1884-1897.

<u>SALMEN</u> August: Schäßburg

Apotheke zum "LÖWEN", P 1902-1909, B 1909-1949.

<u>SALMEN</u> Friedrich August: Schäßburg

Apotheke zum "LÖWEN", L 1938-1949.

<u>SALMEN</u> Kurt Richard:

Schäßburg: Apotheke zum "LÖWEN", prakt. und A 1933-1936.

Salzburg (Österreich): "ENGEL-APOTHEKE", B 1970 ?

<u>SCHUSTER</u> Friedrich sen.: Schäßburg

Apotheke zur "KRONE", B 1846-1878.

<u>SCHUSTER</u> Friedrich jun.: Schäßburg

Apotheke zur "KRONE", B 1878-1908.

<u>SILBERNAGEL</u> Emil: Kaisd

Apotheke zum "GOLDENEN SCHMETTERLING", B 1909-

<u>SOLYMOSSY</u> Janos sen.: Oderhellen

Apotheke zum "GRAFEN MICO IMRE", B 1861-

<u>SOLYMOSSY</u> Janos jun.: Oderhellen

Apotheke zum "GRAFEN MIKO IMRE", B bis 1905.

<u>STÜRZER</u> Daniel sen.: Schäßburg

Apotheke zum "LÖWEN", B 1732-1737.

Stadtapotheke, L 1720-1732

<u>STÜRZER</u> Daniel jun.: Schäßburg

Apotheke zum "LÖWEN", B 1737-1794.

VAAS Albert: Hamruden

Pächter der Apotheke, 1905, nachher Besitzer der Apotheke in Ocland.

WAGNER Josef: Schäßburg

Apotheke zur "KRONE", B 1820-1846.

WAETH Josef: Schäßburg

Apotheke zum "LÖWEN", Elevat 1881-1882.

WEBER Andreas sen.: Praid

Apotheke "HYGEA", Eröffnet die Apotheke 1876,

Tirnaveni: Apotheke zum "LÖWEN", B 1859-1867.

WEBER Andreas jun.: Praid

Apotheke "HYGEA", B Ende 19. Jahrhundert.

WEBER Daniel: Schäßburg

Apotheke zur "KRONE", B 1742-1766.

WEBER Ernst: Reps

Apotheke zum "ADLER", L 1914-

Eröffnet die "SALVATOR" Apotheke in Törzburg, 1904-1914.

WEBER Johann Heinrich: Schäßburg

Apotheke zum "LÖWEN", B 1875-1909.

WEISSKIRCHER Michael: Schäßburg

Apotheke zur "KRONE", B 1724-1742.

WOLFF Ernst: Reps

Apotheke zur "KRONE", eröffnet B 1876-1902.

ZACHARIEDES Hermann: Schäßburg

Apotheke zur "KRONE", L 1926-1930.

ZAPPE Albert: Hamruden

Eröffnet die Apotheke, B 1889-1905

ZIEGLER Heinrich: Oderhellen

Apotheke zum "GRAFEN MIKO IMRE", B -1949.

DIE DEUTSCHEN APOTHEKEN DES KREISES BURZENLAND

von

Johann Bordon, Apotheker

Pforzheim

Dazu zählen folgende Apotheken:

Brenndorf, Heldsdorf, Kronstadt, Langendorf, Marienburg, Neustadt, Rosenau, Schirkanyen, Tartlau, Tatrangen, Törzburg, Zeiden, Zerrendorf.

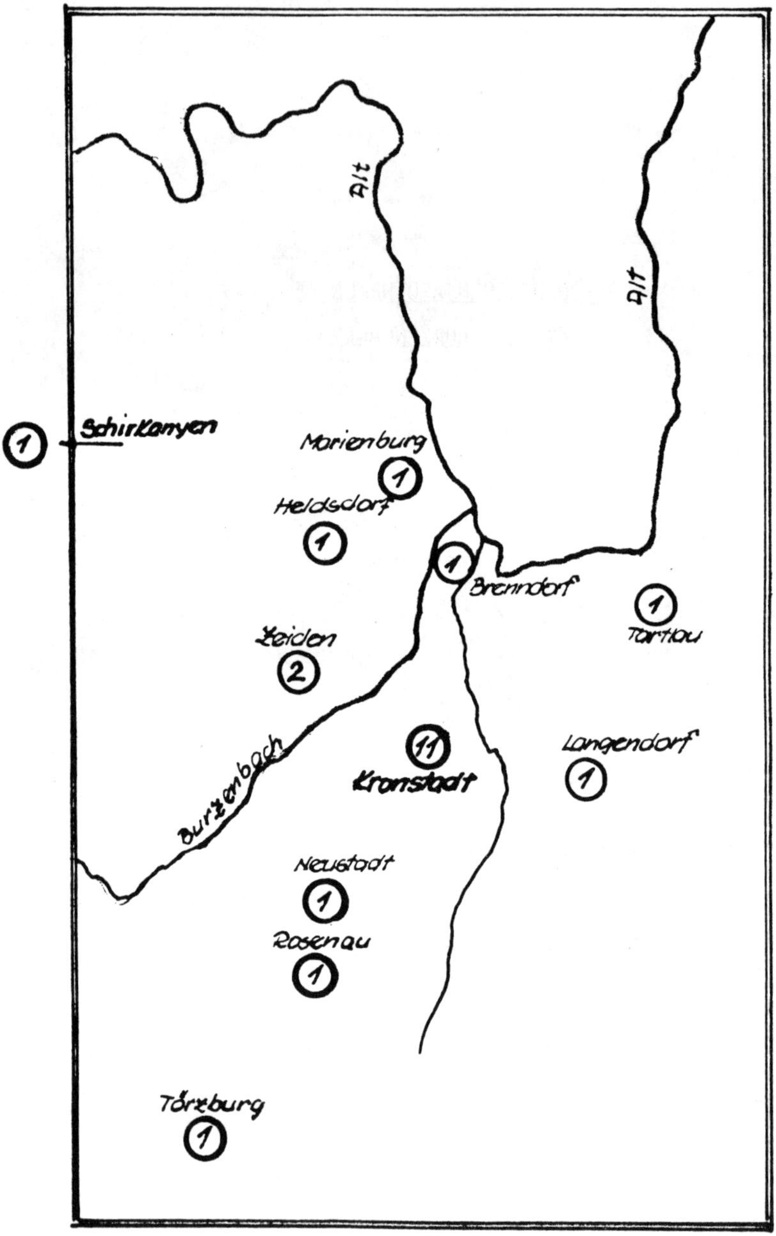

Deutsche Apotheken im Kreis Burzenland

BRENNDORF

Rum.: Bod

Apotheke "ZUM GRÜNEN KREUZ"

Die Apotheke "ZUM GRÜNEN KREUZ" wurde im Jahre 1908 auf Grund des Min.-Erl. Nr. 44159, VII b 1.05.1908 vom Apotheker HENNING Karl, mit der Begründung, daß die Großgemeinde eine eigene Apotheke brauche, gegründet.

Siebenbürgen:	Gegründet: 1908
Komitat: Kronstadt	Recht: Personal
Ort: Brenndorf	Zl.Nr. 44159, VII b 1.05.1908
Besitzer: HENNING Karl	1908-1920
KURMES Peter	1920-1952

HENNING Karl, geboren in Schässburg am 14.01.1867 als Sohn eines Kupferschmiedes. Praktikant in seiner Vaterstadt bei Schuster sen. von 1883-1886, machte dann dort auch die Tirocinalprüfung. Hierauf in Kondition in Schässburg, Marienburg, Wiener-Neustadt 1892, Hunyad-Boicza, Hermannstadt, Graz in den Jahren 1886-1899. In den Zwischenzeiten seiner Kondition studierte er in Graz, wo er dann im Juli 1899 diplomiert wurde. Dann war er bis 1908 wieder an verschiedenen Orten Assistent, so in Mediasch bei J. OBERTH, in Bistritz, Kronstadt bei V. ROTH, dann in Reps, hierauf wieder in Kronstadt, zuerst bei STENNER, endlich bei JEKELIUS. Am 1.05.1908 erlangte er unter Nr. 44159, VII. b. die Konzession zur Errichtung einer Apotheke in Brenndorf, die er unter dem Namen "ZUM GRÜNEN KREUZ" am 15.07.1908

eröffnete.
Der 2. Besitzer der Apotheke ist KURMES Peter von 1920 bis 1952 (Datum der Verstaatlichung). Brenndorf, wie im allgemeinen alle Gemeinden des Burzenlandes, waren wirtschaftlich so entwickelt, daß sie sich eines gewissen Wohlstandes erfreuten. Es wurde Landwirtschaft und Viehzucht intensiv betrieben. Es waren bald in allen Gemeinden Ansätze von Industrieunternehmen, so bei Brenndorf die Zuckerfabrik. Und so auch innerhalb jedes Hauses ein Ansatz eines Betriebes, bei den Bauern die Schweinemast, bei Apotheker KURMES Peter als Hobbyarbeit die Teppichknüpferei.
Nach der Verstaatlichung der Apotheke trat auch bei Apotheker KURMES Peter ein jähes Lebensende ein.
Apotheker Friedrich SCHASER wird als Leiter der Staatsapotheke in Brenndorf eingesetzt, der ehemalige Besitzer der Apotheke in Rosenau. Er war 4 Jahre in der Sowjetunion deportiert und fand nun seinen Arbeitsplatz in der Apotheke in Brenndorf bis zu seiner Pensionierung.

Literatur:
F.J. ROTH: "II Fragmente zu der Geschichte der einzelnen Apotheken."
Dr. Ed. GUSBETH: "Das Sanitätspersonal in und aus dem Kronstädter Komitat in den Jahren 1901-1910."
Johann BORDON: Aus gemeinsamen Erlebnissen.
Rolf SCHASER: Biographische Daten über den Bruder SCHASER Friedrich.

HELDSDORF

Rum.: Hălchui

Apotheke "ZUR HELDENBURG"

Siebenbürgen:		Gegründet: 1893
Komitat: Kronstadt		Recht: Personal
Ort: Heldsdorf		
Besitzer:	ROTH Michael Friedrich	1893-1913
	ROTH Michael jun.	1913-1952
Provisor:	EICHHORN Albert sen.	1893-1894
Pächter:	UNBERATH Wilhelm	1894-1897
	SCHEINER August	1897-1901

Die Apotheke "ZUR HELDENBURG" wurde im Jahre 1893 vom Apotheker ROTH Michael Friedrich gegründet. Heldsdorf war eine Großgemeinde und benötigte eine Apotheke. Der Name "ZUR HOFFNUNG" wurde geändert in den "ZUR HELDENBURG".

ROTH Michael Friedrich aus Schässburg, geboren am 27.09.1852, hatte 1893 in Heldsdorf die Apotheke unter dem Namen "ZUR HOFFNUNG" errichtet, legte ihr aber später den "ZUR HELDENBURG" bei; übergab sie aber sofort dem Albert EICH-HORN sen. als Provisor, dann 1894 in Pacht an Wilhelm UNBERATH, der sie bis Ende 1897 behielt. Hierauf nahm sic August SCHEINER in Pacht, bis 1901. Von dieser Zeit an leitete wieder ROTH seine Apotheke.

Albert EICHHORN sen. aus Bistritz, geboren am 28.11.1865, war Provisor der Roth`schen Apotheke in Heldsdorf von 1893-1894. Darauf trat er in Kronstadt bei HORNUNG in

Kondition, wo er bis 1902 blieb.

UNBERATH Wilhelm, geboren am 8.02.1852 in Schässburg, Pächter der Heldsdorfer Apotheke vom Juni 1894 bis Juni 1897. Trat darauf in Hermannstadt in die Apotheke des Dr. K. MÜLLER als Assistent ein, wo er bis November des nächsten Jahres blieb. Inzwischen hatte er die Apotheke in Hunjad-Dobna erworben, die er am 23.11.1898 übernahm.

SCHEINER August, geboren am 27.11.1871 in Schaal (Groß-kokler Komitat), Pächter der Heldsdörfer Apotheke von 1897-1901, hatte dann von Mitte April 1902 bis Ende Juni 1906 die Tartlauer Apotheke in Pacht. Schon am nächsten Tage trat er durch Kauf in den Besitz der 1857 gegründeten Apotheke in Marktschelken, die er bis 1931 behielt.

ROTH Michael jun., Sohn des Michael Friedrich, war Besitzer der Apotheke von 1913-1952 (Jahr der Verstaatlichung). Er arbeitet als Leiter der Staatsapotheke in Freck (Avrig) mehrere Jahre bis zu seiner Pensionierung.

ROTH Karl-Heinz ist der Sohn des ROTH Michael, des letzten Besitzers der Heldsdörfer Apotheke, welche nach der Verstaatlichung in Funktion blieb. Er macht das Abitur 1932 an der Bruckenthal-Schule in Hermannstadt. 1932-1934 macht er das Praktikum in der Löwen-Apotheke in Kronstadt, Besitzer war der Onkel, Apotheker Hans SCHNEIDER. 1934-1938 studiert er an der pharmazeutischen Fakultät in Bukarest. Im Dezember 1938 macht er das Staatsexamen und im Februar 1939 die Libera practica. Ab Februar 1939-1943 arbeitet er als Dipl. Apotheker in der "BÄREN-APOTHEKE" in Kronstadt, Pächter der Apotheke Andreas GRÄSER, Besitzer Roth`s-Erben. Ab Herbst 1943 bis September 1947 war er beim deutschen Heer und in amerikanischer Gefangenschaft. Ab Januar 1948 bis Juli 1958 arbeitete er in der "LÖWEN-APOTHEKE" in Diepholz, dann bis April 1959 in der "HEIDE-APOTHEKE" Walsrode, und ab 23. April 1959 bis zum 31.12.1982 hatte er seine eigene "RATS-APOTHEKE" in Diepholz, die er am 1.1.1983 an seinen Sohn Thomas verpachtet hatte.

Literatur:
F.J. ROTH: "II. Fragmente zu der Geschichte der einzelnen Apotheken."
Dr. Ed. GUSBETH: "Das Sanitätspersonal in und aus dem Kronstädter Komitate in den Jahren von 1901-1910."
Dr. Ed. GUSBETH: "Zur Geschichte der Sanitäts-Verhältnisse in Kronstadt."
Karl-Heinz ROTH: Fragebogen

KRONSTADT

Rum.: Brașov

Apotheke "ZUM GOLDENEN PELIKAN" 1690-1890
"BÄREN-APOTHEKE" 1890-April 1949

Siebenbürgen: Gegründet: 1690
Komitat: Kronstadt Recht: Real
Ort: Kronstadt

Besitzer:	SEULER Traugott Johann	1690-1741
	DRESNAND geb. in Reps	1741-
	VON REVISNYA Matheides Daniel sen.	-1812
	SCHMIDT Adam	1812-1816
	VON REVISNYA M.D. sen. u. jun.	1816-1819
	VON ROLL Samuel	1819-1839
	CZEKELY Andreas	1839-1848
	Witwe des CZEKELY Andreas	1848-1854
	CZÉKELY Eduard	1854-1857
	Witwe des CZEKELY Andreas	1857-1868
	SZAVA Gregor	1868-1870
	ZELL Carl	1870-1876
	GOOß Johann	1876-1890
	ROTH Viktor, der der Apotheke "ZUM GOLDENEN PELIKAN" den Namen "BÄREN-APOTHEKE" beilegte.	1890-1911
	SCHMIDT Karl	1911-1925
	SCHMIDT Karl Erben	1925-

Pächter:	PLECKER Adolf & GREISING Viktor	1852-1854
	FABIK Eduard	1857-1867
	ZIKELI Carl	1867-1868
Leiter:	KLEBER Josef	1848-1852
	GRÄSER Andreas	1925-

Dr. Eduard Gusbeth berichtet, was Thomas Tartler über die Errichtung der Seuler'schen Apotheke schreibt:
"Die Seuler'sche Apotheke ist zuerst nach der großen Feuersbrunst angelegt worden, von dem Tit. Herrn Dr. Lukas SEULER, denn durch die Brunst die Stadtapotheke, die allein in Kronstadt war, zu Grunde gegangen, hat der Herr SEULER bald nach seiner Retour aus Deutschland solche angeleget und einen Mediascher Purschen namens Michael Binder in dieser Kunst instruiret, damit er seine Offizin versehen solle. Der aber auch nach Deutschland gereiset und Medicinae Licentiatus worden und in Mediasch hernach practiciret. Anno 1741 hat Tit. Herr J. SEULER diese Offizin nach Bukarest geschicket mit dem Faktor Martin Schässburger."
Nun ist aber bekannt, daß Dr. Lukas SEULER Ende 1689 zum Doctor der Medicin promoviert wurde und 1692 hier schon Stadtphysicus war. Die Errichtung dieser Apotheke dürfte also in das Jahr 1690 oder 1691 fallen. Trausch gibt als ersten Besitzer dieser Apotheke mit dem Schilde "ZUM GOLDENEN PELIKAN" an: 1.) Dr. Joh. Traug. SEULER. Wenn dieser im Jahr 1741 nach Th. Tartler eine "Offizin" nach Bukarest geschickt hat, so war das jedenfalls nur eine

Filiale. Nach Trausch besaßen diese Apotheke noch:
2.) DRESNAND, geboren in Reps.
3.) Als dritter Besitzer erscheint Daniel Mathaeides VON REVISNYA bis 1812 sen.; er war am 3. Januar 1758 in Eperies, in Ofen am 13. August 1779 zum Magister pharm. ernannt. Er war der Besitzer der Apotheke bis 1812, verkaufte sie dann, um sie jedoch in Gemeinschaft mit seinem Sohn 1816 wieder anzukaufen. Schon 3 Jahre später verkaufte er sie abermals. Er starb 1828.
4.) Als 4. Besitzer erscheint SCHMIDT Adam Michael von 1812 bis 1816. Er war am 24. März 1785 in Mediasch geboren. Nach beendetem Tirocinium conditionierte er im Steinamanger und Tyrnau; wurde in Wien 1807 diplomiert. Im Jahre 1809 machte er den Feldzug als Feldapotheker mit, und kam dann nach Kronstadt. Hier conditionierte er bei Mathaeides, heiratete dessen Tochter und kaufte 1812 die Apotheke von seinem Schwiegervater; verkaufte sie jedoch schon am 1. Januar 1816 wieder an denselben und an seinen Schwager Daniel Mathaeides VON REVISNYA.
Er übersiedelte hierauf nach Klausenburg und errichtete daselbst eine neue Apotheke; jedoch verkaufte er auch diese im Jahre 1840 an Gabriel WOLF und zog dann nach Hermannstadt, wo er bis zu seinem Tode als Privatier lebte; er starb am 26. Juni 1844.
5.) Als 5. Besitzer von 1816-1819 waren Vater und Sohn Mathaeides VON REVISNYA Daniel sen. und jun. Sie kauften die Apotheke am 1. Januar 1816 für 16.000 fl. (Grundbuch 1816, pagma 18305).

6.) Der 6. Besitzer von 1819-1839 war Samuel VON ROLL. Er war in Zeben in Ungarn geboren. Am 25. August 1814 wurde er diplomiert und war dann in Munkacs in der Göllner`schen Apotheke ein halbes Jahr Provisor; kam später nach Kronstadt und gelangte durch Heiraten der Zelch`schen Witwe im Jahre 1818 in Besitz der Apotheke "ZUR GOLDENEN KRONE", welche er jedoch im nächsten Jahre am 20. Januar verkaufte. Schon am 1. Februar 1819 kaufte er aber die Apotheke "ZUM GOLDENEN PELIKAN" und übernimmt sie am 24. März 1819 (Documentum pag. 762) für 15.000 fl. und blieb nun 20 Jahre in ihrem Besitz. Am 16. März 1824 erhielt er mittels Gub. Decret Z. 2171: 1829 eine Belobigung wegen des musterhaften Zustandes, in dem seine Apotheke sich bei der Visitation befunden wurde. Am 18. November 1839 tauschte er seine Apotheke gegen die des Andreas CZÉKELY in Szent Gjörgi um und blieb nun bis zu seinem Tode in ihrem Besitz.

7.) Als 7. Besitzer folgt nun 1839-1848 Andreas CZÉKELY, Sohn des Riemers Andreas CZÉKELY. Conditionierte in Kronstadt, Bukarest, Jassy und studierte dann in Wien, wo er 1823 diplomiert wurde. Trat hierauf in Hermannstadt bei Sigerus als Provisor ein. Im Jahre 1826 pachtete er in Agnetheln die Kaufmann`sche Apotheke. Er starb als Besitzer der Sam. v. Roll`schen Apotheke in Kronstadt, am 16. August 1848.

8.) Als 8. Besitzer der Apotheke "ZUM GOLDENEN PEKIKAN" in Kronstadt folgt die Witwe des CZÉKELY Andreas von 1848 - 1854.

9.) Als 9. Besitzer CZÉKELY Eduard von 1854-1857. Er ist der Sohn des CZÉKELY Andreas in Sz. Gjörgi am 14. Sept. 1832 geboren, diplomiert in Wien im Jahre 1854. Nach einer

Reise durch die Schweiz, Italien, Tyrol kehrte er heim und übernahm in demselben Jahre seine Apotheke; im Jahre 1857 gab er sie an Fabik in Pacht. Er selbst reiste mit einem Nebelbilderapparatbesitzer in Compagnie durch Siebenbürgen, die Bukovina, Galizien und einem großen Teil Russlands. Von seinem Gefährten verlassen und betrogen, kam er in große Verlegenheit und half sich in Kasan als Pyrotechniker, in Nischni-Novgorod als Besitzer eines Panoramas und Wachsfigurenkabinets. In dieser Stellung reiste er längere Zeit herum, bis er endlich 1861 im Juli über Petersburg und Hamburg in Wien eintraf. Hier trat er in der Josefstädter Apotheke in Condition, wurde bald Provisor und blieb dort bis 1870. Dann trat er aus und beteiligte sich bei Bauspekulationen. Im Jahre 1873 übernahm er in Neulerchenfeld bei Wien ein Kaffeehaus. Nach manchen unliebsamen Erfahrungen aber kehrte er im Jahre 1875 wieder zur Pharmazie zurück, conditionierte dann in der "Leopoldstadt" und auf der "Landstrass" in Wien bis 1880, in welchem Jahre er bei der N. Öst. Statthalterei eine Anstellung als "Medikamenten-Conto-Revident" erhielt. Seine Apotheke "ZUM GOLDENEN PELIKAN" verkaufte er im Jahre 1868 an Gregor SZAVA.

10.) Als 10. Besitzer fungiert die Witwe des CZÉKELY Andreas von 1857-1868.

11.) SZAVA Gregor ist der 11. Besitzer vom Jahre 1868-1870, diplomiert am 4. Juli 1858 in Pest. In Condition in Botoscham (Botosam) und Jassy (Jasi) von 1859 bis 1861; dann in Gy. Sz. Miklos bis 1868, kaufte hierauf im April dieses Jahres in Kronstadt die Apotheke "ZUM GOLDENEN

PELIKAN", übernahm sie jedoch erst im Jahre 1869. Verkaufte dieselbe schon im nächsten Jahre an Carl G. ZELL. Nach 1877 beschäftigte er sich in Kronstadt in anderen Geschäftszweigen.

12.) Der 12. Besitzer war ZELL Carl Gustav von 1870-1876, ein Bruder des Dr. Heinrich ZELL. Er diplomiert im Juli 1867 in Wien, dann daselbst ein Jahr Assistent bei Strubeker, hierauf bei Eitel in Bukarest im Jahre 1869. Kam darauf nach Kronstadt, kaufte hier die Apotheke "ZUM GOLDENEN PELIKAN" im Jahre 1870, verkaufte sie aber im Jahre 1876. Seitdem in der Spiritusfabrik seines Vaters beschäftigt.

13.) Als 13. Besitzer erscheint GOOß Johann. Er war von 1876 bis 1890 Besitzer der Apotheke "ZUM GOLDENEN PELIKAN" in Kronstadt, trat dann in städtischen Dienst und wurde nach einigen Jahren Spitalskontrolleur, in welcher Stellung er am 10. Juni 1903 starb.

14.) Als 14. Besitzer von 1890 bis 1911 der Apotheke erscheint ROTH Victor, Sohn des Schneidermeisters Michael ROTH. Er diplomiert in Wien 1879, war darauf Assistent in Buzău bei Weber, dann in Bukarest bei Kessler, seit 1881 bei Friedrich Bruss. Der Apotheker-Prüfung in Bukarest unterzog er sich im Jahre 1881, der sogenannten "Dirigenten-Prüfung", die nur in letzterer Zeit eingeführt wurde, im Jahr 1883. Bald nach der Übernahme der Apotheke "ZUM GOLDENEN PELIKAN" 1890 legte V. ROTH der Apotheke den Namen "BÄREN-APOTHEKE" bei. Von ihm sind folgende Artikel in der Kronstädter Zeitung erschienen:

1.) Das Sportfest des Budapester Eislaufvereines. Kron-

städter Zeitung vom 16. Februar 1909.
2.) Das staubfreie moderne Kronstadt, Kronstädter Zeitung vom 17. Mai 1909.
3.) Der ideale Hotelname - ein Traum, Kronstädter Zeitung Nr. 57, 1910.
4.) Luxemburg, Kronstädter Zeitung Nr. 64, 1910.
Alle Artikel auch im Sonderdruck.

15.) Als 15. Besitzer erscheint SCHMIDT Karl 1911-1925.
16.) SCHMIDT Karl Erben 1925-.
Pächter: PLECKER Adolf und GREISING Viktor 1852-1854.
PLECKER Adolf diplomierte 1851 in Wien, dann mehrere Monate in Condition bei Steege in Bukarest; hierauf Provisor der Czekelyschen Apotheke in Kronstadt "ZUM GOLDENEN PELIKAN". Ging darauf wieder nach Rumänien, war dort 1 1/2 Jahre bei der Feldapotheke, pachtete dann in Bukarest die Apotheke "ZUM GOLDENEN HIRSCH" und kaufte sie im Jahre 1861. 1870 verkaufte er sie und lebte seitdem als Privatier in seiner Vaterstadt.
GREISING Victor war Provisor der Apotheke "ZUM GOLDENEN PELIKAN" in Kronstadt von 1852-1854. Darauf zog er nach Plojescht und starb dort als Besitzer einer Apotheke.
Pächter FABIK Eduard, 1857-1867 bei Witwe des Andreas CZÉKELY. Sein Vater war Kürschner. Er diplomiert in Wien, conditionierte daselbst bei Schiffner längere Zeit, kam darauf in seine Vaterstadt zurück und pachtete im Jahre 1857 die Czekelische Apotheke auf 10 Jahre. Inzwischen kaufte er 1863 die Greisingsche Apotheke, deren Firma: "ZUM SCHWARZEN ADLER" er in den Namen "ZUM SCHUTZENGEL" umänderte. Er starb am 26. Mai 1877 nach jahrelangem

Siechtum.

Pächter: ZIKELI Carl, 1867-1868, geboren am 16. September 1831 in Reussen (Ruja), Apothekerdiplom in Wien 1855, angestellt in der Jekelius Apotheke in Kronstadt 1855-1857; Provisor der Czekely-Apotheke 1857. Pächter der Apotheke "ZUM GOLDENEN PELIKAN" 1867-1868; Pächter der Apotheke in Zeiden 1872-1875.

Leiter: KLEBER Josef Eduard, 1848-1852. Sohn des Gürtlers Josef Kleber. Er war von 1848 bis 1852 Provisor der Apotheke "ZUM GOLDENEN PELIKAN" in Kronstadt; dann kaufte er die Apotheke in Kézdi-Vásárhely. 1861 ging er nach Bukarest, pachtete dort die Klusch`sche Apotheke bei Colţeaspital. Später begab er sich in die "kleine Walachei".

Leiter: GRÄSER Andreas, 1925 -

Die Apotheke wurde am 2.04.1949 in der Waisenhausgasse verstaatlicht.

Literatur:

F.J. Roth: II Fragmente zu der Geschichte der einzelnen Apotheken.

F.J. ROTH: Kartei-Plan der Apotheken und Apotheker aus Südsiebenbürgen bis zum Ende des 19. Jahrhunderts.

Dr. Ed. GUSBETH: "Zur Geschichte der Sanitäts-Verhältnisse in Kronstadt."

Dr. Ed. GUSBETH: "Das Sanitätspersonal in und aus dem Kronstädter Komitate in den Jahren 1901-1910."

KRONSTADT

Rum.: Brașov

Apotheke "ZUM GOLDENEN LÖWEN"

Die Apotheke "ZUM GOLDENEN LÖWEN" wurde im Jahre 1696 vom Apotheker MYLIUS Wolfgang Wendelius gegründet.

Siebenbürgen:	Gegründet: 1696
Komitat: Kronstadt	Recht: Real
Ort: <u>Kronstadt</u>, Burzengasse 21	Zl. 5679/1003
	20.03.1836

Besitzer:	MYLIUS Wolfgang Wendelius	1696-1728
	MYLIUS Dr. Johann Friedrich	1728-1768
	MYLIUS Bartholomäus Dr.	1768-1788
	BIRK Johann Georg	1788-
	GRAEF Andreas	-1798
	Witwe GRAEF	1798-1800
	BERGLEITER Peter	1800-1837
	STENNER Friedr.&SCHNELL Petrus	1837-1859
	STENNER Friedrich sen.	1859-1892
	STENNER Friedrich jun.	1892-1926
	SCHNEIDER Hans Karl	1926-
Pächter:	SZAVA Gregor	1875-1877

Über die 2. Apotheke in Kronstadt heißt es bei Thomas TARTLER: Diese hat Herr Wolfgang Wendelius MYLIUS, ein Niedersachse, anno 1696 angelegt; führt "DEN LÖWEN IM SCHILDE" 1696-1728. Er starb am 18.02.1728.

Auf diesen folgt als Eigentümer Dr. Johann Friedrich MYLIUS vom Jahre 1728-1768. Er hat sein Studium in

Leiden gemacht.
Nach ihm folgte Dr. Barholomäus MYLIUS im Jahre 1768 bis 1788. Er studierte in Erlangen; Provisor der Apotheke 1764-1768, Besitzer der Apotheke von 1768-1806. Von diesem kaufte sie 1806 Johann HONTERUS und vereinigte dieselbe mit der von ihm 1801 errichteten Apotheke "ZUR GOLDENEN KRONE".
BIRK Johann Georg wird von TRAUSCH als der erste Besitzer der Apotheke "ZUM GOLDENEN LÖWEN" angegeben, 1788.

GRAEF Andreas Friedrich kaufte die Apotheke "ZUM GOLDENEN LÖWEN" 1788 und starb 1798 am 18.03., 35 Jahre alt.
Witwe Graef´s, 1798-1800, als Nutznießerin der Apotheke.
BERGLEITER Peter, 1800-1837, Bruder des Superintendenten Johann BERGLEITER in Heltau geboren, wo sein Vater Johann BERGLEITER Prediger war. Gelangte durch Heirat mit der Witwe des Andreas GRAEF in den Besitz der Apotheke "ZUM GOLDENEN LÖWEN", verkaufte sie 1837; starb 1845.
STENNER Friedrich Christian, geboren am 11.06.1810 in Kronstadt, wo sein Vater Christan STENNER Wollenweber war. Diplomiert zu Pest am 2.08.1834. Kaufte in Gemeinschaft mit Peter SCHNELL 1837 die Apotheke "ZUM GOLDENEN LÖWEN", welche er jedoch seit 1859, als SCHNELL austrat, allein besitzt. Seit 1879 hält er während der Badezeit in Zaizon eine Filial-Apotheke.
SCHNELL Peter, geboren in Kronstadt am 28.06.1812. Er kaufte in Gemeinschaft mit Friedrich STENNER am 11.1.1837 die Apotheke "ZUM GOLDENEN LÖWEN". Im Jahre 1859 trat er aus und widmete sich von nun an dem Comunaldienste und

der Oekonomie. Er wurde Kontrolleur des städtischen Wirtschaftsamtes, später Vicestadthauptmann. Im Jahre 1850 erhielt er das goldene Verdienstkreuz. Er veröffentlichte: "Pharm. chem. Abhandlung über den Schwefelalkohol und das Basisch-mangan saure Kali." Pest 1834. Gedruckt mit v. Trattner-Karoly`schen Lettern. 8", 16 S. Er starb am 21.11.1877.

STENNER Friedrich jun. war Besitzer der Apotheke in den Jahren 1892-1926 als Sohn des Friedrich Christian STENNER; studierte in Wien, erhält das Apotheker-Diplom im Dez. 1871. Conditionierte dann in Kronstadt bei seinem Vater, in Jaşi bei SCHILLER, in Tecuci bei GREISCHITZKY. Im Jahre 1876 nahm er die Apotheke in Tartlau auf 2 Jahre in Pacht. Hierauf Provisor in seines Vaters Apotheke von 1859-1892.

SCHNEIDER Hans Karl war Besitzer der Apotheke von 1926 weiter.

Als Pächter ist SZAVA Gregor in der Apotheke in den Jahren 1875-1877.

Am 2.04.1949 wurde die Apotheke verstaatlicht und wurde nicht mehr in Betrieb genommen. Es blieb in der Purzengasse (Str. Republicii No. 21) eine einzige Staatsapotheke, die No. 1, in Funktion.

Literatur:

F.J. ROTH: "II. Fragmente zu den Geschichten der einzelnen Apotheken."

F. J. ROTH: "Kartei-Plan der Apotheken und Apotheker

aus Südsiebenbürgen bis zum Ende des 19. Jahrhundert."
Dr. Ed. GUSBETH: "Zur Geschichte der Sanitäts-Verhältnisse in Kronstadt."
Dr. Ed. GUSBETH: "Das Sanitätspersonal in und aus dem Kronstädter Komitate in den Jahren von 1901 bis 1910."

KRONSTADT

Rum.: Brașov

Apotheke "ZUR WEISSEN KIRCHE"

Diese Apotheke soll als Kronstädter-Stadtapotheke bereits im 15. Jahrhundert gegründet worden sein und hiermit der ersten Gruppe angehören. Leider ist das bisher älteste Datum mit 1772 ermittelt.

Siebenbürgen: Gegründet: vor 1772

Komitat: Kronstadt Recht: Real

Ort: Kronstadt, Klostergasse
(Prinz.Carl Str. No.8)

Besitzer:	WEISSKIRCHER Ferdinand Christian Michael	-1772
	VON LANGENDORF Ludwig Johann	1772-1804
	MEISSNER Traugott Paul	1804-1810
	PAUL Johann	1810-1824
	PAUL Johann`s Erben	1824-1846
	JEKEL Friedrich	1846-1864
	STICHLER Eduard	1864-1865
	FUHRMANN Carl und HONIGBERGER Adolf	1865-1875
	FUHRMANN Carl	1875-1885
	KELLEMEN Franz sen.	1885-1925
	SINGER Arpad	
Pächter:	VON FEDENFELD Carl	1835-1841
Leiter:	COMIETTA	1779-
	VON VARADI Johann	1786-1791

Leiter:	MAI Gottfried Samuel	1824-1835
	KELLEMEN Franz jun.	1917-1925

Geschichtliche Momente: Die Apotheke "ZUR WEISSEN KIRCHE" soll nach einigen Geschichtsschreibern im 15. Jahrhundert als Stadtapotheke gegründet worden sein. Nach anderen Geschichtsschreibern die Apotheke "ZUM BÄREN".
In den Quellen wird erwähnt: "Kronstadt zahlte dem Apotheker 8-28 Gulden jährlich und zwar in vier Raten."
So erfahren wir von Kronstadt, daß dort im Jahre 1521 Tische, Bänke und Stellagen im Werte von 40 Gulden angefertigt und im Jahre 1533 dem Apotheker JEREMIAS 40 Gulden Bargeld zwecks Einkauf von Heilmitteln ausgehändigt wurden.
Im Jahre 1534 sendet der Rat von Kronstadt den Arzt PAULUS ins Séklerland, um die Instrumente und Medikamente des gewesenen Leibarztes Gritti´s für die städtische Apotheke anzukaufen.
Diese 4. von den bestehenden Apotheken wurde von Michael (Fernolend) Ferdinand Christian Weisskircher gegründet, unter der Benennung "ZUR WEISSEN KIRCHE" und blieb in dessen Besitz bis zum Jahre 1772; in welchem Jahre die Apotheke vom Apotheker Johann Ludwig VON LANGENDORF, welcher im nächsten Jahre zugleich der Schwiegersohn des früheren Besitzers wurde. Er kaufte sie von diesem für 6.300 Ung. Fl. Als Provisor war er in der Apotheke des Dr. Andreas FRONIUS von 1764-1768. Dann studierte er in Wien. 1772 kaufte er die Apotheke "ZUR WEISSEN KIRCHE". Da sie nach Abzug der Bojaren 1773 wenig Nutzen abwarf,

zog er 1779 mit einer Feldapotheke in die Walachei und wurde dort vom Fürsten YPSILANTI als Physikus in Craiova angestellt, da er sich schon früher einige medizinische Kenntnisse angeeignet hatte. Er blieb auch dort nicht sehr lange, so daß er bald in seine Vaterstadt zurückkehrte, um sich nach kurzer Zeit wieder nach der Walachei zu begeben, wo er an verschiedenen Orten praktizierte. 1792 errichtete er seinem Schwager Johann VON VARADI eine Apotheke in Bukarest, die 13. daselbst. Später lebte er in Kronstadt, wurde 1796 Grundbuchsverwalter; machte bald darauf auf Veranlassung des Generals MITROFSKY eine Kundschafterreise nach der Walachei und Türkei bis Widin. 1799 wurde er von GYÜRKY zum Senator in Kronstadt ernannt. 1804 wurde unter seiner Aufsicht die Wasserleitung umgelegt. 1812 die Fontaine auf der Promenade errichtet. 1804 übergab er im Oktober seine Apotheke seinem Schwiegersohn Paul Traugott MEISSNER, und lebte fortan in städtischen Diensten bis zu seinem Tode am 11.12.1825.

Paul Traugott MEISSNER ist der Besitzer dieser Apotheke von 1804-1810; er war der Sohn eines Wundarztes, geboren am 23.03.1778 in Mediasch, wurde 1793 in Schässburg bei MISSELBACHER Apotheker, zog 1797 nach Wien, um dort zu studieren. Später durchreiste er Deutschland zu Fuß, brachte dann 2 Jahre als Provisor in der Apotheke zu Aussee in der Steiermark zu, kehrte hierauf nach Siebenbürgen zurück, nachdem er in Pest Magister der Pharmazie geworden war. Er wandte sich nach Kronstadt, wo er 1804 die Tochter LANGENDORFS, welche kurze Zeit vorher von ihrem ersten Gatten MILLER geschieden worden war, heiratete und mit ihr auch die Apotheke von seinem Schwiegervater erhielt. Er verkaufte dieselbe jedoch schon 1810 und zog nach Wien; wurde dort 1815 Adjunkt, später Professor der Chemie am polytechnischen Institut, und war als solcher 30 Jahre tätig. 1845 zog er sich in den Ruhestand zurück. Nach Trausch hat er 13 Werke veröffentlicht, größtenteils aus dem Gebiete der Chemie. Er hat die Heizung mit erwärmter Luft erfunden (Eisenbahnzüge). Für die Erfindung von zwei Teilungsinstrumenten für gerade Linien hat er am 23.01.1819 eine Belohnung von 4.000 fl. W.W. erhalten. Er starb in Wien am 9.07.1864.

Der nächste Besitzer der Apotheke "ZUR WEISSEN KIRCHE" von 1810-1824 ist Johann PAUL. Er hatte sie am 1.06.1910 für 21.200 ung. fl. (Doc. pag. 15303:1810) vom vorigen Besitzer gekauft. Er war am 20.10.1785 in Kronstadt geboren; Besitzer der Apotheke von 1810-1824, bis zu seinem Tode am 4.09.1824 in Wien.

PAUL Johanns Erben behalten die Apotheke von 1824-1846. In dieser Zeit wird sie geführt vom Provisor Samuel Gottlieb MAI bis 1835, dann pachtete sie Carl VON FEHDENFELD. PAUL`S Erben verkaufen an Friedrich JEKEL für 10.000 fl. C.M. (Doc. pag. 597:1846), in dessen Besitz sie von 1846 bis 1864 bleibt. Er war der Sohn des Honigberger Pfarrers Lukas JEKEL, geboren in Kronstadt am 31.07.1807. Am 12.08.1830 diplomierte er. Am 13.09.1876 starb er.

Im Jahre 1864 verkaufte Friedrich JEKEL für 11.500 fl. öst. W. (Doc. pag. 11142:1864) an Eduard STIEHLER, der sie von 1864-1865 besitzt. Er war am 14.10.1826 in Kron-

stadt geboren, wurde in Wien am 31.07.1852 diplomiert. Zuerst Eigentümer der Apotheke "ZUM WEISSEN KREUZ" in Ploiesti; verkaufte er dieselbe an C. SCHULLER, kaufte hierauf 1864 die Apotheke "ZUR WEISSEN KIRCHE" in Kronstadt, um dieselbe jedoch schon im nächsten Jahre wieder zu verkaufen, und dann nach Galaţi zu übersiedeln. Dort wurde er abermals Besitzer einer Apotheke, welche er bis zu seinem Tode am 19.09.1873 behielt.
Die Apotheke "ZUR WEISSEN KRICHE" geht im Jahre 1865 für 11.500 fl. Öst. W. (Doc. pag. 12361:1865) in die Hände der Carl FUHRMANN und Adolf HONIGBERGER über, von 1865 bis 1875. Diese trennen sich 1875,und die Apotheke bleibt im Besitz des Carl FUHRMANN von 1875-1885.

FUHRMANN Carl Johann, Sohn des Rotgerbers Johann Georg FUHRMANN, wurde in Wien 1858 diplomiert, hierauf Gehilfe bei BEUTLER in Ploieşti, 1 Jahr, dann in Bukarest bei KLADNY 2 Jahre, bei SCHULERUS 1 Jahr. Vom 1.11.1865 an in Gemeinschaft mit Adolf HONIGBERGER, Besitzer der Apotheke "ZUR WEISSEN KIRCHE" in seiner Vaterstadt. Seit 1875 alleiniger Eigentümer derselben.

HONIGBERGER Adolf, Sohn des Fleischhauers Michael HONIGBERGER. Studierte in Wien, wo er im Oktober 1858 das Diplom erhielt. Conditionierte in Kronstadt bei JEKELIUS von 1859-1865. Im November 1865 kaufte er in Gemeinschaft mit FUHRMANN die Apotheke "ZUR WEISSEN KIRCHE", verkaufte jedoch seinen Anteil an ihr 1875 an seinen Compagnon und kaufte die Obervorstädter Apotheke "ZUR GOLDENEN KRONE", in deren Besitz er sich seit 1.06.1875 befindet.

KELLEMEN Franz sen., geboren am 3.07.1852 in Kronstadt, wo sein Vater Maurer, später Gastwirt war; diplomiert in Wien am 27.07.1876, hierauf Gehilfe bei JEKELIUS in Kronstadt, und seit dem Tode des Gustav JEKELIUS 1881 Provisor daselbst. Seit 1885 ist er Besitzer der Apotheke "ZUR WEISSEN KIRCHE". übersiedelte am 29.06.1902 in die Klostergasse 8 in sein eigenes Haus. Seit der Errichtung dieser Apotheke hatte sie ihren Standort immer auf der Flachszeile im Hause No. 32, das aber mit den beiden Nachbarhäusern 1904 (und 1905) niedergerissen wurde. An dieser Stelle wurde vom Großindustriellen Friedrich ZELL ein Palais gebaut. KELLEMEN Franz sen. starb am 5.04.1912.

KELLEMEN Franz jun., ein Sohn des Vorhergenannten. Er war bei seinem Vater und bei Emil JEKELIUS Praktikant. Machte die Tirocinalprüfung in Klausenburg 1904, dann das Hochschulstudium, 3 Semester in Budapest und 1 Semester in Klausenburg, wo er 1907 Magister der Pharmazie wurde. Inzwischen war er in Lugoj 1906 in Kondition, dann in Budapest 1907 und 1908. Hierauf bei seinem Vater. Nach dem Tode seines Vaters ist er Provisor von 1917-1925 in dieser Apotheke.

SINGER Árpad ist der letzte Besitzer der Apotheke, denn die Apotheke wird enteignet.
Die Enteignung wird am 2.04.1949 durchgeführt und die Apotheke geschlossen.

Literatur:

F.J. ROTH: "II. Fragmente zu den Geschichten der einzelnen

Apotheken."

F.J. ROTH: "Kartei-Plan der Apotheken und Apotheker aus Südsiebenbürgen bis zum Ende des 19. Jahrhundert."

Dr. Ed. GUSBETH: "Zur Geschichte der Sanitäts-Verhältnisse in Kronstadt."

Dr. Ed. GUSBETH: "Das Sanitätspersonal in und aus dem Kronstädter Komitate in den Jahren von 1901-1910."

KRONSTADT

Rum.: Brașov

Apotheke "ZUR (GOLDENEN) KRONE"

Die Apotheke "ZUR KRONE" wurde im Jahre 1801 von Johannes Honterus, einem Nachfahren des großen Reformators, laut Matr. Zl. 3267/1801 gegründet.

Siebenbürgen:		Gegründet: 1801
Komitat: Kronstadt		Recht: Real
Ort: Kronstadt, Katharinengasse Nr.7		Matr. Zl. 3267/1801
Besitzer:	HONTERUS Johannes	1801-1812
	SCHNEEWEISS Johann Georg	1812-1813
	ZELCH Georg Samuel	1813-1818
	VON ROLL Samuel	1818-1819
	HOCH Samuel Gottlieb	1819-1822
	VON MILLER Johann Gottlieb	1822-1869
	VON MILLER Julius	1869-1870
	Das Apotheker Gremium Kronstadt	1870-1875
	HONIGBERGER Adolf	1875-1884
	KLEIN Viktor	1884-1913
	SCHOLTES Arnold	1913-
Pächter:	SZAVA Gregor	1870-1875

Historische Momente:

Am 11. Mai 1812 verkauft Johannes Honterus die Apotheke gegen 13.000 Fl. an Johann Georg SCHNEEWEISS, der aber schon im Jahre 1813 stirbt. Durch eine Verehelichung der

Witwe SCHNEEWEISS mit dem Apotheker Georg Samuel ZELCH aus Mediasch, gelangt obiges Objekt in die Hand desselben, welcher aber auch schon im Jahre 1818 stirbt. Durch eine abermalige Vermählung der Witwe ZELCH mit dem Apotheker Samuel VON ROLL gelangt die Apotheke in die Hand desselben, der sie aber schon im Jahre 1819 am 20. Januar gegen die Summe von 10.500 Fl. an den Apotheker HOCH Samuel Gottlieb verkauft (Dokument pag 456). Im Jahre 1822 macht Samuel Gottlieb Hoch bankrott und übersiedelt gleichzeitig nach Bukarest.

Am 11.06.1822 erwirbt Apotheker Johann Gottlieb VON MILLER dieselbe gegen 8.660 FL. Er stirbt im Jahre 1869 und läßt die Apotheke seinem Sohn Julius, der sie ein Jahr lang betreut.

1870 übernimmt das Kronstädter-Apothekergremium die Apotheke gegen 16.000 Fl. (Dokument pag. 2451/1871) und verpachtet sie an den Apotheker Gregor SZAVA mit der Bedingung, sie in die Obere-Vorstadt zu verlegen, um die Eröffnung einer neuen Apotheke in diesem Stadtteil zu verhindern.

Am 13.07.1875 geht die Apotheke in den Besitz des Adolf HONIGBERGER gegen 13.600 Fl. über. Natürlich unter derselben Bedingung sie in der Vorstadt zu lassen.

HONTERUS Johann, ein Nachkomme des berühmten Reformators, nach seiner eigenhändigen Aufzeichnung am 2.11.1767 in Kronstadt geboren.
Er errichtete an 4 verschiedenen Orten Apotheken, zuerst eine in Keźdi-Vásárhely, dann 1801 in Kronstadt, die "ZUR

GOLDENEN KRONE". Später die in Bukarest "ZUM HEILIGEN GEORG", endlich eine in Craiova. Außerdem kaufte er 1806 die Kronstädter Apotheke "ZUM LÖWEN" von Dr. Bartholomäus MYLIUS, vereinigte sie dann mit der von ihm gegründeten "ZUR GOLDENEN KRONE", welche er am 11.05.1812 an Johann G. SCHNEEWEISS verkaufte. Auch die anderen Apotheken, welche er an verschiedenen oben erwähnten Orten errichtet hatte, verkaufte er, nachdem er sie einige Zeit hindurch besessen hatte. Die in Craiova an DRECHSLER und KOLLER. 1824, als er wieder in seine Vaterstadt zurückkehren wollte, ereilte ihn der Tod am 4.10. in Törzburg. Er hatte 3 Söhne und 3 Töchter, die ersten starben alle in zarter Kindheit.
Franz Eduard (gestorben am 16.04.1804) war der letzte männliche Sprosse dieses Geschlechtes.

SCHNEEWEISS Johann Georg, Sohn des Martin SCHNEEWEISS, wurde in Pest am 14.08.1805 diplomiert, kaufte 1812 die Apotheke "ZUR GOLDENEN KRONE", starb aber schon im nächstfolgenden Jahre am 14.09. an Auszehrung.

ZELCH Georg Samuel aus Mediasch, Besitzer der Apotheke "ZUR GOLDENEN KRONE" von 1813-1818, in welchem Jahre er starb. Nun gelangte die Apotheke durch abermalige Verehelichung der Witwe an Samuel VON ROLL, laut Daten ersichtlich aus den "historischen Momenten". Zur Ergänzung einiger biographischer Daten führe ich an, daß: HONIGBERGER Adolf ein Sohn des Fleischhauers Michael HONIGBERGER ist. Am 11.05.1836 in Kronstadt geboren, studierte in Wien, wo er im Oktober 1858 das Diplom erhielt.

Conditionierte hierauf in Altenburg bei SULZER, dann von 1859 bis Mai 1865 in Kronstadt bei JEKELIUS. Im November 1865 kaufte er in Gemeinschaft mit FUHRMANN die Apotheke "ZUR WEISSEN KIRCHE", verkaufte jedoch seinen Anteil 1875 an seinen Compagnon und kaufte die Oberstädter Apotheke "ZUR GOLDENEN KRONE", in deren Besitz er sich seit 1.06.1875 befand, bis 1884.

KLEIN Viktor aus Bistritz, geboren am 15.08.1850, ist seit 1884 Besitzer der Apotheke "ZUR GOLDENEN KRONE" in Kronstadt. Er starb am 29.01.1913.

SCHOLTES Arnold (Ernst Gregor), geboren am 23.06.1872 in Bistritz, ab 1.8.1887 Praktikant bei Viktor KLEIN in Kronstadt, machte die Tirocinalprüfung in Klausenburg am 30.08.1890, dann Gehilfe bei Viktor KLEIN. Von 1892 bis 1896 studierte er in Graz, wo er im letzten Jahre das Diplom erwarb. Hierauf diente er das Freiwilligenjahr 1897-1898 im Garnisonspital in Hermannstadt ab. Darauf in Kondition in Hermannstadt bei Karl MÜLLER. Dann in Kronstadt als Gehilfe bei Viktor KLEIN und seit 1.1.1908 als Provisor dieser Apotheke bis 1912. Von 1913 war er Besitzer der Apotheke "ZUR GOLDENEN KRONE". Er starb am 8.01.1945.

Als Pächter: SZAVA Gregor, geboren in Gj. Sz. Miklos am 19.04.1835. Diplomiert am 4.07.1858 in Pest. In Kondition in Botoşani und Jasi von 1859-1861, dann in Gj. Sz. Miklos bis 1868; kaufte hierauf im April dieses Jahres in Kronstadt die Apotheke "ZUM GOLDENEN PELIKAN", übernahm sie jedoch erst im Januar 1869, verkaufte dieselbe

schon im nächsten Jahre an C. ZELL. Darauf pachtete er die Apotheke "ZUR GOLDENEN KRONE" bis 1875. Danach für 2 Jahre die Apotheke "ZUM GOLDENEN LÖWEN". Seitdem beschäftigte er sich in Kronstadt in anderen Geschäftszweigen.
Die Apotheke wurde am 2.04.1949 enteignet und funktioniert seitdem im gleichen Gebäude als Apotheke No. 4 des Oficiu Regional farmaceutic Brașov.

Literatur:
F.J. ROTH: II. Fragmente zu der Geschichte der einzelnen Apotheken.
Dr. Ed. GUSBETH: Zur Geschichte der Sanitätsverhältnisse in Kronstadt.
Dr. Ed. GUSBETH: Das Sanitätspersonal in und aus dem Kronstädter Komitat in den Jahren von 1901-1910.

KRONSTADT

Rum.: Braşov

Apotheke "ZUM SCHUTZENGEL"

Die Apotheke "ZUM SCHUTZENGEL" wurde 1720 von ALBRICH Johann gegründet als Apotheke "ZUM SCHWARZEN ADLER".

Siebenbürgen: Gegründet: 1720

Komitat: Kronstadt Recht: Real

Ort: Kronstadt, Kornzeile Nr. 7

Besitzer:	Dr. ALBRICH Johann	1720-1749
	Dr. ALBRICH´S Erben	1749-1760
	BECKERS Daniel Noah	1760-1781
	BECKERS Johann	1781-1818
	Witwe Regine des BECKERS J.	1818-1819
	VON GREISING Franz	1819-1863

Bis zu diesem Datum hatte die Apotheke das Schild "ZUM SCHWARZEN ADLER". FABIK Eduard benennt 1863 die Apotheke "ZUM SCHUTZENGEL".

Besitzer:	FABIK Eduard	1863-1877
	SCHUSTER Ludwig Carl	1877-1901
	NEUSTÄDTER Eugen	1901-
Provisor:	BETZMANN Mathias	1720-1730
	HAMMERSCHMIDT Josef	1818-1822
	BINDER Friedrich	1825-1828
	BEUTLER Friedrich	1828-1832
	HERCZEG	1832-1836
	FABIK Eduard	1859-1863
	RÖMER Albert	1863-1868
	MORSCHER W.F.	1873-1875
	KESSLER Julius	1876-1877

Thomas TARTLER äußert sich: "Die Albrich`sche Apotheke hat Herr Johann ALBRICH M.D. aufgerichtet. Anno 1720". Josef TRAUSCH erwähnt diese Apotheke unter der Firma "ZUM SCHWARZEN ADLER", und gibt als Nachfolger Dr. ALBRICH an, Mathias BETZMANN, und zwar in seinen "KRONSTÄDTER LEBENSLÄUFEN" als Provisor, dieser errichtete 1730 eine eigene Apotheke. Später hat sie wahrscheinlich wieder Dr. ALBRICH geführt; wer sie aber nach seinem Tode vom Jahre 1749 bis zu ihrem Übergang in das Eigentum des Daniel Noah BECKERS versorgt, ist unbekannt. 1760 kam sie in den Besitz des eben erwähnten BECKERS und blieb es bis 1781; hierauf in den seines Sohnes Johann BECKERS bis 1818. Dann folgten als Eigentümer Regina BECKERS, hierauf ihre Tochter Josefa BECKERS, welche sie am 31.03.1836 im Werte von 9000 fl. W.W. übernimmt.
Durch Heirat von Josefine BECKERS mit Franz VON GREISING gelangt die Apotheke in den Besitz des letzteren. Hierauf kaufte die Apotheke Eduard FABIK, indem er die Hälfte des Preises, nämlich 6000 fl. östr. W. (Doc. pag. 106556:1863) im Jahre 1863 erlegte, den Rest aber 1866. FABIK änderte den früheren Namen der Apotheke "ZUM SCHWARZEN ADLER" in den "ZUM SCHUTZENGEL" um.
1873 bis 1875 hatte er sie an MORSCHER W.F. verpachtet.
Am 1.12.1877 kam die Apotheke "ZUM SCHUTZENGEL" in den Besitz des SCHUSTER Carl Ludwig, der sie bis 1901 besaß.
Aus der Geschichte der Apothekenbesitzer finden wir erwähnenswert, daß BECKERS Daniel Noah nach Angaben seiner Nachkommen aus Riga nach Trausch aus Braunschweig kam.
Über VON GREISING Franz sei zu erwähnen, daß er der Bruder

des Dr. Josef VON GREISING war; geboren am 2.10.1805 in Kronstadt. In Wien diplomiert. Kam in den Besitz der Apotheke "ZUM SCHWARZEN ADLER" 1836, verkaufte dieselbe 1863. Er war auch Orator der Comunität von 1860-1873. Er starb am 1.02.1883.

FABIK Eduard ist in Kronstadt am 30.11.1830 geboren, wo sein Vater Kürschner war. Er studierte und erhielt das Apothekerdiplom in Wien. Conditionierte daselbst bei SCHIFFER längere Zeit. Kam darauf in seine Vaterstadt zurück und pachtete 1857 die Czekely`sche Apotheke auf 10 Jahre. Inzwischen kaufte er 1863 die Greising`sche Apotheke, deren Firma "ZUM SCHWARZEN ADLER" er in den Namen "ZUM SCHUTZENGEL" umänderte. Er starb am 26.05.1877 nach jahrelangem Siechtum.

SCHUSTER Carl Ludwig, der die Apotheke von 1877-1901 besaß, war der Sohn des Pfarrers SCHUSTER zu Deutschkreuz, geboren in Schässburg am 9.02.1848. Holte sich das Apothekerdiplom im Juli 1864 in Wien. Conditionierte darauf in Bukarest bei EITEL, PLECKER und in der Henningschen Apotheke, in deren Besitz er 1867 kam, indem er die Erbin derselben heiratete. Diese Apotheke führt den Namen "ZUM AUGE GOTTES" und wird seit 1872, seit dem ihr Besitzer nach Kronstadt übersiedelte, von Provisoren besorgt. SCHUSTER privatisierte in Kronstadt, bis er am 1.12.1877 die Fabik`sche Apotheke kaufte und von da ab bis 1901 als Eigentümer fungierte. Er war auch Obmann der Kronstädter Feuerwehr. Er hat sich um die freiwillige Feuerwehr in Kronstadt große Verdienste erworben. Er war ununterbrochen Jahr für Jahr 34mal zum Obmann gewählt worden, mit allen Medaillen in Bronze und Silber, dem Verdienstkreuz der Stadt und des Landes ausgezeichnet. Er besuchte im Auftrag der Feuerwehr Ausstellungen für Feuerlöschgeräte, Feuerwehrkongresse, 1901 in Berlin, 1904 in Budapest, 1906 Mailand, und andere Ausstellungen wie Wien, Nürnberg, Fiume, Odenburg, Stuhlweissenburg, Pressburg, Klausenburg und Erlau.

Die Gründungen der Landfeuerwehren im Kronstädter Komitate hat er durchgeführt. Ein Ministerialerlaß vom Jahre 1888 beauftragte sämtliche Gemeinden Feuerlöschgeräte anzuschaffen. SCHUSTER bereiste alle Gemeinden, um sie hierbei mit Rat und Tat zu unterstützen. Den Verband der Komitatsfeuerwehren hatte er 1889 gegründet,und die Satzungen dazu selbst ausgearbeitet. Er war Komitatsfeuerwehr-Inspektor. Seine Tätigkeit auf dem Gebiet des Feuerwehrwesen war so mannigfaltig, daß nur in großen Zügen seine Tätigkeit erwähnt werden kann. Er hat sich auch um andere öffentliche Einrichtungen, wie das Bad im Schneiderzwinger bemüht, unbesoldete Aufgaben übernommen, wie Badeinspektor, zu dem er vom Presbyterium gewählt wurde. SCHUSTER hat außer den vielen Jahresberichten der Kronstädter Feuerwehr noch veröffentlicht: "Aus dem Leben und Wirken der Kronstädter freiwilligen Feuerwehr im ersten Vierteljahrhundert, 1874 1899." Festausgabe zum 25jährigen Jubiläum des Vereines; und andere mehr, die im Kronstädter Buchdruck erschienen sind.

Der nächste Besitzer der Apotheke vom Jahre 1901 beginnend ist: NEUSTÄDTER Eugen, geboren am 23.05.1863. Er hatte die Tartlauer Apotheke von 1892 bis Ende 1900 in Pacht, und

übernahm dann die von Karl SCHUSTER für 60.000 Kr.
HAMMERSCHMIDT Josef, 1818-1822, geboren in Cimpeni, Lizentiat der Pharmazie, praktiziert in Cimpeni,von 1818 bis 1822 Provisor in der Apotheke "ZUM SCHWARZEN ADLER", von 1822-1863 Besitzer der Apotheke "ZUM GOLDENEN ADLER".

BINDER Friedrich Johann, geboren am 4.10.1801 in Hermannstadt, diplomiert in Budapest 1821, praktiziert 1 Jahr in Pest, 2 Jahre in Hermannstadt und ist von 1825-1828 Provisor in der Apotheke "ZUM SCHWARZEN ADLER" bei BECKERS, dann bei KAYSER in Hermannstadt von 1828-1831. Erhält eine Konzession in Heltau 1831 und eröffnet eine Filiale in Salzburg in den Jahren 1845-1851.

BEUTLER (BEITTLER) Friedrich, Provisor bei Apotheker BECKERS 1828-1832. Er erhält ein Apothekenrecht zur Gründung in Slatina 1832-1837; er richtet eine Apotheke "ZUM RÖMISCHEN KAISER" in Bukarest ein, 1837-1842, und in Ploești die Apotheke "ZUM GOLDENEN ADLER", 1842-1863.

Als nächster Provisor folgt HERCZEG von 1832-1836, dann FABIK Eduard von 1859-1863, als letzter RÖMER Albert von 1863-1868; er war der Sohn des Operateurs Sim Gottlieb RÖMER, am 21.04.1834 in Kronstadt geboren. Am 31.01.1859 erhielt er in Wien das Apothekerdiplom. Hierauf war er Gehilfe bei HORNUNG in Kronstadt und JEKELIUS in Cernatfalu, dann Provisor bei FABIK in Kronstadt. Im Jahr 1868 errichtete er eine Apotheke in Rosenau.
Die Apotheke "ZUM SCHUTZENGEL" wurde am 2.04.1949 verstaatlicht und nicht mehr in Betrieb genommen.

Literatur:
F.J. ROTH: "II. Fragmente zu den Geschichten der einzelnen Apotheken."
F.J. ROTH: "Kartei-Plan der Apotheken und Apotheker aus Südsiebenbürgen bis zum Ende des 19. Jahrhunderts."
Dr. Ed. GUSBETH: "Das Sanitätspersonal in und aus dem Kronstädter Komitate in den Jahren von 1901 bis 1910."
Dr. Ed. GUSBETH: "Zur Geschichte der Sanitäts-Verhältnisse in Kronstadt."

KRONSTADT

Rum: Braşov

Apotheke "ZUM MOHREN"

Die Apotheke "ZUM MOHREN" wurde im Jahre 1733 vom Apotheker Georg BOLTOSCH, der zuerst Apotheker war, dann aber Medizin studierte.

Siebenbürgen: Gegründet: 1733

Komitat: Kronstadt Recht: Real

Ort: Kronstadt, Marktplatz, Blumenzeile 15

Besitzer:	BOLTOSCH Georg sen.	1733-1752
	BOLTOSCH Georg jun.	1752-1780
	BOLTOSCH Friedrich Samuel	1780-1814
	BOGNER Gottfried Daniel	1814-1840
	HORNUNG Carl	1840-1880
	HORNUNG Julius	1880-
	SCHNEIDER Hans	
Pächter:	BINDER Friedrich	1923-1927

Als sechste Apotheke erwähnt Th. TARTLER: "Die Boltosch`sche Apotheke, von Herrn Georg BOLTOSCH anno 1733 errichtet." Dieser kann nur der Dr. Georg BOLTOSCH sein, der zuerst Apotheker war, dann aber Medizin studierte. Diese Apotheke führt jetzt das Schild "ZUM MORHEN". TRAUSCH führt an, daß sie von den Rumänen "la dracu" genannt wurde.

Nach dem Gründer übernahm diese Apotheke dessen Sohn Georg BOLTOSCH jun. im Mai 1752, der der Schwiegersohn des Dr. Joh. Fr. MYLIUS war. Georg BOLTOSCH jun. war Besitzer bis zu seinem Tode 1780.

Es folgte als Besitzer Samuel Friedrich BOLTOSCH, Sohn des früheren Eigentümers, im Jahre 1780. Er behielt sie bis 1814. Verkaufte dieselbe am 6.11.1814; starb am 19.4.1819 an Schlagfuß.
Dann kaufte die Apotheke am 6.11.1814 für 11.300 fl. W.W. Daniel Gottfried BOGNER; er war in Sächs. Reen 1793 geboren. Diplomiert 1814 in Pest. Kaufte in demselben Jahre am 6. November die Apotheke und überließ sie 1840 seinem Schwiegersohn. Er starb am 19.03.1870.
HORNUNG Carl, Sohn des Kürschners Samuel HORNUNG, geboren am 1.11.1815 in Kronstadt. Das Diplom erhielt er in Pest am 7.08.1838. Hierauf in Condition bei BOGNER in Kronstadt, dessen Apotheke er am 1.07.1840 im Werte von 7000 fl. C.M. (Dog. pag. 6247:1840) übernahm und bis Ende 1879 behielt.
Julius HORNUNG, Sohn des Carl HORNUNG, geboren in Kronstadt am 23.04.1855. In Wien 1876 diplomiert. Darauf trat er als Gehilfe bei KAYSER in Hermannstadt ein, dann in Wien bei Dr. WALDHEIM; hierauf in Kronstadt bei seinem Vater Carl HORNUNG, von dem er die Apotheke am 1.01.1880 übernahm.
Als Besitzer nach Julius HORNUNG wird Hans SCHNEIDER angegeben.
Als Pächter: Fritz BINDER, 1923-1927.
Otto Heinrich ALBRICH von Albrichsfeld, geboren 9.11.1900 in Ploieşti, gestorben 26.01.1938 in Kronstadt, ist Praktikant in den Jahren 1920/1921 in der "MOHREN"-Apotheke.
Die verstaatlichte Apotheke hört im Jahre 1949 auf zu funktionieren.

Literatur:

F.J. ROTH: "II Fragmente zu der Geschichte der einzelnen Apotheken."

F.J. ROTH: "Karteiplan der Apotheken und Apotheker aus Südsiebenbürgen bis zum Ende des 19. Jahrhundert."

Dr. Eduard GUSBETH: "Zur Geschichte der Sanitäts-Verhältnisse in Kronstadt."

Dr. Eduard GUSBETH: "Das Sanitätspersonal in und aus dem Kronstädter Komitate in den Jahren von 1901 bis 1910."

KRONSTADT

Rum.: Brașov

Apotheke "ZUR HOFFNUNG"

Siebenbürgen:		Gegründet: 1848
Komitat: Kronstadt		Recht: Real
Ort: Kronstadt, Purzengasse Nr.23 (Str. Republicii 17)		Zl. 10761/19.9.1848
Besitzer:	JEKELIUS Ferdinand	1848-1877
	JEKELIUS Gustav	1877-1881
	Witwe Alexina des JEKELIUS Ferdinand	1881-1898
	JEKELIUS Emil	1898-1922
	PHLEPS Erich	1922-
Pächter:	EICHHORN Albert	1907-1913
Leiter:	KELLEMEN Franz	1881-1886
	FRANK Adolf	1886-1888
	JEKELIUS Emil	1888 1898
	PHLEPS Erich	1918-1922

Die siebte Apotheke in Kronstadt mit dem Schilde "ZUR HOFFNUNG" ist im Jahre 1850 durch Ferdinand JEKELIUS eröffnet worden. (Gub. Dekret. Zl. 10761:1848 und Ministerial Erlaß Zl. 9718:1850.)
Nach seinem Tode 1877 blieb sie im Besitz seiner Witwe unter der Leitung der Provisoren 1.) Gustav JEKELIUS, der Sohn des Gründers dieser Apotheke, bis zu seinem Tode 1881. 2.) Franz KELLEMEN und anderen.
Der Gründer der Apotheke Ferdinand JEKELIUS war Sohn

eines Goldschmiedes in Kronstadt, am 20.08.1817 geboren. Wurde in Pest am 23.07.1841 diplomiert. In Condition bei Dr. KAYSER in Hermannstadt, und dann 7 Jahre bei VON GREISING in Kronstadt. Eröffnete 1850 die siebte Apotheke in Kronstadt, starb als Besitzer derselben am 27.03.1877.

JEKELIUS Gustav, Sohn des Ferdinand JEKELIUS, ist am 11.10.1851 geboren. Studierte in Wien, wo er 1873 das Diplom erhielt. Nach seiner Heimkehr war er bei seinem Vater Gehilfe; nach dessen Tode versah er die Apotheke als Provisor. Er starb am 19.03.1881.

Die Witwe Alexina des JEKELIUS Ferdinand, 1881-1898, hatte als Leiter der Apotheke:

KELLEMEN Franz, geboren am 3.07.1852 in Kronstadt, wo sein Vater Maurer, später Gastwirt war. Diplomiert in Wien am 27.07.1876; hierauf Gehilfe bei JEKELIUS in Kronstadt, und seit dem Tode des Gustav JEKELIUS 1881 Provisor daselbst bis 1886.

Als nächster Leiter folgt FRANK Adolf von 1886-1888; er stammt aus Rohrbach bei Großschenk, geboren 1852. Er blieb auch später als Assistent noch viele Jahre in derselben Apotheke und trat dann in Hermannstadt in die "LÖWEN"-Apotheke in Kondition, in welcher Stellung er mehrere Jahre tätig war.

Es folgt nun als nächster Leiter von 1888-1898 JEKELIUS Emil, geboren am 27.02.1865; diplomiert in Graz 1887.

Als Besitzer der Apotheke von 1898-1922 übergab er seine Apotheke der Leitung des Albert EICHHORN und trat selbst im Juli dieses Jahres in Wien in Condition bei Dr. TRUKOCZY ein, wo er ein Jahr blieb, um dann im November 1909 in

der Cottage-Apotheke in Währing Assistent zu werden. Die Apotheke war in seinem Besitz bis 1922.
EICHHORN Albert, gebürtiger Bistritzer, geboren am 28.11. 1865, diplomiert in Wien 1888, ist Leiter der Apotheke "ZUR HOFFNUNG" von 1903-1907 und Pächter der Apotheke von 1907-1913.
Erich PHLEPS, als Schwiegersohn des Emil JEKELIUS, ist anfangs Leiter der Apotheke, 1918-1922, und dann Besitzer von 1922 weiter bis 2.04.1949, an welchem Datum die Apotheke verstaatlicht wurde. In dem jahrhunderte alten Gebäude hört sie auf zu funktionieren, auch die Familie PHLEPS wird aus dem Hause evakuiert. Die Apothekeneinrichtung wird in die Parterräume einer einstigen Bank in die Purzengasse versetzt und bildet hauptsächlich für die Rezeptur das Mobilar der Apotheke Nr. 1; eine Sehenswürdigkeit an Schönheit und Stil mit Fournier und Intarsien, die einst Wien geliefert hatte.
Apotheker Erich PHLEPS wird Leiter des Medikamenten Depot`s der Centrofarm in Kronstadt. Dann Leiter der Apotheke in Wolkendorf, wo er in seinem Haus bis zu seiner Aussiedlung in die Bundesrepublik wohnte und hier starb. Der Sohn Johannes PHLEPS studierte auch Pharmazie und ist Apothekenbesitzer der Löwen-Apotheke in Bad Hersfeld.

Literatur:
F.J. ROTH: "II Fragmente zu den Geschichten der einzelnen Apotheken."
F.J. ROTH: "Kartei-Plan der Apotheken und Apotheker bis zum Ende des 19. Jahrhundert."
Dr. Ed. GUSBETH: "Zur Geschichte der Sanitäts-Verhält-

nisse in Kronstadt."
Johann BORDON: Fragebogen.

KRONSTADT

Rum.: Brașov

Apotheke "HYGEA"

Die Apotheke "HYGEA" wurde im Jahre 1867 auf Grund Gub.-Erlasses Zl 6019/1867 vom Apotheker KUGLER Eduard in Kronstadt in der Altstadt gegründet.

Siebenbürgen:	Gegründet: 1867
Komitat: Kronstadt	Recht: Personal
Ort: Kronstadt, Langgasse Nr. 81	G.Z. 6019/1867
Besitzer: KUGLER Eduard	1867-1908
KUGLER Rudolf	1908-1949

KUGLER Eduard, Gründer und erster Besitzer der Apotheke "HYGEA" in der Altstadt, Langgasse Nr. 81 in Kronstadt, war der Sohn des Quartierinspektors Franz KUGLER. Er ist in Kronstadt am 17.06.1842 geboren. Er studierte in Wien und erhielt das Apothekerdiplom im Jahre 1864. Hierauf in Condition bei MENTZEL in Wien, dann bei FABIK in Kronstadt. Eröffnete am 31.03.1867 die Apotheke "ZUR HYGEA", die

achte Apotheke in Kronstadt. 1878 hielt er während der Badezeit in Zaizon eine Apotheke. Er besaß auch eine Sodawasserfabrik.
Die Apotheke überträgt er 1908 auf den Namen seines Sohnes Rudolf KUGLER. Er starb am 8.12.1910.
Der zweite Besitzer ist KUGLER Rudolf, geboren am 21.08. 1875. Erhielt 1908 die Apotheke seines Vaters überschrieben, in deren Besitz er bis am 2.04.1949 blieb, mit welchem Datum die Apotheke enteignet (verstaatlicht) wurde; sie blieb in Funktion an ihrem alten Platz im gleichen Gebäude als Apotheke Nr. 7 in der Langgasse.
Apotheker KUGLER Rudolf arbeitete nach der Enteignung seiner Apotheke in Hévisz/Hoghis (bei Homorod) in der Staatsapotheke bis zu seinem Lebensende am 4.09.1965.

Zu erwähnen ist auch KUGLER Franz, geboren am 17.09.1855, ein Bruder des KUGLER Eduard. Absolvierte das Honterusgymnasium 1874, praktiziert in der Apotheke "ZUR HYGEA" bei seinem Bruder von 1885-1887; machte hierauf die Tirocinalprüfung in Klausenburg am 7.09.1889; worauf er dann bei seinem Bruder bis 1903 Gehilfe war, darauf ein halbes Jahr in Kondition bei PFARCHY in Graz und 1904 bei NEUSTADTER in Kronstadt. Im Alter von 49 Jahren beginnt er das Medizinstudium. Er stirbt am 3.10.1937 in Kronstadt.

Literatur:
F.J. ROTH: "II. Fragmente zu den Geschichten der einzelnen Apotheken."
Dr. Ed. GUSBETH: "Das Sanitätspersonal in und aus dem

Kronstädter Komitate in den Jahren von 1901 bis 1910."
Johann BORDON: Fragebogen.

KRONSTADT

Rum.: Brașov

Apotheke "ZUM GOLDENEN KREUZ"

Die Apotheke "ZUM GOLDENEN KREUZ" in Kronstadt wurde im Jahre 1885 als die neunte Apotheke von Apotheker OBERT Heinrich in der Blumenau gegründet und mit der Motivierung, daß die anderen Vorstädte Kronstadts bereits Apotheken besäßen.
In der Sitzung der Komitatsvertretung vom 27.11.1882, Prof. Z. 195, war das Gesuch der Blumenauer um eine Apotheke zum Beschluß erhoben worden. Die Genehmigung dazu von Seiten des Innenministerium war am 31.05.1883 unter Minister. Z. 25169/VIIIa erfolgt, jedoch in der Art, daß daselbst nur eine Filialapotheke vom Apothekergremium errichtet werden solle.

Siebenbürgen:	Gegründet: 1885
Komitat: Kronstadt	Recht: Personal
Ort: Kronstadt	

Besitzer: OBERT Heinrich	1885-1907
BORSODY Stefan	1907-1919

Besitzer: LUKAS Fritz 1919-1944
Provisor: HEITZ (Lothar) 1944-1949

OBERT Heinrich G. aus Schaal bei Mediasch, geboren am 24.02.1862 errichtete am 28.12.1885 in Kronstadt in der Blumenau die Apotheke "ZUM ROTEN KREUZ". Im Jahre 1898 änderte er ihren Namen um in den "ZUM GOLDENEN KREUZ". Er verkaufte sie für 66.000 Kronen 1907 an BORSODY István und privatisierte dann bis 1909. In diesem Jahre trat er im September in St. Paul im Lavantal in Kärnten in die Apotheke "MARIAHILF" als Assistent ein. Sein Studium hatte er in Graz gemacht und dort sein Diplom 1884 erhalten; anschließend praktizierte er von 1884 bis 1885 bei SCHUSTER in Mediasch.
Der zweite Besitzer der Apotheke ist BORSODY István, geboren in Pilis im Pest-Pilis-Solt-Kuner Komitat am 22.09. 1871. Praktikant in Nagykata von 1886-1889, machte die Tirocinalprüfung in Budapest, wo er dann auch die Hochschulstudien beendete und 1891 Mag. pharm. wurde. Hierauf in Kondition bei Dr. TAUSER in Barna-Zsigmond, bis er im März 1899 die Apotheke in Marienburg für 28.000 Kronen von Nagy Endre ankaufte und bis 1907 behielt. Darauf verkaufte er sie an Basil Perția und erwarb die H. Obert'sche Apotheke in Kronstadt für 66.000 Kronen, in deren Besitz er von 1907-1919 war.
Mag. pharm. LUKAS Fritz kaufte die Apotheke im Juni 1919 vom Apotheker BORSODY Istvan und leitete sie bis zu seinem Ableben am 21.03.1944. Die Witwe LUKAS behielt die Apotheke unter der Leitung eines Apothekers HEITZ (Lothar)

bis zur Verstaatlichung am 2.04.1949. In der Apotheke arbeitete bis zur Verstaatlichung der Apotheken auch die Tochter des Apothekers Fritz LUKAS, Helene KRAVATZKY, geb. LUKAS, als Assistentin; sie hatte die Tirocinalprüfung im Sommer 1930 mit Erfolg abgelegt.
Die verstaatlichte Apotheke funktioniert im gleichen Haus und den Räumen von früher als die Apotheke Nr. 8 im Blumenauer Stadtviertel.

Literatur:
F.J. ROTH: "II Fragmente zu der Geschichte der einzelnen Apotheken."
Dr. Ed. GUSBETH: "Das Sanitätspersonal in und aus dem Kronstädter Komitate in den Jahren 1901-1910."
Dr. Ed. GUSBETH: "Zur Geschichte der Sanitäts-Verhältnisse in Kronstadt."
Ingeburg GHEORGHIN geb. LUKAS: Einige biographische Daten aus der Familie LUKAS.

KRONSTADT

Rum.: Braşov

Apotheke "ZUM SCHWARZEN TURM"

Die Apotheke "ZUM SCHWARZEN TURM" wurde von Apotheker EICHHORN Albert sen. im Blumenauer Viertel, zugleich auch Fabriks- und Arbeiterviertel Kronstadts, auf Grund einer erworbenen Konzession im Jahre 1914 eröffnet.

Siebenbürgen:	Gegründet: 1914
Komitat: Kronstadt	Recht: Personal
Ort: Kronstadt	Datum der Concession 14.02.1914

Besitzer:	EICHHORN Albert sen.	1914-1936
	EICHHORN Albert jun.	1936-1949

EICHHORN Albert sen. aus Bistritz, geboren am 28.11.1865. Von 1893 bis 1894 Provisor der neuerrichteten Roth`schen Apotheken in Heldsdorf. Darauf trat er in Kronstadt bei HORNUNG in Kondition, wo er bis 1902 blieb, dann bei JEKELIUS bis 1907, und seither Provisor dieser Apotheke bis 1914. Dann gründet er die neue Apotheke "ZUM SCHWARZEN TURM" in der Fabrikstraße Nr. 1 in Kronstadt. Er ist Besitzer dieser Apotheke bis zu seinem Tode, dem 2.06.1936.

EICHHORN Albert jun. übernimmt die Apotheke von seinem Vater 1936 und leitet sie bis zum 2.04.1949, Datum, an welchem alle Stadtapotheken verstaatlicht wurden.
Sie führte von da an die Nummer 9 in der Mihai Viteazul-Str.

Er findet einen Arbeitsplatz in einer der verstaatlichten Apotheken.
Zur Ergänzung seiner biographischen Daten: Er ist am 5.02.1906 in Kronstadt geboren. Absolvierte die Honterusschule, machte seine Praktikantenjahre in Kronstadt. Die Tirocinalprüfung in Klausenburg und setzte sein Studium an der Med.-Pharmazeutischen Fakultät in Klausenburg fort, promoviert zum Lizentiat der Pharmazie. Übernimmt die Leitung der väterlichen Apotheke nach dessen Tode.

Nach der Verstaatlichung bleibt die Apotheke in Funktion, weil sie in einem Arbeiterwohnbezirk Kronstadts gelegen ist. Da der Arbeitsplatz nicht immer nach eigenem Wunsch gewählt und mehr von den Vorgesetzten nach Notwendigkeit bestimmt wird, so wurde EICHHORN aus der Apotheke Nr. 1 aus der Purzengasse (Str. Republicii Nr. 21) in das Medikamenten-Depot der "Centrofarm" Kronstadts versetzt, wo er verantwortliche Posten bekleidete, wie Abteilungsleiter der Fertigpräparate, später Chef des Medikamentendepots. Hier wurde er von einem rumänischen Kollegen abgelöst. und arbeitete dann in der Apotheke Nr. 9 in Kronstadt, die er einst als Besitzer innehatte.
Er stirbt am 11.09.1969 auf dem Bukarester Hauptbahnhof als Opfer eines grauenvollen Unfalles, von der herandrängenden Volksmenge unter die Räder des einfahrenden Zuges gestoßen.
Sein Leben war erfüllt voller Arbeit und Pläne, auch außerhalb seiner beruflichen Tätigkeit, mit den Liebhaberfreuden an geschichtlichen Forschungen und volkskunsthistorischen Studien, die er in seinem Sammlerdrang

durch das jähe Ende seines Lebens zu keinem Abschluß bringen konnte.

Literatur:

F.J. ROTH: "II Fragmente zu der Geschichte der einzelnen Apotheken."

Dr. Ed. GUSBETH: "Das Sanitätspersonal in und aus dem Kronstädter Komitate in den Jahren von 1901 bis 1910."

J. BORDON: Fragebogen. Biographische Daten.

KRONSTADT

Rum.: Braşov

Apotheke "ZUM HEILIGEN GEORG"

Die Apotheke "ZUM HEILIGEN GEORG" wurde 1918 von Apotheker Moritz SOLOMON in Kronstadt gegründet. Nähere Daten, wie Min.-Erlaß sind nicht bekannt.

Siebenbürgen:	Gegründet: 1918
Komitat: Kronstadt	Recht: Personal
Ort: Kronstadt, Purzengasse Nr. 51	

Besitzer:	SOLOMON Moritz	1918-1937
	SCHUSTER Josef sen.	1937-1949
	SCHUSTER Josef jun.	

Über den ersten Besitzer Moritz SOLOMON fehlen weitere Daten.

Apotheker Josef SCHUSTER wird als Praktikant in der Apotheke "ZUR HEILIGEN AGNETHA" bei Apotheker FRÖHLICH Wilhelm in Agnetheln angeführt.

Er erscheint als Besitzer der Apotheke von Salzburg, Komitat Hermannstadt, nach den Erben des Julius Johann VON KRONBERG in den Jahren 1913-1914. In diesem Jahre erhält er durch Min.-Dekret das Recht, die Apotheke zu übersiedeln; damit erlöscht endgültig das Apothekenrecht in Salzburg.

Er erhält später das Recht durch Min.-Beschluß eine Apotheke in Craiova zu eröffnen, die er dann bis 1937 besitzt, mit der Absicht, sie seinem Sohn Josef SCHUSTER

zu übertragen und die Apotheke "ZUM HEILIGEN GEORG" in Kronstadt zu kaufen.
Ab 1937 ist er nun der Besitzer der Apotheke in der Purzengasse Nr. 51, die er bis zur Verstaatlichung leitet, in der auch sein Sohn Josef SCHUSTER jun. in den Übergangsjahren 1945-1949 arbeitet und in Kronstadt ansässig wird.
Apotheker Josef SCHUSTER sen., mit einer guten beruflichen Erfahrung, war manchen jungen Kollegen ein guter Lehrmeister, ebenso auch seinen Kindern, die den gleichen Beruf ausübten. Er arbeitete in den Jahren nach der Enteignung in den Staatsapotheken der Stadt Kronstadt bis zu seinem Lebensende.
Der Sohn SCHUSTER jun. hatte sein Studium in Bukarest als Lizentiat der Pharmazie beendet. Die Praktikantenjahre in der Apotheke des Vaters in Craiova; ebenso sein Militärjahr in einem militärischen Krankenhaus Craiovas abgedient. Anschließend führte er die Apotheke in Craiova; doch in den Kriegsjahren oft einberufen, wurde er mit seiner Familie in Kronstadt ansässig, wo er nach der Verstaatlichung der Stadtapotheken als Angestellter der Centrofarm bis zu seiner Aussiedlung in die Bundesrepublik arbeitete. In der Bundesrepublik war er in Freiburg zu Hause, in einer Apotheke angestellt. Als er in Rente gehen sollte, ereilte ihn der Tod.

Literatur:
F.J. ROTH: "II Fragmente zu den Geschichten der einzelnen Apotheken." Johann BORDON: Fragebogen.

LANGENDORF

Rum.: Satul-lung

Ung.: Hosszufalu

Apotheke "ZUR GOLDENEN KRONE"

Die Apotheke "ZUR GOLDENEN KRONE" wurde 1889 auf Grund eines Min.-Erlasses vom Apotheker GROSS Karl gegründet. Die Ortschaften in den Siebendörfern ziehen sich viele Kilometer entlang den Bergen hin, mit großen Entfernungen von Kronstadt und von Dorf zu Dorf bis zu 30 km Zwischenraum.

Siebenbürgen:	Gegründet: 1889
Komitat: Kronstadt	Recht: Personal
Ort: Langendorf	

Besitzer:	GROSS Karl	1889-
Pächter:	SCHNEIDER Hans	1916-
Leiter:	MARKOVATZ Alfred	1925-

GROSS Karl ist am 16.05.1854 in Fogarasch geboren. Studierte in Graz und erhält das Diplom als Mag.pharm. 1877. Er ist Leiter der Apotheke in Leschkirch 1882-1885. Erhält die Konzession und eröffnet die Apotheke in Langendorf 1889.

Näheres über die Zeit, wie SCHNEIDER Hans von 1916 weiter Pächter und MARKOVATZ Alfred von 1925 Leiter der Apotheke war, ist vorläufig unbekannt.

Nach der Enteignung der Apotheke wurde an dieser Stelle ein pharmazeutischer Punkt ersten Grades eröffnet, geführt von einer Assistentin.

Literatur:
F.J. ROTH: "II Fragmente zu den Geschichten der einzelnen Apotheken."
F.J. ROTH: Kartei-Plan der Apotheken und Apotheker aus Südsiebenbürgen bis zum Ende des 19. Jahrhundert.

MARIENBURG
Rum.: Feldioară

Apotheke "ZUM AESKULAP"

Die Apotheke "ZUM AESCULAP" in Marienburg wurde 1869 auf Grund des Gub.-Erlasses Nr. 16605/1869 vom Apotheker FOLBERTH Johann gegründet.

Siebenbürgen:		Gegründet: 1869
Komitat: Kronstadt		Recht: Personal
Ort: Marienburg		Gb. Zl. 16605/1869
Besitzer:	FOLBERTH Johann Friedrich	1869-1882
	SCHNEIDER Wilhelm	1882-1890
	WINKLER Stefan	1890-1896
	NAGY Endre	1896-1899
	BORSODI István	1899-1907
	PERŢIA Basil	1907-1952

FOLBERTH Johann Friedrich aus Schässburg, ist am 17.11.1843

geboren. In Wien erhielt er 1865 das Apothekerdiplom. War dann in Kronstadt in Condition bei HORNUNG, FABIK, KUGLER; insgesamt 4 Jahre. Im Februar 1870 errichtete er selbst eine Apotheke in Marienburg, verkaufte dieselbe jedoch 1882 und kaufte in seiner Vaterstadt die "Berwerth`sche Apotheke", in deren Besitz er viele Jahre war. 1883-1899.

Der zweite Besitzer der Marienburger Apotheke war SCHNEIDER Wilhelm aus Schässburg, geboren am 2.01.1857, wo sein Vater Johann SCHNEIDER Schneidermeister war. Er studiert in Graz und erhält das Diplom am 21.07.1881, ist dann bis August 1882 bei STENNER in Kronstadt angestellt, und übernahm hierauf die Apotheke in Marienburg am 1.09.1882, die er bis 1890 führt. Am Ende übernimmt er als Pächter die Apotheke "ZUM ENGEL" in Mühlbach von 1891-1894.

Der dritte Besitzer der Apotheke "ZUM AESCULAP" ist WINKLER Stefan aus Békes-Gyula, geboren am 5.08.1866. Erhält das Apothekerdiplom in Klausenburg und war von 1890 bis 1896 in Marienburg. Verkaufte sie dann und übersiedelte nach seinem Geburtsort.

Es kaufte die Apotheke als vierter Besitzer NAGY Endre aus Gottlob im Torontaler Komitat, geboren 1850, und führt sie von 1896-1899. Kaufte dann in Karlsburg die Apotheke "ZUM ROTEN KREUZ", die er von 1899-1908 behielt und dort starb.

BORSODI István als fünfter Besitzer, geboren in Pilis im Pest-Pilis-Solt-Kuner Komitat am 22.09.1871; kaufte die Apotheke im März 1899 von NAGY Endre für 28.000

Kronen und behielt sie bis 1907. Darauf verkaufte er sie an PERȚIA Basil und erwarb die H. Obertsche Apotheke in Kronstadt für 66.000 Kronen.

PERȚIA Basil, geboren in Schässburg am 11.11.1880. Praktikant in Karlsburg von 1890-1900. Machte dann im August 1900 die Tirocinalprüfung in Klausenburg. Konditionierte hierauf vom Oktober 1901 bis in den Sommer 1902 bei Guido FABRITIUS in Lechnitz, mit dem er nach Hermannstadt übersiedelte und dort bis zum August 1903 bei ihm als Assistent blieb. Er setzt anschließend sein Studium fort und wurde im Jahre 1905 Magister der Pharmazie in Klausenburg. Er arbeitet anschließend wieder 2 Jahre bei Apotheker Guido FABRITIUS in Hermannstadt. Am 1.09.1907 kaufte er die Apotheke in Marienburg. Er starb am 2.02.1958.
Die Apotheke wurde 1952 verstaatlicht und funktioniert als Staatsapotheke im Rahmen des Oficiul Regional farmaceutic Brașov.

Literatur:
F.J. ROTH: "II Fragmente zu der Geschichte der einzelnen Apotheken."
F.J. ROTH: Karteiplan der Apotheken und Apotheker aus Südsiebenbürgen bis zum Ende des 19. Jahrhunderts.
Dr. Ed. GUSBETH: Das Sanitätspersonal in und aus dem Kronstädter Komitat in den Jahren 1901-1910.
Dr. Ed. GUSBETH: Zur Geschichte der Sanitätsverhältnisse in Kronstadt.

NEUSTADT

Rum.: Cristian

Apotheke "ZUM ADLER"

Die Apotheke "ZUM ADLER" wurde auf Grund eines Min.-Erlasses von Apotheker Heinrich MAJAI 1912 gegründet, da auch Neustadt als Großgemeinde berechtigt war, eine eigene Apotheke zu haben und als Sanitäre Einrichtung der Bevölkerung von Nutzen war.

Siebenbürgen: Gegründet: 1912

Komitat: Kronstadt Recht: Personal

Ort: Neustadt

Besitzer:	MAJAI Heinrich	1912-1931
	MAJAI Karl	1931-1952

Während des Weltkrieges wurde die Apotheke fast vollständig ausgeraubt.

Der Gründer der Apotheke MAJAI Heinrich Koloman war am 10.08.1869 in Kronstadt geboren. Von 1884 an drei Jahre Praktikant bei K. SCHUSTER. Die Tirocinalprüfung machte er in Kronstadt 1887. Dann Assistent bei seinem früheren Chef, hierauf ein Jahr in Wien in der Apotheke "ZUM BÄREN", ferner nahezu 2 Jahre in Ober-Sankt-Veit bei FISCHER. Darauf diente er von 1892 an drei Jahre beim Militär. Danach Assistent von 1895 bis April 1897 abermals in Wien. Dann machte er die Hochschulstudien in Wien, wo er im Juli 1898 Mag.pharm. wurde. Als diplomierter Gehilfe war er dann beinahe acht Jahre, nämlich von Sept.

1898 bis Ende Juni 1906 in Wien in der Apotheke "ZUM HEILIGEN JOSEF" beschäftigt. Er pachtete gleich darauf im Juli die Apotheke in Tartlau auf vier Jahre.
1912 erhält er die Konzession, eine Apotheke in Neustadt zu gründen.
Der Sohn MAJAI Karl übernahm 1931 die Apotheke von seinem Vater. Ihm wurde sie enteignet und blieb als Staatsapotheke, vom pharmazeutischen Regionalamt Kronstadts verwaltet, in Funktion.

Literatur:

F.J. ROTH: "II Fragmente zu der Geschichte der einzelnen Apotheken."
Dr. Ed. GUSBETH: Das Sanitätspersonal in und aus dem Kronstädter Komitate.
F.J. ROTH: Kartei-Plan der Apotheken und Apotheker aus Südsiebenbürgen bis zum Fnde des 19. Jahrhundert.

ROSENAU

Rum.: Râşnov

Apotheke "ZUR HOFFNUNG"

Die Apotheke "ZUR HOFFNUNG" wurde 1868 auf Grund des Min.-Erlasses Zl 4125/1868 vom Apotheker RÖMER Albert errichtet, mit der Begründung, daß jede Gemeinde ihre eigene Apotheke besitzen solle und eine wirtschaftliche Entwicklung dieses für notwendig hielt.

Siebenbürgen:	Gegründet: 1868
Komitat: Kronstadt	Recht: Personal
Ort: Rosenau	Zl 4125/1868

Besitzer:	RÖMER Albert	1868-1892
	SCHEESER Josef	1893-1934
	SCHASER Friedrich	1934-1949

RÖMER Albert ist der Begründer und erster Besitzer der Apotheke "ZUR HOFFNUNG" in Rosenau 1868.
Er war in Kronstadt am 21.04.1834 als Sohn des Operateurs Simon Gottlieb RÖMER geboren. Er studierte in Wien, wurde am 31.01.1859 diplomierter Apotheker. Er arbeitete dann als Gehilfe bei HORNUNG in der Apotheke "ZUM MOHREN" in Kronstadt und JEKELIUS Gustav in Csernatfalu (Cernatu) in den Siebendörfern; dann als Provisor bei FABIK Eduard in der Apotheke "ZUM SCHUTZENGEL" in Kronstadt. Von 1868 an ist er der Besitzer der Apotheke "ZUR HOFFNUNG" in Rosenau, bis 1890. Er starb am 2.01.1892.
Im November 1890 kaufte die Apotheke "ZUR HOFFNUNG" von

RÖMER Alberts Erben der Apotheker SCHEESER Josef als 2. Besitzer, 1893-1934. Er ist in Kronstadt am 26.08.1861 geboren. Erwirbt das Apothekerdiplom in Wien 1884, praktiziert in Brăila, Deva, Schässburg und Werschetz von 1884 bis 1890. Von da an bis 1934 ist er in seiner Apotheke tätig, die er dann an Apotheker SCHASER Friedrich 1934 verkauft.

SCHASER Friedrich ist 1897 in Schässburg geboren, absolvierte das Bischof-Teutsch-Gymnasium in Schässburg, war im ersten Weltkrieg zum Militär eingezogen. Nach dem Zusammenbruch ist er Mitglied in der Bürgerwehr in Schässburg und nimmt als Leutnant am Feldzug mit den Rumänen in Ungarn teil. Studiert anschließend in Graz Pharmazie. Kehrt in seine Heimatstadt zurück. Arbeitet als Praktikant in den Semesterferien bei Apotheker August SALMEN in Schässburg. Ist Angestellter einer Apotheke in Dorna-Vatra für kurze Zeit. Von 1926-1934 ist er Apotheker bei REINDT Edmund in Comarnic. Ab 1934 übernimmt er die Apotheke in Rosenau vom Apotheker SCHEESER Josef. 1945 wird er nach Rußland deportiert. Ende 1948 kehrt er als Kranker nach Hause. In seiner Abwesenheit ist die Apotheke von seiner Frau an einen rumänischen Apotheker verpachtet worden. Nach seiner Rückkehr übernimmt er für kurze Zeit seine Apotheke bis zur Verstaatlichung am 2.04.1949. Er wird nach Zernești in die Apotheke versetzt, und nach etwa 2 Jahren nach Brenndorf in die verstaatlichte Apotheke, die bis dahin Apotheker KURMES Peter gehörte. Er arbeitete hier als Leiter der Apotheke über das Rentenalter hinaus, da er wenig Arbeitsjahre hatte, die er bei der Berechnung der Rente nachweisen konnte. Er lebte nach der Pensionierung in einem Dorf in Araci, neben Brenndorf. Er starb 1973. Seine verstaatlichte Apotheke in Rosenau leitete Apotheker MÜHSAM Karl bis zu seiner Pensionierung.

Literatur:
F.J. ROTH: "II Fragmente zu der Geschichte der einzelnen Apotheken."
Dr. Ed. GUSBETH: Das Sanitätspersonal in und aus dem Kronstädter Komitate in den Jahren von 1901-1910.
Rolf SCHASER: Biographische Daten über seinen Bruder, Apotheker Friedrich SCHASER.

SCHIRKANYEN

Rum.: Șercaia

Apotheke "ZUR HYGEA"

Die Apotheke "ZUR HYGEA" wurde 1893 auf Grund des Min.-Erlasses Nr. 595151-155/1893 vom Apotheker Albert PILDNER VON STEINBURG, mit der Begründung, daß die Gemeinde und die nächste Umgebung ohne Apotheke sei, gegründet.

Siebenbürgen:	Gegründet: 1893
Komitat: Kronstadt	Recht: Personal

Ort: Schirkanyen Zl. 595151-155/1893

Besitzer:	PILDNER VON STEINBURG Albert	1893-1937
	PILDNER VON STEINBURG Erwin	1937-1952
Pächter:	SCHNEIDER Franz	1894-1899

Albert F. PILDNER VON STEINBURG, geboren am 12.12.1868 in Fogarasch, Magister der Pharmazie, erhält die Konzession und eröffnet eine Apotheke in Schirkanyen 1893. Die Gemeinde Schirkanyen, als sächsische Siedlung, war in einer Umgebung, die hauptsächlich rumänische Dörfer in der Nachbarschaft hat. Zwischen Zeiden und näher an Fogorasch gelegen, in einer Grenz- und Abwehrstellung, ist Schirkanyen geschlossen und geordnet angelegt in einer Art von Selbstverteidigung. Die Sachsen siedelten geschlossen, einst in der Überzahl, heute in der Minderzahl. Sie beschäftigten sich hauptsächlich mit Landwirtschaft und Viehzucht. Ebenso die umliegenden Gemeinden und die Dörfer am Fuße der Karpaten auch mit Wald- und Holzwirtschaft. In der Gemeinde Schirkanyen war der Sitz des Kreisarztes, ein bis zwei Ärzte für humane Medizin und ein Tierarzt.
Die Apotheke war im Zentrum der Gemeinde gelegen, in entsprechenden Räumen untergebracht in einem Patrizierhause, wo eine Familie bequem mit Hof und schönem Garten wohnen konnte.
Apotheker PILDNER VON STEINBURG Albert verpachtet die Apotheke 1894 bis 1899 an Apotheker SCHNEIDER Franz und übernimmt sie von da ab wieder bis zum Jahre 1937.

Zu erwähnen ist: Während des ersten Weltkrieges war das Gebiet von Schirkanyen Schlachtfeld, so daß die Apotheke sehr viel gelitten hat. Die Medikamente wurden von den österreichisch-ungarischen Truppen mitgenommen, und die Einrichtung gestohlen. Erst 1930 war die Apotheke wieder ganz hergestellt.
1937 übergibt der Vater seinem Sohn PILDNER VON STEINBURG Erwin die Apotheke. Er hatte seine Praktikantenjahre bei seinem Vater in der Apotheke und die Tirocinalprüfung sowie das Staatsexamen in Klausenburg gemacht. In dieser Zeit arbeiten als Angestellte Apotheker mit Diplom: WEBER Wilhelm von Schässburg bis 1939 und von da ab bis 1941 Apotheker Johann BORDON und andere in dieser Apotheke, bis zur Verstaatlichung im April 1952.

Der Apotheker Erwin PILDNER VON STEINBURG findet in den Tagen nach der Verstaatlichung seiner Apotheke ein jähes Lebensende.
Die Apotheke blieb als Staatsapotheke der Region Kronstadt in Funktion.

Literatur:
F.J. ROTH: "II Fragmente zu den Geschichten der einzelnen Apotheken."
F.J. ROTH: Kartei-Plan der Apotheken und Apotheker aus Südsiebenbürgen bis zum Ende des 19. Jahrhunderts.
Johann BORDON: Fragebogen.

TARTLAU

Rum.: Prejmer

Apotheke "ZUM APOLLO"

Die Apotheke "ZUM APOLLO" wurde 1867 auf Grund Min.-Verordnung Zl 3526/1867 vom 29. Mai von Apotheker BOLTRES Friedrich gegründet. Die Landgemeinde benötigte eine eigene Arzneiversorgung.

Siebenbürgen:	Gegründet: 1867
Komitat: Kronstadt	Recht: Personal
Ort: Tartlau	M. Zl 3526/1867

Besitzer:	BOLTRES Friedrich	1867-1878
	BINDER Johann	1878-1910
	BINDER Fritz Gustav	1910-
Pächter:	NEUSTÄDTER Eugen	1895-1900
	SCHEINER August	1902-1906
	MAJAI Heinrich	1906-1910
	KESSLER Julius	1874-1876
	STENNER Friedrich jun.	1876-1878
	MOLNAR DE BOROSJENVE Stefan	1870-1874
Provisor:	STERNS Heinrich	1892-1895

BOLTRES Friedrich war der Begründer der Apotheke "ZUM APOLLO" in Tartlau. Er ist am 10.09.1838 in Tartlau geboren. Als Assistent ohne Diplom arbeitet er in der "FLORA" Apotheke in Rîmnic-Sărat von 1862-1864. Erhält nach dem Studium 1866 in Wien das Apothekerdiplom und wird Dr. med. 1867 in Strassburg. Nach der Gründung der

Apotheke in Tartlau 1867 führte er diese bis 1870.
1870 gab sie BOLTRES in Pacht.
Der erste Pächter war Stefan MOLNAR DE BOROSJENVE, der sie bis 1874 behielt. Er war in Verespatak am 28.03.1846 geboren. Später erwarb er die Apotheke in Gura-Ilona im Arader Komitat. Dort starb er auch.
Dann übernahm sie Julius KESSLER bis 1876. Dieser war der Sohn des Schlossermeisters Johann KESSLER, geboren am 11.04.1851 in Kronstadt. Erwarb sein Diplom 1871 in Wien. Conditionierte hierauf in Bukarest bei EKHARDT und in Ploieşti bei SCHMETTAU. Darauf Pächter der Apotheke in Tartlau, 1874-1875. Nachher arbeitet er bei FABIK in Kronstadt, und später in Wien bei KUTSCHERA für mehrere Jahre.
Als nächster Pächter der Apotheke in Tartlau, von 1876 bis 1878, erscheint Friedrich STENNER jun., geboren am 29.05.1850 in Kronstadt. Er war gleichzeitig auch Pächter in der Apotheke "ZUM GOLDENEN LÖWEN" in Kronstadt, die den Erben seines Vaters seit 1894 gehörte.
Hierauf verkaufte Dr. BOLTRES die Apotheke "ZUM APOLLO" in Tartlau am 1.05.1878 an Apotheker Johann BINDER aus Schässburg für 6000 fl. östr. W. Dieser ist am 22.05.1846 in Schässburg geboren und starb 1898 in seiner Vaterstadt.
Schon 1892 wurde die Apotheke durch den Provisor Heinrich STERNS geleitet. Dieser war am 17.02.1858 in Kronstadt geboren. Erhält das Apothekerdiplom 1888 in Wien. Leitet diese Apotheke 1892-1895. Er ist dann 6 Jahre Assistent bei SCHUSTER in Kronstadt, und arbeitet dann in Wien und in mehreren Apotheken Österreichs.

Die Binder`sche Apotheke pachtete dann Eugen NEUSTÄDTER, der sie von 1895-1900 behielt. Er ist am 23.05.1863 in Kronstadt geboren. Studiert in Wien, erhält dort 1887 das Apothekerdiplom, arbeitet eine Zeit in Wien, dann Pächter von 1895 bis Ende 1900 in Tartlau. Übernahm dann die Apotheke von Karl SCHUSTER für 60.000 Kronen, die den Namen "ZUM SCHUTZENGEL" in Kronstadt hatte.
Es folgt nun als nächster Pächter in Tartlau Alois WOTSCH aus Hatzeg (Hunyader Komitat), geboren am 29.05.1844. Am 30.03.1892 eröffnet er die Apotheke "ZUM SCHUTZENGEL" in Tatrang (Tarlungeni) und 1899 übergibt er sie seinem Sohn. Vor der Eröffnung der Apotheke in Tatrang hatte er auch die Apotheke in Tartlau ein Jahr in Pacht.

Dann, vom 15.04.1902 bis 30.06.1906, ist August SCHEINER der Pächter. Geboren am 27.11.1871 in Schaal (Grosskokler Komitat). Er studiert in Wien und erhält dort das Diplom 1896, praktiziert in Hermannstadt 1897, ist Pächter der Apotheke in Heldsdorf bis 1901 und von 1902-1906 Pächter der Apotheke "ZUM APOLLO" in Tartlau. Schon am nächsten Tag trat er durch Kauf in den Besitz der 1857 gegründeten Apotheke in Marktschelken.

Als letzter Pächter der Apotheke "ZUM APOLLO" aus Tartlau ist MAJAI Heinrich, geboren am 10.08.1869. Von 1884 an drei Jahre Praktikant bei K. SCHUSTER. Die Tirocinalprüfung machte er 1887 in Kronstadt. Dann Assistent bei seinem früheren Chef, hierauf ein Jahr in Wien in der Apotheke "ZUM BÄREN", ferner nahezu zwei Jahre in Ober-Sankt-Veit bei FISCHER. Es folgten 3 Jahre Militär. Dann machte er die Hochschule in Wien, wo er im Juli 1898 Mag. pharm. wurde. Als Diplomierter arbeitet er beinahe 8 Jahre in Wien in der Apotheke "ZUM HEILIGEN JOSEF", und pachtet gleich darauf im Juli die Apotheke in Tartlau auf 4 Jahre, 1906-1910.

BINDER Fritz Gustav ist der Besitzer der Apotheke von 1910 weiter. Zu erwähnen ist, daß während des ersten Weltkrieges im Jahre 1916 die Apotheke vollständig ausgeraubt wurde.
Mit dem Akt der Verstaatlichung 1952 blieb sie auch weiterhin in Funktion.

Literatur:

Dr. Ed. GUSBETH: Das Sanitätspersonal in und aus dem Kronstädter Komitat in den Jahren 1901-1910.

Dr. Ed. GUSBETH: Zur Geschichte der Sanitäts-Verhältnisse in Kronstadt.

F.J. ROTH: "II Fragmente zu den Geschichten der einzelnen Apotheken."

F:J: ROTH: Kartei-Plan der Apotheken und Apotheker aus Südsiebenbürgen bis zum Ende des 19. Jahrhundert.

TATRANGEN

Rum.: Tǎrlungeni

Apotheke "ZUM SCHUTZENGEL"

Die Apotheke "ZUM SCHUTZENGEL" in Tatrangen ist 1892 vom Apotheker WOTSCH Alois gegründet worden.

Siebenbürgen:	Gegründet: 1892
Komitat: Kronstadt	Recht: Personal
Ort: Tatrangen	

Besitzer:	WOTSCH Alois	1892-1899
	WOTSCH (VOTSCH) Otto	1899-1928
	ZACHARIAS Albert	1928-1952

Der erste Besitzer der Apotheke "ZUM SCHUTZENGEL" in Tatrangen war Apotheker WOTSCH Alois, in Hatzeg (Hunyader Komitat) geboren, am 29.05.1844, hatte am 30.03.1892 die Apotheke "ZUM SCHUTZENGEL" in Tatrang eröffnet und 1899 seinem Sohn übergeben.

VOTSCH Otto (früher WOTSCH) in Oituz, geboren am 7.09.1874, hat die Tatranger Apotheke 1899 von seinem Vater übernommen und führt sie bis 1928.

ZACHARIAS Albert ist der dritte Besitzer. Diesem wurde sie enteignet.
Nach der Verstaatlichung ist die Apotheke in Betrieb gelassen worden.

Literatur:

F.J. ROTH: "II Fragmente zu den Geschichten der einzelnen

Apotheken."

Dr. Ed. GUSBETH: Das Sanitätspersonal in und aus dem Kronstädter Komitate in den Jahren von 1901-1910.

TÖRZBURG

Rum.: Bran

Apotheke "SALVATOR"

Die Apotheke "SALVATOR" wurde 1904 auf Grund eines Min.-Erlasses vom Apotheker WEBER Ernst, weil Törzburg mit den dazugehörenden Dörfern, die viel zu entfernt von Kronstadt liegen, gegründet.

Siebenbürgen:	Gegründet: 1904
Komitat: Kronstadt	Recht: Personal
Ort: Törzburg	
Besitzer: WEBER Ernst	1904-1914
NAN Janos	1914-1926
STRUZVIN Sabin	1926-

WEBER Ernst ist 1863 in Broos geboren. Studiert Pharmazie in Wien und wird Magister der Pharmazie. Erhält 1904 die Konzession in Törzburg, die er bis 1914 behält. Er verkauft sie 1914 und zieht dann nach Reps und leitet die Apotheke "ZUM ADLER".

Der Käufer war Apotheker NAN Janos, der sie von 1914-1926 besitzt, um sie dann an Apotheker STRUZVIN Sabin 1926 zu verkaufen, bis sie dann auch verstaatlicht wurde, und seit 1952 als Staatsapotheke vom Pharmazeutischen Regionalamt Brasov (Kronstadt) verwaltet wird. Die Apotheke hat die Aufgabe, der Bevölkerung Törzburgs und den Streusiedlungen in den Bergen die Versorgung mit Medikamenten zu sichern. Törzburg und seine Umgebung war und ist in seiner landschaftlichen Schönheit ein Anziehungspunkt für Touristen.

Literatur:
F.J. ROTH: "II Fragmente zu der Geschichte der einzelnen Apotheken."
F.J. ROTH: Kartei-Plan der Apotheken und Apotheker aus Südsiebenbürgen bis zum Ende des 19. Jahrhundert.

ZEIDEN

Rum.: Codlea

Apotheke "ZUR HOFFNUNG"		
Siebenbürgen:		Gegründet: 1870
Komitat: Kronstadt		Recht: Personal
Ort: Zeiden		Min.-Erl. Zl 8544/1870
Besitzer:	REINHARD Johann Carl	1870-1875
	MASCHIN Franz	1875-1879
	RAUPENSTRAUCH Gustav	1879-1881
	REIMER Martin	1881-1927
	REIMER Otto Wilhelm	1927-1949
Pächter:	ZIKELI Carl	1872-1875

Über die Apotheke von Zeiden schreibt Dr. Arnold HUTTMANN: „Der erste Apotheker von Zeiden war Carl Johann REINHARD, geboren am 3.05.1843 in Schässburg. Er absolvierte sein Pharmaziestudium 1867 in Wien und arbeitete hierauf bis 1870 in mehreren Apotheken von Wien, Schässburg und Klausenburg. Nach Eröffnung der Zeidner Apotheke erwarb er 1872 die Apotheke "ZUM ENGEL" in Mühlbach und verkaufte die Zeidner Apotheke 1876. Vom 1.07.1872 bis Mitte 1875 war die Apotheke an Carl ZIKELI verpachtet und danach für ein Jahr an den aus Böhmen stammenden Franz MASCHIN. 1876 kaufte dieser die Apotheke für 3.200 Gulden, verkaufte sie aber 1879 weiter an Gustav RAUPENSTRAUCH aus Bistritz, und zwar um 2.800 Gulden. Danach kehrte MASCHIN in seine Heimat zurück.

RAUPENSTRAUCH war am 14.09.1855 geboren, studierte bis 1877 in Wien, war dann in Stellung beim Kronstädter Apotheker HORNUNG, und kam dann 1879 für kurze Zeit nach Zeiden. Schon am 15.04.1881 verkaufte er die Apotheke für 6.500 Gulden ö.W. an Martin REIMER. Er selbst errichtete danach eine Glas- und Porzellanhandlung in Bistritz.
Martin REIMER war am 27.07.1851 geboren. Vom 1.02.1874 bis zum 1.09.1875 war er Apothekergehilfe bei Carl ZIKELI in Zeiden und vom 1.09.1875 bis zum 6.12.1876 in gleicher Eigenschaft bei Albert RÖMER in Rosenau. Danach war er vom 8.01. bis zum 8.09.1877 in Zeiden bei Franz MASCHIN angestellt und studierte hierauf von 1877 bis 1879 an der Wiener philosophischen Fakultät Pharmazie. Er arbeitete dann als diplomierter Gehilfe vom 15.08.1879 bis zum 24.02.1881 beim Apotheker G. KAUFFMES in Brăila, bis er die Zeidner Apotheke von RAUPENSTRAUCH erwarb. Am 3.08.1927 verkaufte Martin REIMER die Apotheke seinem Sohn Otto REIMER um 240.000 Lei (wobei damals 170 Lei einem Dollar entsprachen).
Otto REIMER war am 28.07.1887 geboren, absolvierte in Kronstadt sechs Gymnasialklassen und studierte Pharmazie in Wien von 1909-1912. 1915-1918 machte er Militärdienst, studierte dann in Klausenburg weiter von 1918-1921 und erwarb hier die "Libera Practica". Bereits ab 1920 hatte er die Apotheke seines Vaters geführt, und leitete dieselbe bis zur Nationalisierung im Jahre 1949."
Das sind die Daten über die erste Apotheke in Zeiden, welche Dr. Arnold HUTTMANN geschrieben hat.

In Fortsetzung zur Geschichte der Apotheke und der Familie REIMER Otto-Wilhelm berichtet der Sohn Siegbert-Otto REIMER über das Schicksal seiner Eltern und seiner Familie:
REIMER Siegbert-Otto ist am 10.04.1923 in Zeiden geboren. Apotheker-Praktikant in der väterlichen Apotheke vom 1.07.1942-23.08.1944. Im Juni 1946 Aufnahmeprüfung an der Pharmazeutischen Fakultät in Bukarest. Von Juni 1946 bis Juni 1947 ein Jahr Praktikum in der väterlichen Apotheke in Zeiden. Juni 1947 Vorexamen in Bukarest. Herbst 1947 bis 1950 dreijähriges Apothekerstudium in Bukarest.
Am 2.04.1949 Enteignung der väterlichen Apotheke in Zeiden.
1950 Abschlußexamen in Bukarest. 1950-1954 als Apotheker angestellt in der 11. Staatsapotheke in Abrud (Gross-Schlatten, siebenbürg. Erzgebirge) auf Grund des Dekretes 180/1950 (Landeinsatz).
Im Sommer 1951 Staatsprüfung mit Diplomarbeit. Im Mai 1953 Einsatz in der 15. Staatsapotheke Oderheiu, Ciuc, Juni 1953 eröffnet er die Saison-Apotheke im Luftkurort Borsec-Băi. Im April 1954 Übernahme der Leitung der 40. Staats-apotheke in Samos-Ludus auf 2 Monate. Im Auftrage der Direktion der Centrofarm-Cluj errichtet er in den Gemeinden Bucium-Sasa und Ciuruleasa sogenannte puncte farmaceutice. Als farmacist coordonator ernannt, mußte er die 33. Staats-apotheke in Roşia Montana beraten.
Im Zuge der Repressivmaßnahmen der rumänischen Behörden wird seine Familie aus Zeiden ausgewiesen und erhält 1952 Zwangsaufenthalt "Domiciliu obligatoriu" zugewiesen.
1954 stirbt sein Vater in Abrud; das Dekret wird aufge-

hoben, mit seiner Mutter kehrt er in die Kronstädter Region zurück.
Von Juli bis September 1954 arbeitet er in der früheren väterlichen Apotheke in Zeiden, jetzt 15. Staatsapotheke, unter der Leitung des Kronstädter Apothekers Hermann WAGNER. September 1954 Übernahme der Leitung der 37. Staatsapotheke "Mina 1. Mai"-Concordia bei Wolkendorf. Nach 3jähriger Tätigkeit als Leiter der 37. Apotheke wird er nach Zeiden versetzt.
Von 1957-1969 arbeitet er als Leiter der Zeidner Poliklinik und Krankenhausapotheke bis zur Aussiedlung mit seiner Familie in die Bundesrepublik.
1970-1983 arbeitet er als angestellter Apotheker in der St. Georg Apotheke in Traunstein/Bayern.

Literatur:
Dr. Arnold HUTTMANN: Die Tierärzte und Apotheker in Zeiden.
Dr. Ed. GUSBETH: Das Sanitätspersonal in und aus dem Kronstädter Komitat.
Dr. Ed. GUSBETH: Zur Geschichte der Sanitätsverhältnisse in Kronstadt.
Apotheker Siegbert Otto Reimer: Fragebogen.

ZEIDEN

Rum.: Codlea

"HERTER"- Apotheke

Siebenbürgen: Gegründet: 1934

Komitat: Kronstadt Recht: Personal

Ort: Zeiden

Besitzer:	HERTER Carl	1934-1940
	MÜHSAM Karl	1940-1949

Im Jahre 1934 eröffnete Magister Carl HERTER in Zeiden eine zweite Apotheke, in der Weihergasse im "Hause Metter", die er bis zu seiner Übersiedlung nach Wien 1940 führte. Er war am 24.08.1889 in Kronstadt geboren, ein älterer Bruder des in Zeiden ansässigen Kaufmanns Arnold HERTER, Langgasse; verheiratet mit Rosa geb. KÖNIGES. Studierte von 1910-1913 in Wien und Budapest Pharmazie. Von 1924 bis 1928 hatte er in Tușnad eine Apotheke, danach von 1928-1934 in Honigberg.
Nach HERTERS Weggang von Zeiden übernahm Apotheker Karl MÜHSAM die Apotheke, die 1949 verstaatlicht wurde.
Karl MÜHSAM war in Schässburg 1907 geboren. Nach dem Absolvieren des Schässburger Gymnasiums praktiziert er in der Lingner-Apotheke. Nach der Tirocinalprüfung in Klausenburg im Sommer 1930 besuchte er die pharmazeutische Fakultät in Klausenburg. Erhält das Diplom als Licentiat der Pharmazie 1933. Arbeitet als angestellter Diplomapotheker in Hermannstadt, Mühlbach bei REINHARDT,

dann in Kronstadt bei Erich PHLEPS bis zur Übernahme der Carl HERTER`SCHEN Apotheke in Zeiden 1940, die er bis 2.04.1949 führt, Datum an dem sie verstaatlicht wurde.

In den Jahren nach der Enteignung der Apotheken arbeitet er als Leiter der verstaatlichten Apotheke in Rosenau bis zu seiner Pensionierung; bleibt auch im Ruhestand in Rosenau wohnen.

Die zweite Apotheke von Zeiden wird nach der Verstaatlichung nicht mehr in Betrieb genommen.

Literatur:

Dr. Arnold HUTTMANN: Die Tierärzte und Apotheker in Zeiden.

Ergänzt von Johann BORDON als angestellter Apotheker des Pharmazeutischen Regionalamtes Kronstadt.

Z E R R E N D O R F

Rum.: Cernatu

Ung.: Csernatfalu

Apotheke "ZUM WEISSEN KREUTZ" später "ZUM GOLDENEN KREUZ"

Siebenbürgen:	Gegründet: 1858
Komitat: Kronstadt	Recht: Personal
Ort: Zerrendorf	Min.-Erl. 2002/1858

Besitzer:	JEKELIUS,Gustav	1858-1885
	DROTLOFF, Josef	1901-1930
	ZACHARIDES, Hermann	1930-1952

Für die Bewohner des Burzenlandes entstanden, aus der Notwendigkeit die Bevölkerung mit Medikamenten zu versorgen, die sie sonst nur aus den Apotheken der Stadt beziehen konnten oder die Ärzte diese aus ihren Hausapotheken ausfolgten, auf dem Lande neue Apotheken.

Die Siebendörfer waren die ersten, welche eine eigene Apotheke bekamen.
Am 25.01.1858 erhielt Gustav JEKELIUS von der Stadthalterei die Personalbefugnis in den Siebendörfern bis zum 25.07.1858 eine Apotheke zu eröffnen. Sie wurde in Cernatfalu (Cernatu) nahe bei Hosszufalu (Satul-Lung) errichtet; mit dem Namen "ZUM WEISSEN KREUTZ", den er später änderte in den Namen "ZUM GOLDENEN KREUZ".

Seit 1885 leitete sein Sohn Gustav die Apotheke. Er starb 1893.

JEKELIUS Gustav, der Gründer der Apotheke in Cernatu, war der Bruder des Ferdinand JEKELIUS von Kronstadt. Er war am 2.06.1827 geboren; studierte in Wien und erhielt das Diplom 1852. Von 1854-1856 diente er in der Armee als Feldapotheker. 1858 eröffnete er in den Siebendörfern eine Apotheke und 1866 für die Sommermonate in Zaizon (Zizini) eine Filiale; das Recht hierzu hat er jedoch seit 1878 anderen überlassen.
Sein Sohn Gustav, in Kronstadt am 11.11.1861 geboren, studierte in Pest und erhielt das Diplom 1885. Provisor in der Apotheke 1885-1894. In diesem Jahr starb er.

Die Apotheke wurde von da ab durch den Provisor Heinrich SCHWARZ versorgt. Er war am 27.06.1856 in Reps geboren, von 1887 an Assistent in der Apotheke in Cernatfalu bis im Januar 1894, wo er dann Provisor derselben wurde. Darauf begab er sich nach Piski. Weiteres über ihn war nicht zu erfahren.
DROTLOFF Josef aus Mediasch, geboren am 9.06.1866. War von 1894 an Pächter, kaufte sie dann 1901 und war bis 1930 deren Besitzer.
ZACHARIDES Hermann war vom Jahre 1930 bis zur Nationalisierung der letzte Besitzer.
Als Staatsapotheke blieb sie in Funktion.

Literatur:

F.J. ROTH:"II Fragmente zu den Geschichten der einzelnen Apotheken."
F.J. ROTH: Karten-Plan der Apotheken und Apotheker aus Südsiebenbürgen bis zum Ende des 19. Jahrhundert.

Dr. Ed. GUSBETH: Das Sanitätspersonal in und aus dem Kronstädter Komitate in den Jahren 1901-1910.

Dr. Ed. GUSBETH: Zur Geschichte der Sanitäts-Verhältnisse in Kronstadt.

DEUTSCHE APOTHEKER IM KREIS KRONSTADT

A = Angestellter

B = Besitzer

L = Leiter

P = Praktikant

Pä = Pächter

ALBRICH Johann Dr.: Kronstadt

Apotheke "ZUM SCHWARZEN ADLER", B 1720-1749.

ALBRICH J. Dr. Erben: Kronstadt

Apotheke "ZUM SCHWARZEN ADLER", B 1749-1760.

ALBRICH VON ALBRICHSFELD Otto Heinrich: Kronstadt

Apotheke "ZUM MOHREN", P 1920-1921.

Apotheker Gremium: Kronstadt

Apotheke "ZUR GOLDENEN KRONE", B 1870-1875.

BECKERS Daniel Noah: Kronstadt

Apotheke "ZUM SCHWARZEN ADLER", B 1760-1781.

BECKERS Johann: Kronstadt

Apotheke "ZUM SCHWARZEN ADLER", B 1781-1818.

BECKERS Johann Witwe Regine: Kronstadt

Apotheke "ZUM SCHWARZEN ADLER", B 1818-1819.

BERGLEITER Peter: Kronstadt

Apotheke "ZUM GOLDENEN LÖWEN", B 1800-1837.

BETZMANN Mathias: Kronstadt

Apotheke "ZUM SCHWARZEN ADLER", L 1720-1730.

BEUTLER Friedrich: Kronstadt

Apotheke "ZUM SCHWARZEN ADLER", L 1828-1832.

BINDER Johann: Tartlau

Apotheke "ZUM APOLLO", B 1878-1910.

BINDER Fritz Gustav: Tartlau

Apotheke "ZUM APOLLO", B 1910-

BINDER Friedrich: Kronstadt

Apotheke "ZUM MOHREN", Pä 1923-1927.

BINDER Friedrich: Kronstadt

Apotheke "ZUM SCHWARZEN ADLER", L 1825-1828.

BIRK Johann Georg: Kronstadt

Apotheke "ZUM GOLDENEN LÖWEN", B 1788-

BOGNER Gottfried Daniel: Kronstadt

Apotheke "ZUM MOHREN", B 1814-1840.

BOLTOSCH Georg sen.: Kronstadt

Apotheke "ZUM MOHREN", B 1733-1752.

BOLTOSCH Georg jun.: Kronstadt

Apotheke "ZUM MOHREN", B 1752-1780.

BOLTOSCH Friedrich Samuel: Kronstadt

Apotheke "ZUM MOHREN", B 1780-1814.

BOLTRES Friedrich: Tartlau

Apotheke "ZUM APOLLO", B 1867-1878.

BORDON Johann: Schirkanyen

Apotheke "ZUR HYGEA", A 1939-1941.

BOROSJENOE DE Stefan Molnar: Tartlau

Apotheke "ZUM APOLLO", Pä 1870-1874.

BORSODI Stefan: Marienburg

Apotheke "ZUM AESKULAP", B 1899-1907.

BORSODI Stephan: Kronstadt

Apotheke "ZUM GOLDENEN KREUZ", B 1907-1919.

COMIETTA: Kronstadt

Apotheke "ZUR WEISSEN KIRCHE", L 1779-

CZÉKELY Andreas: Kronstadt

Apotheke "ZUM GOLDENEN PELIKAN", B 1839-1848.

CZÉKELY Andreas Witwe: Kronstadt

Apotheke "ZUM GOLDENEN PELIKAN", B 1848-1854.

CZÉKELY Eduard: Kronstadt

Apotheke "ZUM GOLDENEN PELIKAN", B 1854-1857.

CZÉKELY Andreas Witwe: Kronstadt

Apotheke "ZUM GOLDENEN PELIKAN", B 1857-1868.

DRESNAND: Kronstadt

Apotheke "ZUM GOLDENEN PELIKAN", P 1741-

DROTLOFF Josef: Zerrendorf/Cernatu

Apotheke "ZUM GOLDENEN KREUZ", B 1901-1930.

DROTLOFF Josef: Zerrendorf/Cernatu

Apotheke "ZUM GOLDENEN KREUZ", Pä 1894-1901.

EICHHORN Albert sen.: Heldsdorf

Apotheke "ZUR HELDENBURG", L 1893-1894.

EICHHORN Albert sen.: Kronstadt

Apotheke "ZUM MOHREN", A -1902.

EICHHORN Albert sen.: Kronstadt

Apotheke "ZUR HOFFNUNG", L 1903-1907.

EICHHORN Albert sen.: Kronstadt

Apotheke "ZUR HOFFNUNG", Pä 1907-1913.

EICHHORN Albert sen.: Kronstadt

Apotheke "ZUM SCHWARZEN TURM", B 1914-1936.

EICHHORN Albert jun.: Kronstadt

Apotheke "ZUM SCHWARZEN TURM", B 1936-1949.

FABIK Eduard: Kronstadt

Apotheke "ZUM GOLDENEN PELIKAN", Pä 1857-1867.

FABIK Eduard: Kronstadt

Apotheke "ZUM SCHWARZEN ADLER", L 1859-1863.

FABIK Eduard: Kronstadt

Apotheke "ZUM SCHUTZENGEL", B 1863-1877.

FEDENFELD VON Karl: Kronstadt

Apotheke "ZUR WEISSEN KIRCHE", Pä 1835-1841.

FOLBERTH Johann Friedrich: Marienburg

Apotheke "ZUM AESKULAP", B 1869-1882.

FOLBERTH Johann Friedrich: Kronstadt

Apotheke "ZUM MOHREN", "ZUM SCHUTZENGEL",
"ZUR HYGEA", A -1869.

FRANK Adolf: Kronstadt

Apotheke "ZUR HOFFNUNG", L 1886-1888.

FUHRMANN Carl & HONIGBERGER Adolf: Kronstadt

Apotheke "ZUR WEISSEN KIRCHE", B 1865-1875.

FUHRMANN Carl: Kronstadt

Apotheke "ZUR WEISSEN KIRCHE", B 1875-1885.

GRAEF Andreas: Kronstadt

Apotheke "ZUM GOLDENEN LÖWEN", B -1798.

GRAEF Witwe: Kronstadt

Apotheke "ZUM GOLDENEN LÖWEN", B 1798-1800.

GRÄSER Andreas: Kronstadt

"BÄREN-APOTHEKE", L 1925-

GREISING VON Franz: Kronstadt

Apotheke "ZUM SCHWARZEN ADLER", B 1819-1863.

GREISING Viktor: Kronstadt

Apotheke "ZUM GOLDENEN PELIKAN", L 1852-1854.

GOOS Johann: Kronstadt

Apotheke "ZUM GOLDENEN PELIKAN"; B 1876-1890.

GROSS Karl: Langendorf/Satul-lung

Apotheke "ZUR GOLDENEN KRONE", B 1889-

HAMMERSCHMIDT Josef: Kronstadt

Apotheke "ZUM SCHWARZEN ADLER", L 1818-1822.

HEITZ (Lothar): Kronstadt

Apotheke "ZUM GOLDENEN KREUZ", L 1944-1949.

HEREZEG: Kronstadt

Apotheke "ZUM SCHWARZEN ADLER", L 1832-1836.

HENNING Karl: Brenndorf

Apotheke "ZUM GRÜNEN KREUZ", B 1908-1920.

HENNING Karl: Kronstadt

bei Roth, Stenner, Jekelius, A -1908.

HERTER Carl: Zeiden

zweite Apotheke, B 1934-1940.

HOCH Samuel Gottlieb: Kronstadt

Apotheke "ZUR GOLDENEN KRONE", B 1819-1822.

HONIGBERGER Adolf: Kronstadt

Apotheke "ZUR HOFFNUNG", A 1859-1865.

HONIGBERGER Adolf: Kronstadt

Apotheke "ZUR GOLDENEN KRONE", B 1875-1884.

HONTERUS Johannes: Kronstadt

Apotheke "ZUR GOLDENEN KRONE", B 1801-1812.

HORNUNG Carl: Kronstadt

Apotheke "ZUM MOHREN", B 1840-1880.

HORNUNG Julius: Kronstadt

Apotheke "ZUM MOHREN", B 1880-

JEKEL Friedrich: Kronstadt

Apotheke "ZUR WEISSEN KIRCHE", B 1846-1864.

JEKELIUS Ferdinand: Kronstadt

Apotheke "ZUM SCHWARZEN ADLER", A 1843-1850.

Apotheke "ZUR HOFFNUNG", B 1848-1877.

JEKELIUS Ferdinand-Witwe Alexina: Kronstadt

Apotheke "ZUR HOFFNUNG", B 1881-1898.

JEKELIUS Gustav: Kronstadt

Apotheke "ZUR HOFFNUNG", B 1877-1881,

L 1877-1881, A 1873-

JEKELIUS Emil: Kronstadt

Apotheke "ZUR HOFFNUNG", L 1888-1898.

B 1898-1922.

JEKELIUS Gustav: Zerrendorf/Cernatu

Apotheke "ZUM GOLDENEN KREUZ", B 1858-1885.

JEKELIUS Gustav jun.: Zerrendorf-Cernatu

Apotheke "ZUM GOLDENEN KREUZ", L 1885-1893.

KELLEMEN Franz sen.: Kronstadt

Apotheke "ZUR WEISSEN KIRCHE", B 1886-1925.

KELLEMEN Franz sen.: Kronstadt

Apotheke "ZUR HOFFNUNG", L 1881-1886.

KELLEMEN Franz jun.: Kronstadt

Apotheke "ZUR HOFFNUNG", L 1917-1925, P 1885-1887.

KESSLER Julius: Kronstadt

Apotheke "ZUM GOLDENEN SCHUTZENGEL", L 1876-1877.

KESSLER Julius: Tartlau

Apotheke "ZUM APOLLO", Pä 1874-1875.

KLEBER Josef: Kronstadt

Apotheke "ZUM GOLDENEN PELIKAN", L 1848-1852.

KLEIN Viktor: Kronstadt

Apotheke "ZUR GOLDENEN KRONE", B 1884-1913.

KUGLER Eduard: Kronstadt

Apotheke "ZUR HYGEA", B 1867-1908.

KUGLER Rudolf: Kronstadt

Apotheke "ZUR HYGEA", B 1908-1949.

KUGLER Eduard: Kronstadt

Apotheke "ZUM SCHWARZEN ADLER", A 1864-1867.

KUGLER Franz: Kronstadt

Apotheke "ZUR HYGEA", A 1889-1903.

KURMES Peter: Brenndorf

Apotheke "ZUR GOLDENEN KRONE", B 1920-1952.

LANGENDORF VON Ludwig: Kronstadt

Apotheke "ZUR WEISSEN KIRCHE", B 1772-1804.

LUKAS Fritz: Kronstadt

Apotheke "ZUM GOLDENEN KREUZ", B 1919-1944.

MAI Gottfried Samuel: Kronstadt

Apotheke "ZUR WEISSEN KIRCHE", L 1824-1835.

MAJAI Heinrich: Tartlau

Apotheke "ZUM APOLLO", Pä 1906-1910.

MAJAI Heinrich: Neustadt

Apotheke "ZUM ADLER", B 1912-1931.

MAJAI Heinrich: Kronstadt

Apotheke "ZUM SCHUTZENGEL", P 1884-1887.
A 1888-1889.

MAJAI Karl: Neustadt

Apotheke "ZUM ADLER", B 1931-1952.

MARKOVATZ Alfred: Langendorf/Satulung

Apotheke "ZUR GOLDENEN KRONE", L 1925-

MASCHIN Franz: Zeiden

Apotheke "ZUR HOFFNUNG", B 1875-1879.

MEISSNER Traugott Paul: Kronstadt

Apotheke "ZUR WEISSEN KIRCHE", B 1804-1810.

MILLER VON Johann Gottlieb: Kronstadt

Apotheke "ZUR GOLDENEN KRONE", B 1822-1869.

MILLER VON Julius: Kronstadt

Apotheke "ZUR GOLDENEN KRONE", B 1869-1870.

MORSCHER W. F.: Kronstadt

Apotheke "ZUM SCHUTZENGEL", L 1873-1875.

MYLIUS Wolfgang Wendelius: Kronstadt

Apotheke "ZUM GOLDENEN LÖWEN", B 1696-1728.

MYLIUS Dr. Johann Friedrich: Kronstadt

Apotheke "ZUM GOLDENEN LÖWEN", B 1728-1768.

MYLIUS Dr. Bartolomäus: Kronstadt

Apotheke "ZUM GOLDENEN LÖWEN", B 1768-1788.

MÜHSAM Karl: Zeiden

Apotheke: Die II. Apotheke, B 1940-1949.

NAGY Endre: Marienburg

Apotheke "ZUM AESKULAP", B 1896-1899.

NAN Janos: Törzburg

Apotheke "ZUM SALVATOR", B 1914-1926.

NEUSTÄDTER Eugen: Tartlau

Apotheke "ZUM APOLLO", Pä 1895-1900.

NEUSTÄDTER Eugen: Kronstadt

Apotheke "ZUM SCHUTZENGEL", B 1901-

OBERTH Heinrich: Kronstadt

Apotheke "ZUM GOLDENEN KREUZ", B 1885-1907.

PAUL Johann: Kronstadt

Apotheke "ZUR WEISSEN KIRCHE", B 1810-1824.

PAUL Johann Erben: Kronstadt

Apotheke "ZUR WEISSEN KIRCHE", B 1824-1846.

PERȚIA Basil: Marienburg

Apotheke "ZUM AESKULAP", B 1907-1952.

PILDNER VON STEINBURG Albert: Schirkanyen

Apotheke "ZUR HYGEA", B 1893-1937.

PILDNER VON STEINBURG Ervin: Schirkanyen

Apotheke "ZUR HYGEA", B 1937-1952, A 1933-1937.

RAUPENSTRAUCH Gustav: Zeiden

Apotheke "ZUR HOFFNUNG", B 1879-1881.

REIMER Martin: Zeiden

Apotheke "ZUR HOFFNUNG", B 1881-1927, A 1874-1875.

REIMER Martin: Rosenau

Apotheke "ZUM SCHUTZENGEL", A 1875-1876.

REIMER Otto Wilhelm: Zeiden

Apotheke "ZUR HOFFNUNG", B 1927-1949.

REIMER Siegbert Otto: Zeiden

Apotheke "ZUR HOFFNUNG", P 1946-1947.

REINHARD Johann Carl: Zeiden

Apotheke "ZUR HOFFNUNG", B 1870-1875.

REVISNYA VON Matheides Daniel: Kronstadt

Apotheke "ZUM GOLDENEN PELIKAN", B -1812.

REVISNYA VON Matheides Daniel sen. & jun.: Kronstadt

Apotheke "ZUM GOLDENEN PELIKAN", B 1816-1819.

ROLL VON Samuel: Kronstadt

Apotheke "ZUM GOLDENEN PELIKAN", B 1818-1819.

RÖMER Albert: Kronstadt

Apotheke "ZUM SCHUTZENGEL", L 1863-1868.

RÖMER Albert: Rosenau

Apotheke "ZUR HOFFNUNG", B 1868-1892.

ROTH Viktor: Kronstadt

"BÄREN-APOTHEKE", B 1890-1911.

ROTH Michael Friedrich: Heldsdorf

Apotheke "ZUR HELDENBURG", B 1893-1913.

ROTH Michael jun.: Heldsdorf

Apotheke "ZUR HELDENBURG", B 1913-1952.

ROTH Karl-Heinz: Kronstadt

Apotheke "ZUM GOLDENEN LÖWEN", P 1932-1934,

"BÄREN-APOTHEKE", A 1939-1943.

SCHASER Friedrich: Rosenau

Apotheke "ZUR HOFFNUNG", B 1934-1949.

SCHEESER Josef: Rosenau

Apotheke "ZUR HOFFNUNG", B 1893-1934.

SCHEESER Josef: Kronstadt

Apotheke "ZUM MOHREN", A

SCHEESER Josef: Cernatu

Apotheke "ZUM GOLDENEN KREUZ", A

SCHEINER August: Heldsdorf

Apotheke "ZUR HELDENBURG", Pä 1897-1901.

SCHEINER August: Tartlau

Apotheke "ZUM APOLLO", Pä 1902-1906.

SCHNEEWEISS Johann Georg: Kronstadt

Apotheke "ZUR GOLDENEN KRONE", B 1812-1813.

SCHMIDT Adam: Kronstadt

Apotheke "ZUM GOLDENEN PELIKAN, B 1812-1816.

SCHMIDT Karl: Kronstadt

Apotheke "BÄREN-APOTHEKE", B 1911-1925.

SCHMIDT Karl Erben: Kronstadt
"BÄREN-APOTHEKE", B 1925-

SCHNEIDER Wilhelm: Kronstadt
Apotheke "ZUM GOLDENEN LÖWEN", A -1882.

SCHNEIDER Wilhelm: Marienburg
Apotheke "ZUM AESKULAP", B 1882-1890.

SCHNEIDER Hans: Langendorf (Satulung)
Apotheke "ZUR GOLDENEN KRONE", Pä 1916-

SCHNEIDER Hans: Kronstadt
Apotheke "ZUM GOLDENEN LÖWEN", B 1926-
Apotheke "ZUM MOHREN", B

SCHNEIDER Franz: Schirkanyen
Apotheke "ZUR HYGEA", Pä 1894-1899.

SCHOLTES Arnold: Kronstadt
Apotheke "ZUR GOLDENEN KRONE", B 1913-

SCHUSTER Ludwig Carl: Kronstadt
Apotheke "ZUM SCHUTZENGEL", B 1877-1901.

SCHUSTER Josef sen.: Kronstadt
Apotheke "ZUM HEILIGEN GEORG", B 1937-1949.

SCHUSTER Josef jun.: Kronstadt
Apotheke "ZUM HEILIGEN GEORG", A 1947-1949.

SCHWARZ Heinrich: Kronstadt
Apotheke "ZUM GOLDENEN KREUZ", A 1887-1894,
L 1894-1895.

SEULER Traugott J.: Kronstadt
Apotheke "ZUM GOLDENEN PELIKAN", B 1690-1741.

SINGER Arpad: Kronstadt
Apotheke "ZUR WEISSEN KIRCHE", B

SOLOMON Moritz: Kronstadt

Apotheke "ZUM HEILIGEN GEORG", B 1918-1937.

STENNER Friedrich & SCHNELL Petrus: Kronstadt

Apotheke "ZUM GOLDENEN LÖWEN", B 1837-1859.

STENNER Friedrich sen.: Kronstadt

Apotheke "ZUM GOLDENEN LÖWEN", B 1859-1892.

STENNER Friedrich jun.: Kronstadt

Apotheke "ZUM GOLDENEN LÖWEN", B 1892-1926.

STENNER Friedrich jun.: Tartlau

Apotheke "ZUM APOLLO", Pä 1876-1878.

STERNS Heinrich: Tartlau

Apotheke "ZUM APOLLO", L 1892-1895.

STERNS Heinrich: Kronstadt

Apotheke "ZUM SCHUTZENGEL", A 1896-1902.

STRAVOIN Sabin: Törzburg

Apotheke "ZUM SALVATOR", B 1926-

STICHLER Eduard: Kronstadt

Apotheke "ZUR WEISSEN KIRCHE", B 1864-1865.

SZAVA Gregor: Kronstadt

Apotheke "ZUM GOLDENEN PELIKAN", B 1868-1870.

Apotheke "ZUM GOLDENEN LÖWEN", Pä 1875-1877.

Apotheke "ZUR GOLDENEN KRONE", Pä 1870-1875.

UNBERAT Wilhelm: Heldsdorf

Apotheke "ZUR HELDENBURG", Pä 1894-1897.

VARODI VON Johann: Kronstadt

Apotheke "ZUR WEISSEN KIRCHE", L 1786-1791.

WEBER Ernst: Törzburg

Apotheke "ZUM SALVATOR", B 1904-1914.

WEBER Wilhelm: Schirkanyen

Apotheke "ZUR HYGEA", A -1939.

WEISSKIRCHER Ferdinand Christian Michael: Kronstadt

Apotheke "ZUR WEISSEN KIRCHE", B - 1772.

WINKLER Stefan: Marienburg

Apotheke "ZUM AESKULAP", B 1890-1898.

WOTSCH Alois: Tatrangen (Tarlungeni)

Apotheke "ZUM SCHUTZENGEL", B 1892-1899.

WOTSCH Alois: Tartlau

Apotheke "ZUM APOLLO", Pä 1897-1898.

(WOTSCH) VOTSCH Otto: Tatrangen (Tarlungeni)

Apotheke "ZUM SCHUTZENGEL", B 1899-1928.

ZACHARIAS Albert: Tatrangen (Tarlungeni)

Apotheke "ZUM SCHUTZENGEL", B 1928-1952.

ZACHARIDES Hermann: Zerrendorf (Cernatu)

Apotheke "ZUM GOLDENEN KREUZ", B 1930-1952.

ZELCH Georg Samuel: Kronstadt

Apotheke "ZUR GOLDENEN KRONE", B 1813-1818.

ZELL Karl: Kronstadt

Apotheke "ZUM GOLDENEN PELIKAN", B 1870-1876.

ZIKELI Karl: Kronstadt

Apotheke "ZUM GOLDENEN PELIKAN", Pä 1867-1868.

ZIKELI Karl: Zeiden

Apotheke "ZUR Hoffnung", Pä 1872-1875.

DIE DEUTSCHEN APOTHEKEN DES KREISES NÖSEN NORDSIEBENBÜRGEN

von

Gustav Graef, Apotheker

Rauschenberg/b. Marburg

Dazu zählen folgende Apotheken:

Bistritz, Borgo-Prund, Botsch, Gross-Schogen, Lechnitz, Nassod, Rodna, Sächsisch-Regen, Sankt-Georgen, Tekendorf.

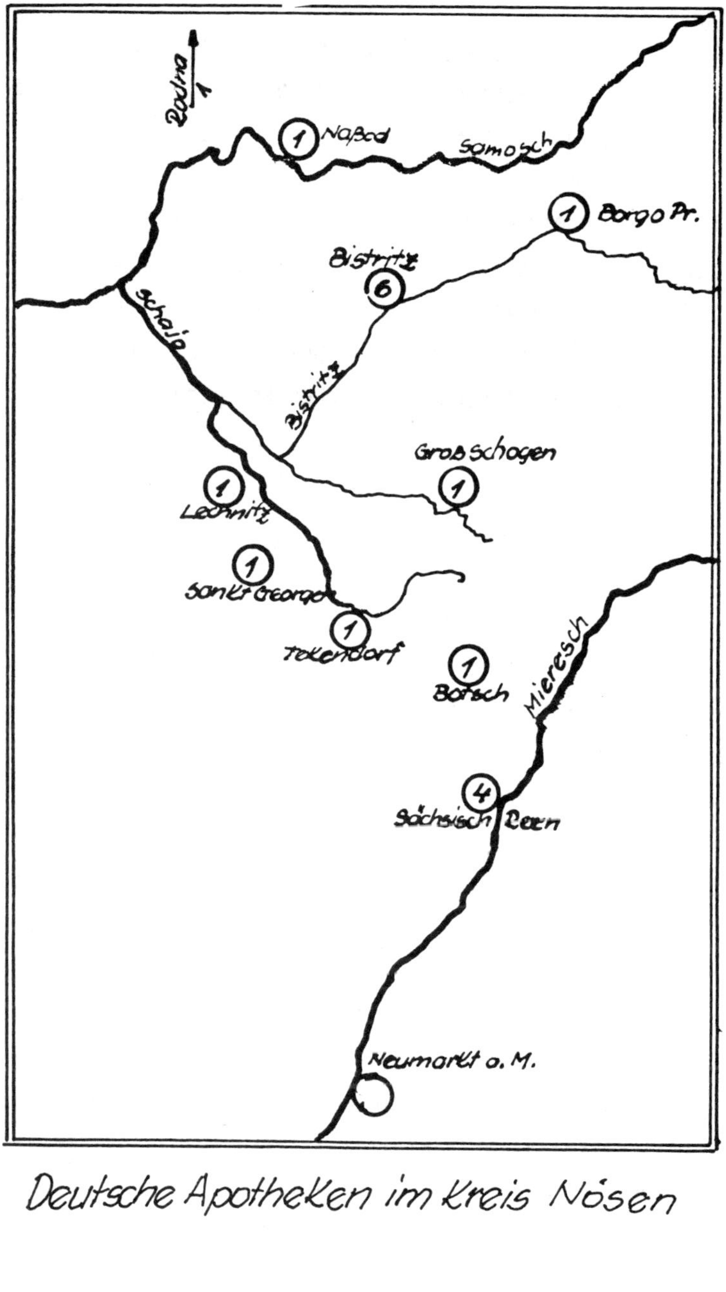

Deutsche Apotheken im Kreis Nösen

Hinweis zur geschichtlichen Entwicklung der deutschen Apotheken im Kreis Nösen und in Nordsiebenbürgen.

Über die allgemeine geschichtliche Entwicklung der Apotheken in Siebenbürgen ist in diesem Buch an anderer Stelle berichtet worden. Hier soll nur kurz das erwähnt werden, was auf den Kreis Nösen bezw. Nordsiebenbürgen und die dort entstandenen Apotheken Bezug hat.

Hier sollen nicht geschichtliche Daten über die Einwanderung deutscher Siedler nach Nordsiebenbürgen erwähnt werden, dazu dienen die vielen geschichtlichen Dokumentationen über diesen Teil der deutschen Einwanderung in dem Südosten. Nordsiebenbürgen unterscheidet sich wesentlich in dieser Frage von dem sächs. Siedlungsgebiet in Südsiebenbürgen. Da in diesem Teil Siebenbürgens nicht nur Deutsche aus einem bestimmten Gebiet einwanderten, sondern vielleicht schon vor dem sogenannten Einwanderungstermin der Sachsen (1241-1261) sich hier schon Deutsche als Siedler befanden, die verschiedene Heimatgebiete hatten. So ist es auch in späteren Jahrhunderten gewesen, daß dieses Gebiet in Nordsiebenbürgen, das auch rein verkehrsmäßig vom Wege abseits lag, von verschiedenen Seiten Zuzug erhielt. Die nahegelegene Zips, aber auch das übrige Ungarn, später auch die Siebenbürger Sachsen aus dem Süden des Landes, bildeten alle zusammen den Schmelztiegel, aus dem sich in späteren Jahren die Bevölkerung des Kreises Nösen zusammensetzte, und aus deren Mitte Persönlichkeiten und Männer wuchsen, die diese Deutschen in guten und schlechten Zeiten führten.

Dr. Ernst Wagner erwähnt in seinem Buch "Beiträge zur Geschichte der Stadt Bistritz", 1. Bd., S. 31, daß zur Zeit des ersten großen Tatareneinfalls (1241/42) im Echternacher Kodex eine "oppidum Nosa", also ein Markt Nösen, erwähnt wird.

Aber schon 1264 (U.B. 106) werden neben dem Bistritzer Distrikt auch andere Orte wie Rodna, Senndorf, Baierdorf genannt. Erst später entwickelte sich der Ort Bistritz zum Vorort des gesamten Gebietes. Durch seine geschichtliche Entwicklung -anfangs war es noch nicht mit dem Sachsenboden im südlichen Siebenbürgen verbunden, auch nicht im Genuß des Andreanischen Freibriefes-, durch die geistige Entwicklung mit seinen Schulen, durch die Tüchtigkeit seiner Handwerker und Kaufleute wurde es immer mehr ein Kristallisationspunkt für dieses nördliche Gebiet von Siebenbürgen. Andere Völker dieser Gegend schickten ihre Kinder auf die hervorragenden Bistritzer Schulen, die Kaufleute und Handwerker halten regen Kontakt mit den angrenzenden Gebieten der Moldau und noch weiter herunter.
Diese geschichtliche Entwicklung dieses Volkstammes hat auch auf das Gesundheitswesen, zu dem auch die Apotheken gehören, eine bedeutende Wirkung gehabt.

Genau wie auch in anderen Gebieten von Siebenbürgen haben die Mönchsorden und Klöster einen wesentlichen Einfluß auf das Gesundheitswesen der Bevölkerung ausgeübt. So

wurde 1291 vom Dominikanerorden in Bistritz ein Hospital gegründet, in dem kranken Ordensbrüdern, aber auch anderen Kranken, wie zu dieser Zeit im ganzen Südosten, Pflege und Heilung geboten wurde.
Die Dominikaner, die Johanniter, der deutsche Ritterorden und später besonders die Jesuiten errichten überall sogenannte "Xenodochien" (Fremdenherbergen), die sich oft in Hospitäler entwickelten.

So war auch in Bistritz der "Siechhof", an das die "Siechesgasse" (Siechhofgasse) erinnert, eine Abteilung des Bistritzer Spitals. Es handelt sich dabei um ein außerhalb der Stadtmauer gelegenes, isoliertes Pflegeheim für Leprakranke.

Die ersten Orden und Klöster waren verhältnismäßig arm, denn sie waren nur auf sogenannte "milde Gaben" der Gläubigen gestützt. Später wurden ihnen von ihren Gläubigen und zum Gedenken an die Geheilten Schenkungen zugewiesen an Grund und Boden, Güter, Gebäuden, Wälder, Fischfangrechte und anderes Vermögen. Auch die Stadt beteiligte sich an solchen Schenkungen. Dieser Zustand des Reichtums entsprach nicht in allem den Ordensprinzipien. Der Orden konnte aber so das kirchliche Spital ausbauen, und eine Schule errichten und erhalten, in der späteren "Spitalsgasse", neben der röm.-kath. Kirche, in der Theologie, Literatur und Philosophie gelehrt wurde.

Die Bistritzer Apotheken und die des Kreises Nösen wurden am 31.12.1836 dem Verwaltungsbezirk Nr. 23, Klausenburg, zugeteilt. Später aber, am 8.05.1874, wurden sie dem Bezirk Nr. 21, Neumarkt (Turgu-Mures), angegliedert.

Der Kreis Nösen und das Gebiet Nordsiebenbürgen waren schon in früheren Jahrhunderten von geschichtlicher Bedeutung. Die Gründung vieler Apotheken dieses Kreises wurde im Vergleich zu anderen Teilen Siebenbürgens schon früh vorgenommen. 1516 die Stadtapotheke in Bistritz, als die drittälteste Apotheke in Siebenbürgen, 1772 die 2. Apotheke in Bistritz und 1780 die erste Apotheke in Sächsisch-Regen. Auch die Landapotheken in Tekendorf (1843) und in Lechnitz (1866) sind zu erwähnen.

Durch den Wiener Schiedspruch im Jahre 1940 wurde Nordsiebenbürgen von Rumänien abgetrennt und gehörte fortan zu Ungarn. Diese politische Entscheidung hat zum erstenmal in der Geschichte der Siebenbürger Sachsen ein Siedlungsgebiet, den Kreis Nösen, von dem übrigen Sachsenland im Süden Siebenbürgens getrennt, und damit entstand für dieses Gebiet eine vollkommen neue Situation, die selbstverständlich auch auf die Apotheken und deren Um stellung ihren Einfluß hatte.

Der 2. Weltkrieg hat dann durch den Einmarsch der Russen 1944 in Nordsiebenbürgen für den Kreis Nösen und deren Bewohner zu einem tragischen Schicksal geführt. Der Großteil der sächsischen Bevölkerung aus Stadt und Land wurde evakuiert, zog in einem Treck und auf anderen Wegen nach Österreich und in den Westen. Diese tragischen geschichtlichen Ereignisse lassen sich in den entsprechenden Dokumentationen nachlesen, so daß hier darauf nicht näher eingegangen werden kann. Die deutschen Apotheken dieses

Kreises hörten auf zu bestehen, da die Apotheker selbst sich dem Treck bezw. der Evakuierung anschlossen.

Die Geschichte dieser von Deutschen gegründeten Apotheken, deren Besitzer sich über mehrere Jahrhunderte für das Gesundheitswesen der dort lebenden Menschen in aufopferungsvoller Weise einsetzten, hat damit aufgehört zu bestehen.

Wenn wir nun im Nachfolgenden die Geschichte und die Entwicklung der einzelnen Apotheken dieses Kreises darstellen, so sollen Berichte und Zahlen nur dazu dienen, um zu zeigen, daß jeder Angehörige dieser Berufsgruppe seine Apotheke in den Dienst der Volksgesundheit gestellt hat. Mit seinem Wissen und seiner Persönlichkeit hat er dazu beigetragen Anderen zu helfen und ein Beispiel einer kulturpolitischen Leistung gegeben.

Leider sind die von uns gesammelten Unterlagen gerade für den Kreis Nösen und Nordsiebenbürgen, auch durch die Abtrennung dieses Gebietes an Ungarn, nicht vollständig und oft mangelhaft. Dafür bitten wir um Verständnis. Vielleicht kann in späteren Jahren noch über manches berichtet werden, wovon wir heute noch keine Unterlagen haben.

Literatur:

GHITAN, Teodor, Dr.: "Istoricul spitalelor din Bistrita". (Die Geschichte der Spitäler von Bistritz.) (1291-1848/49)

WAGNER, Ernst, Dr.: "Beiträge zur Geschichte der Stadt Bistritz", 1. Bd. + 3. Bd., Selbstverlag,
sowie persönliche Auskünfte.

Societé d' histoire de la pharmacie als Herausgeber,

Paris 1929.
"La pharmacie en Transylvanie á l' epoque germano-hongerise".
1/Katalogzahl 3-3171 (Die Pharmazie in Siebenbürgen in
der deutsch-ungarischen Epoche.)

ROTH, F.J.: "Organizarea farmaceutic din secole trecute
in Transilvania", Vol. VII, S. 8-9, Siebenb. Bibliothek.
(Pharm. Organisation der vergangenen Jahrhunderte in
Siebenbürgen.),

BUNDESMINISTERIUM für Vertriebene: "Dokumentation der
Vertreibung der Deutschen. Das Schicksal der Deutschen
in Ungarn.", 1956, Bd. II und Bd. III.

BISTRITZ

Rum.: Bistrița

STADTAPOTHEKE

Apotheke "ZUM SCHWARZEN ADLER"

Siebenbürgen — Gegründet: 1516

Komitat: Nösen — Recht: Real

Ort: Bistritz

Leiter der "STADTAPOTHEKE" (Angestellte der Stadt)

	MARTINUS ?	1516-
	ANDREAS ?	um 1531
	WINTER, Eustachius	um 1570-1575
	AMBROSIUS ?	um 1590
	SCHULTZ, Christian	1662-
	CORVINUS, Johannes Theodosius	um -1681
	GÖLDELIUS, Christoph	1681-1713
Besitzer:	MOSER, Sigismund	1713-1728
	FRITSCH, Michael	1728-1750 ?
	CARL, Daniel	-1794
	HERBERT, Friedrich, sen.	um 1884
	HERBERT, Friedrich, Erben	-
	HERBERT, Friedrich, Dr., jun.	-1928
	MELZER, Albert	1928-1944

Leiter der Apotheke "ZUM SCHWARZEN ADLER"

	NOVAK, Gustav	1903-1914
	WAGNER, Arthur	
	MELZER, Albert	
Pächter:	VALYI, A.	um 1923

Im Jahre 1516 wurde die "STADTAPOTHEKE", später "ZUM SCHWARZEN ADLER", gegründet. Wie hoch der Stellenwert der Kultureinrichtungen der Stadt damals war, zeigt der Beweis, daß damit in Bistritz die drittälteste Apotheke in Siebenbürgen entstand. Die Apotheke war Eigentum der Stadt, der Apotheker städtischer Angestellter, und der Stadtarzt sein direkter Vorgesetzter.

In den städtischen Rechnungsbüchern ist eine Entlohnung des "Apothekarius Martinus" im Gründungsjahr 1516 mit 10 fl. im Jahr aufgeführt.
1531 wird "Meister Andreas" als Apotheker angeführt.
Er war allem Anschein nach ein wohlhabender Mann, da ihm am 22.03.1531 durch Jakob URESCHER das in der Ungargasse gelegene Haus des aus der Stadt geflüchteten Oberrichters Andreas Benchel verpfändet wurde.
Aus den Rechnungen der Stadt Bistritz an die Apotheker, die in den Jahren 1567/68 die Stadtapotheke geleitet haben, ist zu ersehen, daß diese für den Kauf von Einrichtungsgegenständen und Arzneimittel bestimmte Beträge erhalten haben. Ebenso erhielt der Apotheker für Reisen, die er im Interesse der Apotheke unternimmt, von der Stadt eine entsprechende Vergütung.

In den Jahren 1570-1590 wird den Leitern der Stadtapotheke laut Rechnung ein Jahresgehalt von 10 fl. bezahlt. In dieser Zeit wird auch ein Apotheker aus Mettersdorf zur Leitung der Apotheke berufen und entsprechend besoldet.
Ein andermal empfiehlt der Klausenburger Chirurg Martin AUNER der Stadt einen Apotheker, dem das Reisegeld bezahlt wird.

Im Jahre 1662 ist Christian SCHULTZ besoldeter Apotheker. Mit ihm hat die Stadt wegen seines Gehaltes Streit. Aus diesem Grunde kündigt dieser seine Stelle bei der Stadt und bietet die in der Apotheke befindlichen Einrichtungsgegenstände, die sein Eigentum sind, der Stadt zum Kauf an. Den Streit gewann der Apotheker SCHULTZ, denn am 18.03.1666 beschließt der Rat der Stadt dem "Apothecario SCHULTZ" für sein Eigentum 100 fl. zu zahlen. Die Stadt bittet den Apotheker doch weiter im Dienste der Stadt zu bleiben, was beweist, daß sie diesem 1668 weitere 40 fl. auszahlt.

In diesen Jahren wird über die Steuerlast und die ungeheure Armut der Bürger geklagt. Dazu brach noch am 5.06.1680, am sogenannten "Kleinen Ring", ein großer Brand aus, wo das Haus des Stadtapothekers Johannes Theodosius CORVINUS und das Nachbarhaus einäscherte. Der Apotheker CORVINUS starb am 31.05.1681 an seinen Brandwunden.

Sein Nachfolger Johannes Christopf GOLDELIUS erhielt von der Stadt schon ein Gehalt von 50 fl. 1713 stirbt GOLDELIUS.

Im Kurutzenkrieg (1703-1711) ging die Apotheke aus städtischem Besitz in Privatbesitz über. Ein Zeichen für die damalige Notlage der Stadt.

Sigismund MOSER verkauft die Apotheke 1728 an Michael FRITSCH für 1.000 Gulden.
Seine Tochter Anna Katharina FRITSCH heiratet am 31.07.1749 den Apotheker Daniel CARL, geb. 13.10.1720 in Wagendressel/Zips, der nach dem baldigen Tod seines Schwiegervaters die Apotheke übernimmt.

Dieser Zipser Apotheker war nicht nur ein hervorragender Fachmann, sondern als Mitglied des Rates der Stadt eine angesehene Persönlichkeit, die auch auf anderen Gebieten sich für seine Bürger einsetzte.

Am 29.07.1773 fertigt er auf Verlangen des siebenbürgischen Guberniums eine Liste der im Komitat wachsenden Heilpflanzen an, wobei die Landbevölkerung beim Sammeln mithalf. Die Liste umfaßte über 300 Medizinalpflanzen mit ihren deutschen und lateinischen Bezeichnungen. Sie hatte den Titel: "Consignation derjenigen Flores, Herbae, Radices, Lignae und übrigen in die Botanik einschlagenden Artikeln, so in unserem Bistritzer District anzutreffen sind."
1794 stirbt Daniel CARL.
Um 1884 war Friedrich HERBERT sen. Besitzer der Apotheke. Seine Erben ließen die Apotheke von verschiedenen Apothekern leiten: Gustav NOVAK (1903-1914), Arthur WAGNER; bis sein Sohn Dr. Friedrich HERBERT diese übernahm.

Albert MELZER, der Schwiegersohn von Dr. Friedrich HERBERT, war dann Leiter der Apotheke. 1928 wurde er Besitzer der Apotheke, führte diese bis zur Flucht 1944. Als Soldat fiel er im Krieg 1944 vor Budapest.

Obwohl die Apotheke unter dem Namen "ZUM SCHWARZEN ADLER" eingetragen war, hielt sich bei der Bevölkerung die Bezeichnung "STADTAPOTHEKE" aus der Gründungszeit.
Nach dem Krieg wurde die Apotheke nicht mehr eröffnet!

Literatur:

CSALLNER, Emil: "Denkwürdigkeiten aus dem Nösnergau", Bistritz 1941.

WAGNER, Dr., Ernst: "Beiträge zur Geschichte der Stadt Bistritz", Bd. 1 u. Bd. 3, Selbstverlag,
Persönliche Auskünfte.

DAHINTEN, Otto: "Beiträge zur Baugeschichte der Stadt Bistritz", b.) "Ahnentafeln Bistritzer Familien", 1. Bd. Bistritz 1937, Siebenb. Bibliothek.

Herausgeber: Revue d' histoire de la Pharmacie, Bd. XXI, Juni 1973, S. 217, "L'itat des pharmaciens et la botanigue medicale en Transylvanie au debut du XIX siecle." (1807) (Pharm. und medizinisch-botanische Berichte aus Siebenbürgen im Laufe des 19. Jahrh.")

ISZÁK, Dr., Samuel: "Farmacia de a lungul secolelor", Bucuresti 1979, S. 209. (Die Apotheke im Laufe der Jahrhunderte)

ROTH, F.J.: "Fragmente zu den Geschichten der einzelnen Apotheken." Siebenb. Bibliothek.

HEGER, Dr., Hans: "Pharm. Almanach" 1914
"Pharm. Almanach" 1923.

GHIŢAN, Dr., Teodor: "Istoricul spitalelor din Bistriţa - spitale, asile de bătrâni, si lazarete in Bistrita medievala." (1291-1848/49, Clujul Medical Nr. 45, 1972, S. 205.
(Die Geschichte der Spitäler in Bistritz - Spitäler, Altersheime und Lazarette im mitteralterlichen Bistritz.)

BISTRITZ

Rum.: Bistrița

Apotheke "ZUR MINERVA"

Siebenbürgen — Gegründet: 1772

Komitat: Nösen — Recht: Real

Ort: Bistritz

Marktplatz: "Unter dem Kornmarkt"

Ecke "Fleischertürlgässchen" (Schulgässchen)

Besitzer:	LANGSFELDER Daniel	1772-1773
	MAUKSCH Tobias	1773-1836
	MAUKSCH Gustav Adolph	1836-1848
	MAUKSCH Erben (Witwe)	1848-1881
	MILDT Josef Moritz	1881-1885
	ZINTZ Albert	1885-1918
	WOKALEK Heinrich	1918-1931
	WOKALEK Erben (Witwe Elsa)	1931-1944
Pächter:	SCHOLTES Gregor Arnold	1867-1885
Leiter:	TEUTSCH	1931-1935
	REIMESCH Erwin	1935-1940
	WOKALEK Karlheinz	1940-1944

1772 wird die zweite Apotheke in Bistritz von Apotheker LANGSFELDER, Daniel, gegründet. Seine Nachbarn waren: Theophil Paulus Carolus VON STRAUSSENBURG und Georg LANI. LANGSFELDER hatte sich aber so verschuldet, daß er nach einem Jahr Konkurs machte.

1773 erwirbt Tobias MAUKSCH, Apotheker aus Klausenburg,

die Apotheke für 2.200 ung. Gulden (Kaufvertrag v. 18.8. 1773).
1836 kauft dessen Sohn Gustav Adolph MAUKSCH das Haus "Unter dem Kornmarkt", Ecke "Fleischertürlgässchen", von Frau Maria LIEB, Ehefrau des Pfarrers Michael LIEB aus Lechnitz, für 8.000 rheinische Gulden (Kaufvertrag v. 12.11. 1836).
Am 1.10.1848 stirbt Gustav Adolph MAUKSCH. Seine Erben sind: Die Ehefrau Amalia MAUKSCH, geb. Decani, und ihre einzige Tochter Emilie PETRIZZEWICK, geb. Mauksch.

Am 7.03.1857 stellt Frau Amalia MAUKSCH beim Magistrat der Stadt Bistritz den Antrag auf "Eintragung des Apothekenrechtes als Realgewerbe". Am 14.01.1858 erhielt sie vom Magistrat der Stadt das Realrecht für die Apotheke zugesprochen, aber erst am 21.03.1865 die Bestätigung durch die K. u. K. Landesbehörde in Hermannstadt.

Am 1.09.1867 verpachtet sie die Apotheke an Gregor Arnold SCHOLTES.
Am 14.10.1872 wird das Apothekenrecht im Grundbuch eingetragen.
Am 17.05.1881 verkaufen die 7 Erben der Majorswitwe Emilie PETRIZZEWICK das Haus und die Apotheke "ZUR MINERVA" an die Eheleute Apotheker Josef Moritz MILDT und Charlotte, geb. DENGEL, aus Târgu Ocna in der Moldau für 35.000,- österr. Gulden (lt. "Quittung" von Albert BERGER).
Wie gut die Apotheken zu jener Zeit eingerichtet waren, geht aus dem Kaufvertrag vom 17.05.1881 hervor, in dem es heißt: "Zum Apothekengeschäft gehörige Lokalitäten als:

a.) In dem eigentlichen Apothekenzimmer oder der Officin.

b.) In dem Subjektzimmer.

c.) In dem Handlaboratorium.

d.) In dem Apothekenkeller (Aquarium).

e.) In dem im Hofe unter der Treppe befindlichen Glasdepositorium.

f.) In der Materialkammer.

g.) In dem großen Laboratorium.

h.) In der Kohlenkammer.

i.) In dem Kräuterboden.

k.) Im ganzen Aufboden, jedoch lediglich zum Trocknen der Kräuter zu benutzen.

l.) In dem vom Handlaboratorium bis zum Hofe sich erstreckenden Vorhaus, welches als Stoßkammer und zur Vorbereitung der Species zu verwenden ist.

Der Kaufpreis von 35.000,- österr. Gulden gliederte sich in 21.000 für die Apotheke und 14.000 für das Haus. In ihm sind 2.520,- österr. Gulden für die "Stiftung Emilianeum" zu Gunsten des Bistritzer Gymnasiums enthalten.

Da der Pachtvertrag vom 1.09.1867 zwischen der Witwe Emilie PETRIZZEWICK und Georg Anton SCHOLTES bis 15.01.1885 abgeschlossen war, wurde zwischen den / Erben von Frau PETRIZZEWICK:

1.) Carl BERGER, königl. Richter i.Pension,

2.) Eleonora STEBRIGER, geb. BERGER, Oberrichterswitwe,

3.) Albert BERGER, Montandirektor,

4.) Ernst DECANI, jun., Techniker,

alle aus Bistritz

5.) Ernst DECANI sen., Katastral-Schätzungs-Kommisar in Sovata,
6.) Albert DECANI, Apotheker in Radautz,
7.) Gustav DECANI, ev. Pfarrer in Mettersdorf als "lebenslänglicher Nutznießer von 1/7 und als Vertreter seiner Kinder als Eigentümer von 1/7"

als Verkäufer und dem Käuferehepaar MILDT vertraglich vereinbart, daß die Pacht weiterläuft bis 15.01.1885 und ein jährlicher "Pachtschilling" von 1.050 Gulden, bei Bewilligung einer 3. Apotheke 800 österr. Gulden, vierteljährlich zu zahlen sind (lt. "Quittung" von Albert BERGER).

Am 10.03.1885 kauft der Zimmermann Johann ZINTZ, Ehefrau Regina, geb. ALESI, für seinen Sohn, den Apotheker Albert ZINTZ, die Apotheke für 36.000 österr. Gulden (lt. "Quittung" von Albert BERGER).
Johann ZINTZ und seine Frau Regina, geb. ALESI, waren die Großeltern von Heinrich WOKALEK sen. und der Besitzer, Apotheker Albert ZINTZ, war dessen Onkel.

In einer Eingabe an den Magistrat der Stadt v. 31.12.1893 wehrt sich Albert ZINTZ gegen die Errichtung der 4. Apotheke und führt in der Begründung (1908) Umsatz, "Regie- und Materialkosten" seiner Apotheke an, wie folgt:

1 9 0 5

Tageseinnahmen	12.341,80 Kr.
Einnahmen für Rezepte	4.020,90 Kr.
	16.362,70 Kr.

Ausgaben:

Waren Conto	5.050,80 Kr.
Gehälter, Quartier u. Kostgeld	5.000,- Kr.
Lokal Miete	1.200,- Kr.
Laborant	500,- Kr.
Beleuchtung, Heizung etc.	2.000,- Kr.
	13.750,80 Kr.
Reines Einkommen	2.611,90 Kr.

Apotheker ZINTZ macht auch für die folgenden Jahre 1906 und 1907 in seiner Begründungsschrift eine genaue Aufstellung und beweist, daß das reine Einkommen sich weiter verringert, 1906 auf 2.296,20 Kr. und 1907 auf 2.219,60 Kr.

Durch den Rückgang des Umsatzes in diesen 3 Jahren, wofür er auch Gründe anführt, wie: Errichtung einer Drogerie (die zwar nach einem Jahr Konkurs macht), die Erhöhung der Arzt-Taxen, wodurch mindestens 25% weniger Rezepte verschrieben wurden, sprechen gegen die Errichtung einer 4. Apotheke.
Dann zählt er Dörfer und Städte der näheren und weiteren Umgebung auf, und vergleicht die Einwohnerzahl mit der Apothekenzahl, um so auf die Durchschnittszahl der Einwohner pro Apotheke zu kommen. Bei diesen statistischen Erhebungen schneiden die Bistritzer Apotheken schlecht ab.

An diesen Eingaben vom 31.12.1893 beteiligen sich außer Albert ZINTZ noch Apotheker Heinrich RAUPENSTRAUCH und Robert ZIKELI ("Provisor der Stadtapotheke").

Am 28.03.1918 kauft Heinrich WOKALEK, geb. 10.03.1877 in Borgo-Prund, Apothekerdiplom der Wiener Universität vom 19.10.1901, die Apotheke von seinem Onkel Albert ZINTZ.

Nach seinem Tode (3.03.1931) blieb seine Witwe, Frau Elsa WOKALEK, geb. ZINTZ, Besitzerin der Apotheke mit Realrecht. (Lt. Magistrat und Ministerium der Arbeit, Gesundheit und Soziales auf Grund des Protokolls vom 4.04.1931 des pharm.-chemischen Ausschusses.)
Nach dem Tode von Heinrich WOKALEK leitete Apotheker Hugo SEIDNITZER diese Apotheke. SEIDNITZERS Frau war Besitzerin der Apotheke "ZUM WEISSEN KREUZ" in Bistritz.
Von 1931 bis 1935 übernahm Apotheker TEUTSCH die Leitung der Apotheke,und ab 1935 bis 1940 Apotheker Erwin REIMESCH.

Karlheinz WOKALEK, geb. 26.03.1909 in Bistritz, Diplom Mai 1936 der Universität Bukarest. 1938/39 arbeitete er in zwei Apotheken in Deutschland, kehrte dann heim, um 1940 die Leitung der elterlichen Apotheke zu übernehmen. Diese führte er bis zur Flucht 1944.

Nach dem Krieg wurde die Apotheke nicht mehr eröffnet. Ein Gemüseladen befand sich in den Räumen der früheren "MINERVA"-Apotheke.

Literatur:
F.J. ROTH: "II. Fragmente zu den Geschichten der einzelnen Apotheken". Siebenb. Bibliothek.
Dr. Hans HEGER: Pharm. "Almanach", 1914 und 1923.
Apotheker Karlheinz WOKALEK: Urkunden, Verträge, Dokumente, Auskünfte.

Minerva - Apotheke, Wokalek, Bistritz

B I S T R I T Z

Rum.: Bistrița

Apotheke "ZUR KRONE"

Siebenbürgen: Gegründet: 1882
Komitat: Nösen Recht: Personal
Ort: Bistritz Marktplatz 2,
Ecke Goldschmiedgässchen
(Braedtgässchen)

Besitzer:	MÜLLER, Karl Wilhelm	1882-1883
	RAUPENSTRAUCH, Heinrich	1883-
	SCHUSTER, Karl	- um 1918
	GRAEF, Gustav Gotlieb	um 1918-1944

1882 gründete Karl Wilhelm MÜLLER die 3. Apotheke in Bistritz.
Sein Nachfolger Heinrich RAUPENSTRAUCH beteiligte sich 1893 an der Eingabe der beiden anderen Apotheker gegen die Eröffnung einer 4. Apotheke in Bistritz (siehe "MINERVA"-Apotheke).
Heinrich RAUPENSTRAUCH, geb. 1844, gest. 1918, war der Sohn des Apothekers und Glaserers Karl RAUPENSTRAUCH, der am Marktplatz, neben der Apotheke, eine Glashandlung hatte.

Sein Nachfolger Karl SCHUSTER verkaufte um 1918 die Apotheke für "ein Säckchen Goldmünzen" (wahrscheinlich wegen der Währungsunsicherheit zu jener Zeit) an Gustav Gotlieb GRAEF (sen.), geb. 2.11.1875 in Lechnitz. Sein Diplom als

Apotheker erhielt er am 19.07.1901 von der Universität Wien.

Am 25.05.1907 heiratete er in Bistritz Klothilde Maria, geb. SIMBRINGER. Er arbeitete erst als Angestellter in der "KRONEN"-Apotheke, übernahm 1913, zusammen mit Albert LIEB, die Apotheke in Nassod (Besitzer), ließ sich von LIEB auszahlen und kaufte (wahrscheinlich 1918) die "KRONEN"-Apotheke. Er renovierte diese Apotheke. Im Schaufenster stand, an Stelle von Reklameschaustücken, ein Aquarium mit einer Steinburg und einem Springbrunnen in der Mitte, und zur Freude der Kinder (und mancher Erwachsenen) schwammen Goldfische, Steinbeisser, Aale, etc. durch die Bogen und Fenster der Burg. Deshalb hieß die Apotheke im Volksmund auch "die Apotheke mit den Fischen".
Die Offizin war lang und schmal und mit einer schönen Apotheken-Einrichtung aus Kirschholz ausgestattet. Von der Eingangstüre links fiel ein schön fournierter Schreibtisch mit einem Aufbau, in dem Fachliteratur, Nachschlagwerke standen, dem Publikum sofort auf. Ein langer Handverkaufs- und Rezepturtisch (Marmor) mit Rezepturwaagen und am oberen Ende ein Arbeitsplatz der Helferin, gestaltete den langen Raum zu einer schönen Apotheke. Ringsherum standen die üblichen Apotheken-Regale, im unteren Teil mit Schubladen, im oberen Teil Regale säulenartig unterteilt. Die Rückwände der Regale mit Spiegeleinfassung. Dadurch kamen die schönen alten Standgefäße (geschliffene Breitglasflaschen mit geschliffenem kantigen Glasstopfen), schönen Signaturen, besonders gut zur Geltung. Im anschließenden Nachtdienstzimmer und Aufenthaltsraum fanden auch die Sitzungen statt,

wenn die Kollegen der anderen Apotheken kamen, um gemeinsame Probleme (Nacht- u. Sonntagsdienstplan, Preise, usw.) zu besprechen. Im Labor stand, außer den entsprechenden Geräten, eine schwere gußeiserne Schrotmühle und ein Destillierapparat aus Kupfer, der mit Holz beheizt wurde. Der lange Labortisch in der Mitte hatte eine feuerfeste Platte. In den 30er Jahren gab es einen Laborbrand, weil an dem einen Ende des Labortisches Aether umgefüllt und trotz Warnung am anderen Ende von der Laborantin der Spiritusbrenner angezündet wurde. Die Aetherdämpfe entzündeten sich schlagartig. Die beiden Frauen rannten panikartig davon, aber bis die Feuerwehr kam, war der Brand durch die Umsicht des Approbierten mit einem Feuerlöscher gelöscht.
Materialkammer, Stoßkammer, Arzneikeller, Flaschen- und Kartonagen-Schuppen ergänzten die Apotheke.
In der Apotheke wurden viele "Eigenspezialitäten" für den Handverkauf hergestellt (Pulver, Tropfen, Salben, Cremes, etc.).
Gustav GRAEF jun. praktizierte ab 1939 in der elterlichen Apotheke. 1941 ging er zum Studium der Pharmazie nach Marburg/Lahn. Im Juli 1943 legte er sein Staatsexamen dort ab.
In meinen Erinnerungen kannte ich meinen Vater nur mit weißem Bart. Die rumänische Landbevölkerung, die in die Apotheke kam, nannte ihn nur "bătrănul" (Alten).

Etwa 1930 kam eine rumänische Bäuerin in die Apotheke, sah meinen Vater, schlug die Hände über dem Kopf zusammen und

sagte: "Vai, domnule! Tot mai traiesti?!" ("Oh Herr! Leben sie immer noch ?!")
Später, nach 35 Jahren, als er in Rauschenberg/Marburg in meiner Apotheke stand, sah er immer noch so aus wie damals.

Im Jahre 1944, die Stadt war schon evakuiert, russische Artillerie beschoß Bistritz, saß mein Vater ganz allein in seiner Apotheke, in der Hoffnung, daß alle, wie 1918, wieder zurückkehren würden. Ein Hauptmann der deutschen Nachhut zwang ihn, Gott sei Dank, auf einem LKW mitzufahren. So gelangte er auf abenteuerliche Weise nach Österreich, Tschechoslowakei, und schließlich nach Deutschland. Er starb 1965 in Rauschenberg bei Marburg.

Nach dem Krieg wurde diese Apotheke, als einzige von den 6 Apotheken, die vor dem Krieg bestanden, wieder eröffnet und bekam den Namen "Farmacia Nr. 20".

Literatur:

F.J. ROTH: "II. Fragmente zu den Geschichten der einzelnen Apotheken." Siebenb. Bibliothek.
Dr. Hans HEGER: Pharm. "Almanach" 1914 und 1923.
Dr. Teodor GHITAN: Auskünfte, Brief.
Gustav GRAEF jun.: Nachforschungen und Erinnerungen.

B I S T R I T Z

Rum.: Bistrița

"FORTUNA"-Apotheke

Siebenbürgen — Gegründet: 1914

Komitat: Nösen — Recht: Personal

Ort: Bistritz, Michaelisgasse,
Ecke "Untere Vorstadt"

1914 wurde die 4. Apotheke in Bistritz von Gustav BROSER, geb. 18.10.1867, gegründet.
Bis zur Flucht 1944 war er Besitzer der Apotheke.
Er heiratete Bertha, geb. BUDAKER. Beide starben um 1960 in der DDR.

Literatur:

F.J. ROTH: "II Fragmente zu den Geschichten der einzelnen Apotheken." Siebenb. Bibliothek.

Dr. Hans HEGER: Pharm. "Almanach" 1923.

Dr. Ernst WAGNER: "Hinweise über Apotheken und Apotheker in der Stadt Bistritz."

B I S T R I T Z

Rum.: Bistriţa

Apotheke "ZUM WEISSEN KREUZ"

Siebenbürgen:	Gegründet: 1920
Komitat: Nösen	Recht: Personal
Ort: Bistritz, Holzgasse 24	

Besitzer:	BANCU, Leonida	1920-1922
	SEIDNITZER, Frieda	1922-1944
Leiter:	SEIDNITZER, Hugo	1922-1937

1920 wurde die 5. Apotheke in Bistritz von dem Rumänen Leonida BANCU unter dem Namen "ZUM ROTEN KREUZ" eröffnet. Sie stand in der Holzgasse im "Rappaport-schen Haus".

1922 kaufte das Ehepaar SEIDNITZER die Apotheke und verlegte 1924 die Apotheke in das von ihnen gekaufte Haus in der Holzgasse Nr. 24 ("Herzeg-Haus"), gegenüber dem alten Standort. Wegen der irreführenden Bezeichnung des alten Namens "ZUM ROTEN KREUZ" wurde die Apotheke unbenannt in Apotheke "ZUM WEISSEN KREUZ".

Frau Frieda SEIDNITZER, geb. SCHEINT, geb. 1884 in Lechnitz (Tochter des Lechnitzer Apothekers), studierte in Wien und war die erste "Mag. pharm." der Wiener Universität. Beim Studium in Wien lernte sie ihren Mann Hugo SEIDNITZER, geb. 1881 in Gmünd, Niederösterreich, kennen. 1908 heirateten sie und übernahmen die Scheintsche Erbapotheke in Lechnitz, da ihr Bruder, der ursprünglich die

Apotheke übernehmen sollte, gestorben war. Die Apotheke wurde auf den Namen Hugo SEIDNITZER eingetragen.
Als sie 1922 die Apotheke in Bistritz kauften wurde es notwendig sie auf den Namen der Ehefrau Frieda SEIDNITZER einzutragen. Das war ein glücklicher Entschluß, denn als Hugo SEIDNITZER 1937 einen Schlaganfall erlitt, waren keinerlei Übertragungen wegen der Apotheke nötig.
Hugo SEIDNITZER war ein vielseitiger, lebensfroher Mensch. Er war begeisterter Jäger, Imker, Bergsteiger, Obst- und Kleingartenbauer und gehörte der Schlaraffia Verbindung an.
Eine Anekdote über ihn: Während des ersten Weltkrieges wollte ein junger Militärarzt ihn mit folgendem Medizinerwitz ärgern: "Seidnitzer! Kennst Du 2 Dinge, die es nicht gibt? - Einen grünen Esel und einen gescheiten Apotheker!" Seidnitzer steht mit ernstem Gesicht auf, ganz alter Burschenschaftler, und winkt den jungen Arzt hinaus in die Garderobe. Alle Anwesenden drängen hinterher, weil nun irgendetwas dramatisches (Duell etc.) folgen muß. Seidnitzer stellt sich vor den großen Spiegel, zieht den jungen Arzt neben sich und sagt: "Da siehst Du beides!"

1937, nach seinem Schlaganfall, übernahm Frau Frieda SEIDNITZER auch die praktische Führung der Apotheke bis 1944, dem Zeitpunkt der Evakuierung. Nach dem Krieg wurde die Apotheke nicht mehr eröffnet.
Frau Frieda SEIDNITZER starb 1946 in Coburg. Hugo SEIDNITZER starb 1971 in Kaufbeuren, wo seine Tochter Erika FRITSCH lebt.

Erika FRITSCH, geb. SEIDNITZER, hatte auch in München, Berlin, Budapest und Marburg/L. Pharmazie studiert.

Literatur:

Dr. HEGER, Hans: "Pharm. Almanach", 1923.
FRITSCH, Erika, geb. SEIDNITZER: Auskünfte.

B I S T R I T Z
Rum.: Bistrita

Apotheke "DR. SUTU"

Siebenbürgen:	Gegründet: 1922
Komitat: Nösen	Recht: Personal
Ort: Bistritz, Holzgasse	

Besitzer:	Dr. SUȚU, Zaharia	1922-1940
	BIRO, ?	1940-1944

1922 gründete der Rumäne Dr. Zaharia SUTU die Apotheke in der Verlängerung der Beutlergasse, am "Rossmarkt" - Ecke "Turmgasse".
1940, nach dem "Wiener Schiedspruch", übernahm sie ein Ungar namens BIRO(?) und verlegte sie in die Holzgasse in das "Rappaportsche Haus", wo seinerzeit (1920) Zaharia BANCU die Apotheke "ZUM ROTEN KREUZ" eröffnet hatte.

Nach dem Krieg wurde die Apotheke nicht mehr eröffnet.

Literatur:

Dr. HEGER, Hans: "Pharm. Almanach", 1923.
GRAEF, Gustav, jun.: Erinnerungen, Auskünfte.

B O R G O - P R U N D

Rum.: Prundul-Bărgăului

Apotheke "ZUM SCHUTZENGEL"

Siebenbürgen:	Gegründet: 1874
Komitat: Nösen	Recht: Personal
Ort: Borgo-Prund	

Besitzer:	WACHSMANN, Albert	1874-1928
	WACHSMANN, Albert Erben	
	WACHSMANN,Hugo	

WACHSMANN, Albert hat 1874 die Apotheke gegründet.
Geboren 1849 in Bistritz, besuchte er dort das Gymnasium, und studierte in Graz und Wien Pharmazie.
Nebenbei war er Obstzüchter und hat sich als Pomologe weithin einen Namen gemacht.
Er starb in Borgo-Prund am 7.12.1928.

Literatur:

ROTH, F.J.: "II Fragmente zu den Geschichten der einzelnen Apotheken." Siebenb. Bibliothek.

Dr. HEGER, Hans: "Pharm. Almanach" 1914 und 1923.

Dr. WAGNER, Ernst: Auskünfte.

B O T S C H

Rum.: Batoș

Apotheke "ZUM LÖWEN"

Siebenbürgen:	Gegründet: 1884
Komitat: Mieresch	Recht: Personal
Ort: Botsch	
Besitzer: BROSER, Friedrich	1884-
BROSER, Helmut	-1944

In Botsch war früher viel österreichisches Militär stationiert. In den Urkunden wird schon 1792 eine Militärapotheke erwähnt.

Fast 100 Jahre später gründete dann Friedrich BROSER die Apotheke "ZUM LÖWEN" (1884), die dann Helmut BROSER bis 1944 (Evakuierung) weiterführte.

Helmut BROSER soll jetzt (1984) in Weimar (DDR) leben.

Literatur:
ROTH, F.J.: "II Fragmente zu den Geschichten der einzelnen Apotheken." Siebenb. Bibliothek.
Dr. HEGER, Hans: "Pharm. Almanach" 1914 und 1923.
Dr. SCHLIESSLEDER, Ilse: Auskünfte.

G R O S S - S C H O G E N

Rum.: Şieul

Apotheke "ZUM SCHUTZENGEL"

Siebenbürgen: Gegründet: 1897

Komitat: Nösen Recht: Personal

Ort: Gross-Schogen

Besitzer:	HAUPT, Paul		1897-1925 (um)
	KORY, Tibor	um	1925-

Paul HAUPT hat die Apotheke 1897 gegründet.
Sein Nachfolger Tibor KORY übernahm sie nach 1924. Das genauere Datum ist nicht bekannt.

Literatur:
ROTH, F.J.: "II Fragmente zu den Geschichten der einzelnen Apotheken." Siebenb. Bibliothek.
Dr. HEGER, Hans: "Pharm. Almanach" 1914 und 1923.

LECHNITZ

Rum.: Lechința

Apotheke (?)

Siebenbürgen:	Gegründet: 1866
Komitat: Nösen	Recht: Personal
Ort: Lechnitz	

Besitzer:	SCHEINT, Friedrich	1866-1895
	SCHEINT, Erben (Witwe)	1895-
	SEIDNITZER, Hugo	-1926
	GRUND, Alois	1926-1944
Pächter:	FABRITIUS, Guido sen.	1895-1902
	SEIDNITZER, Hugo	1910-1921
Leiter:	ZOFFEL, Karl	1900-1909
	SEIDNITZER, Hugo	1909-
	FRITSCH, Oskar	1916-1918
	GRUND, Alois	1921-1926

1866 hat Friedrich SCHEINT die Apotheke gegründet. Seine Witwe (Erben) verpachtete die Apotheke 1895 an Guido FABRITIUS sen. Ab 1900 war Karl ZOFFEL als Leiter der Apotheke eingesetzt. 1909 kam Hugo SEIDNITZER nach Lechnitz, erst als Leiter, dann Pächter (1914). Dann kaufte er die Apotheke und ließ sie auf seinen Namen eintragen. Während seiner Militärdienstzeit (1916-1918) übernahm Oskar FRITSCH die Leitung der Apotheke, der dann nach Nassod ging.

Hugo SEIDNITZER kaufte in Bistritz die Apotheke "ZUM WEISSEN KREUZ" und ließ sie auf den Namen seiner Frau Frieda, die auch Apothekerin war, eintragen. Die Leitung der Apotheke in Lechnitz übergab er 1921 Alois GRUND, der sie 1926 kaufte und bis 1944 (Flucht) besaß.
GRUND war ein beliebter Lehrherr für Praktikanten. Die letzten waren: BIRO (?), JUNG, Georg, SCHULLER, Julius, MOLNAR, Desiderius.

Literatur:

ROTH, F.J.: "II Fragmente zu den Geschichten der einzelnen Apotheken." Siebenb. Bibliothek.
Dr. HEGER, Hans: "Pharm. Almanach" 1914 und 1923.
FELKER: "Lechnitzer Heimatbuch." Siebenb. Bibliothek.
FRITSCH, Erika (geb. Seidnitzer): Auskünfte.
MOLNAR, Desiderius, Apotheker: Auskünfte.
SCHULLER, Julius, Apotheker: Auskünfte.

N A S S O D

Rum.: Năsăud

Apotheke "ZUR HEILIGEN THERESIA"

Siebenbürgen:	Gegründet: 1851
Komitat: Nösen	Recht: Personal
Ort: Nassod	

Besitzer:	MÜLLER, Friedrich sen.	1851-
	MÜLLER, Friedrich jun.	-1913
	LIEB und GRAEF	1913-1918
	LIEB, Albert	1913-1921
	FRITSCH, Oskar	1921-1944

Friedrich MÜLLER sen. hat die Apotheke 1851 gegründet. Sein Sohn Friedrich MÜLLER jun. hat die Apotheke erst gemeinsam mit dem Vater geführt und nachher übernommen. 1913 kauften sie der Apotheker GRAEF und LIEB. Um 1918 schied Gustav GRAEF aus und kaufte die "KRONEN"-Apotheke in Bistritz. Auch LIEB zog weg (nach Hermannstadt) und überließ die Apotheke 1921 Oskar FRITSCH.
1940 kauft er die Apotheke von Albert LIEB und erhält am 17.09.1940 (nach dem "Wiener Schiedspruch") die Übertragung auf seinen Namen als Besitzer vom rumänischen Gesundheitsministerium.
Oskar FRITSCH bleibt als Besitzer der Apotheke bis zur Flucht 1944. Er starb 1964 in Dessau (DDR).

Literatur:

ROTH, F.J.: "II Fragmente zu den Geschichten der einzelnen Apotheken." Siebenb. Bibliothek.
Dr. HEGER, Hans: "Pharm. Almanach" 1914 und 1923.
Bistritzer Kalender.
Dr. WAGNER, Ernst: Auskünfte.
FRITSCH, Arthur (Sohn von Oskar FRITSCH): Auskünfte.

R O D N A

Rum.: Rodna

Apotheke "AESCULAP"

Siebenbürgen:	Gegründet: 1870
Komitat: Nösen	Recht: Personal
Ort: Rodna	

Besitzer:	FLEISCHER, Gustav	1870-
	FLEISCHER, Gustav Erben	
	WOLFF, Ernst	-1944
Leiter:	WOLFF, Ernst	1912-

Gustav FLEISCHER hat die Apotheke 1870 gegründet.
Seine Erben übergaben die Leitung 1912 an Ernst WOLFF, der vorher in der "STADTAPOTHEKE" in Bistritz angestellt war ("Provisor"). Dann kaufte er die Apotheke und führte sie bis 1944 (Flucht).
Seine Tochter Erika (Apothekerin) arbeitete von 1940-1944

als Angestellte bei ihm. Er starb 1962 in Nürnberg.

Literatur:

ROTH, F.J.: "II Fragmente zu den Geschichten der einzelnen Apotheken." Siebenb. Bibliothek.
Dr. HEGER, Hans: "Pharm. Almanach" 1914 und 1923.
Dr. WAGNER, Ernst: Auskünfte.
WOLFRUM, Erika (Tochter von Ernst WOLFF): Auskünfte.

S A N K T - G E O R G E N

Rum. Sângeorz-Băi

Apotheke "ZUM ROTEN KREUZ"

Siebenbürgen:		Gegründet: 1888
Komitat: Nösen		Recht: Personal
Ort: Sankt Georgen		
Besitzer:	WAGNER, Josef	1888-1915
	PAP, Janos	1915-1927
	PAP, Gisela, Witwe	1927-1928
	WAGNER, Otto	1928-1934
Pächter:	WAGNER, Otto	1924-1928
Leiter:	KOLOSZWARY, J.	

Josef WAGNER gründete die Apotheke 1888.

PAP Janos übernahm 1915 die Apotheke und verpachtete sie

1924 an Otto WAGNER, der sie 1928 von der Witwe PAP kaufte. 1934 verkaufte er die Apotheke wegen seiner aus Österreich stammenden Frau und geht nach Wien.

Literatur:

ROTH, F.J.: "II Fragmente zu den Geschichten der einzelnen Apotheken." Siebenb. Bibliothek.

Dr. WAGNER, Ernst: (Neffe von Otto WAGNER) Auskünfte.

S Ä C H S I S C H - R E G E N

Rum.: Reghin

"ADLER"-Apotheke, in einigen Schriften auch "AESCULAP"-Apotheke genannt. (ROTH und Almanach)

Siebenbürgen: Gegründet: 1780

Komitat: Mieresch Recht: Real

Ort: Sächsisch-Regen

Besitzer:	BRANDSCH, Michael (?)	-1796
	FAKLER, Joh. Michael	1796-1799
	CZOPPELT, Traugott Stephan	1799-1820
	CZOPPELT, Erben	1820-1836
	CZOPPELT, Stephan Friedrich, Andreas	1836-1871

Besitzer:	CZOPPELT, Erben (Ehefrau Regina Carolina)	1871-
	CZOPPELT, Adalbert Hugo	-1895
	CZOPPELT, Erben	1895-1907
	CZOPPELT, Friedrich Ernst	1907-1913
	CZOPPELT, Erben (Ernst,Helmut, Kurt)	1913-1931
	CZOPPELT, Ernst	1931-1944
Leiter:	SCHOLTES, Johann Albert	1820-1840
	BOGNER, Gustav und SCHASER, Johann	1871-
	MIHELLYES, Sigmund	1895-1907
	SCHNEIDER, Robert	1913-1919
	ENGBER, Alfred	1919-1931
	BROSER, Hans	1940-1944

1780 wurde die erste Apotheke in Sächsisch-Regen gegründet. Ihr Gründer ist nicht bekannt. In alten Schriften wurde sie als "Apotheke im Rathaus" erwähnt und galt als "STADTAPOTHEKE", wie das zu jener Zeit üblich war.
1796 kaufte Joh. Michael FAKLER die "APOTHEKE AM RATHAUS", wahrscheinlich von Michael BRANDSCH, der sie von dem unbekannten Gründer gekauft hatte. Für den Kauf erhält er von der "Comune 1796 ein Anlehen von 3.200 Fl". FAKLER hatte wahrscheinlich schon 1791-1796 als Angestellter in der Apotheke gearbeitet.

Laut "Kauf-Contract" vom 6.05.1799 verkauft er die Apotheke an Stephan Traugott CZOPPELT für "Baare drey Tausend Vierhundert rheinische Gulden". Von diesem Zeitpunkt an blieb die Apotheke bis 1944 (Aussiedlung-Flucht) im Besitz der Familie CZOPPELT.

Als Stephan Traugott CZOPPELT 1820 starb, war sein Sohn und Stammhalter Stephan Friedrich Andreas erst 8 Jahre alt. Die Apotheke wurde dann vom Provisor Johann Albert SCHOLTES (aus Bistritz) geführt bis Stephan Friedrich Andreas CZOPPELT nach seiner Ausbildung das Erbe antreten konnte (vermutlich 1836).

Joh. Albert SCHOLTES war der 3. Sohn des Heidendorfer Pfarrers Joh. Michael SCHOLTES und seiner Frau Anna Regina. Er stellte beim Reener Magistrat den Antrag für eine 2. Apotheke. Der Antrag wurde um 1833 abgelehnt. Trotzdem blieb er in der Apotheke bis der Erbe, Stephan Friedrich, sie übernahm. 1840 schied er aus und gründete eine eigene Baumschule. Er war Apotheker in Sächsisch-Regen und Brauereibesitzer in Thorenburg (Turda) und machte sich nun als Pomologe einen Namen.

Stephan Friedrich CZOPPELT hat wahrscheinlich auch in Bistritzer Apotheken praktiziert. Vermutlich durch die Verbindungen mit SCHOLTES. So wäre auch die Hilfe und Unterstützung der beiden Bistritzer Apotheken nach der Katastrophe von 1848 (Bürgerkrieg) erklärlich, daß die Notapotheke in dem zerstörten Reen von Stephan Friedrich eröffnet werden konnte.

Am 22.12.1856 wurde das Realrecht für die "ADLER"-Apotheke in Sächsisch-Regen von der siebenbürgischen Regionalverwaltung erteilt.
Nach dem Tode von Stephan Friedrich Andreas CZOPPELT erbt seine Witwe Regina Carolina die Apotheke, bis der Sohn

Adalbert Hugo sie übernehmen kann. Als Leiter waren verschiedene Apotheker eingesetzt. 1874 ist ein Apotheker Gustav BOGNER und 1875 der Apotheker Johann SCHASER in Reener Schriften aufgeführt.

Adalbert Hugo CZOPPELT übernahm dann die Apotheke nach Abschluß seines Studiums in Wien. Er, der Großvater des letzten Inhabers der Apotheke, kämpfte gegen die Eröffnung einer 2. Apotheke durch Johann Emil WERMESCHER. Adalbert Hugo CZOPPELT machte sich auf wissenschaftlichem Gebiet einen Namen.
Er legte folgende Sammlungen an:

a.) Ein Herbarium der offizinellen Pflanzen der Umgebung von Sächsisch-Regen.
b.) Eine Eiersammlung verschiedener Vögel, für die er 1884 beim internationalen Wiener Ornithologen Kongress eine bronzene Erinnerungsmedaille erhielt.
c.) Eine Samensammlung der heimischen Bäume und Sträucher, der Getreidearten und Gräser.
d.) Eine Konchiliensammlung (Weichtierschalen, Schnecken, Muscheln, etc.).

Auch die Sammlung des Reener Gymnasiums unterstützte er durch Geschenke.
Am 12.07.1895 starb Adalbert Hugo CZOPPELT.

Sigmund MIHELLYES (ein Ungar) übernahm die Leitung der Apotheke bis der Sohn, Friedrich Ernst CZOPPELT, nachdem er 1899 in Budapest promoviert hatte, die Apotheke 1907 dann führte und besaß.
Er hat die Apotheke renoviert und zwei Medaillons mit dem

Aeskulapstab und dem Aeskulapkopf in die Mauer eingelassen. Auch die Glasscheiben der 2flügligen Eingangstür zeigten diese beiden Embleme und darüber die Beschriftung "Apotheke Hugo Czoppelt". Vielleicht ist das der Grund für die Bezeichnung "AECULAP"-Apotheke im "Pharm. Almanach" und den Schriften von F.J. ROTH. Auch die Etiketten, Tüten u.s.w. waren nur mit "Apotheke Hugo Czoppelt" beschriftet. Die Bezeichnung "ADLER"-Apotheke stammt aus einem amtlichen Schreiben des Bürgerlichen Wohlfahrts- und Arbeitsministerium von 1926 Budapest.
1913 starb Ernst Friedrich im 36. Lebensjahr.
Die Apotheke wird an die unmündigen Kinder Ernst, Helmut und Kurt vererbt. Als Leiter der Apotheke bestellen die Erben erst Robert SCHNEIDER, der leider schon 1919 starb, und anschließend Alfred ENGBER bis Ernst CZOPPELT die Apotheke 1931 übernahm und bis zur Flucht 1944 führte.

Ernst CZOPPELT hatte 1927 sein pharmazeutisches Studium an der Universität in Graz abgeschlossen. Nach Praktikum und Militärdienst hat er die vom rumänischen Staat geforderte "Nostrifikationsprüfung" seines ausländischen Diploms an der Universität in Bukarest abgelegt. Anschließend arbeitete er 1 Jahr bei seinem Onkel Emil WERMESCHER in der "LÖWEN"-Apotheke in Hermannstadt, und um seinen Horizont zu erweitern 1 Jahr in der "ST. JOHANNES"-Apotheke in Plauen (Vogtland, Deutschland), wo er seine spätere Frau kennenlernte.
1931 legte er die "Diriginte-Prüfung" an der Universität in Klausenburg ab, eine Voraussetzung für die Leitung einer Apotheke in Rumänien. Nun konnte er die väterliche

Apotheke übernehmen.

Bei Ausbruch des 2. Weltkrieges (Polenfeldzug 1939) wurde er kurzfristig zum Militärdienst eingezogen und kam nach Klausenburg in die Militärapotheke.
Nach dem "Wiener Schiedsspruch" (1940) wurde er von der ungarischen Honved als Militärapotheker eingezogen. Er kam zum Einsatz in die Ukraine; wurde wegen einer Schilddrüsenerkrankung kurz entlassen, dann aber für kurze Zeit wieder nach Bistritz zum Militär eingezogen.
Während seiner Abwesenheit führte Hans BROSER die Apotheke.
Am 15.09.1944 verließ Ernst CZOPPELT mit den deutschen Truppen Sächsisch-Regen.
Dezember 1944 wurde er Leiter der "ANNA-APOTHEKE" in Attnang-Puchheim. Nach der Zerstörung der Apotheke und des Ortes durch Luftangriffe (April 1945) konnte er bereits 17 Tage danach zur Versorgung der Bevölkerung eine Notapotheke eröffnen. Als Flüchtling wurde ihm 1946 die Arbeitserlaubnis als Apotheker entzogen. Oktober 1946 beantragte er die österreichische Staatsbürgerschaft. Sie wurde ihm zuerkannt.
Bis Dezember 1947 arbeitet er als Angestellter in der Apotheke in Attnang, deren Besitzer, Karl ECKERT, wieder heimgekehrt war. Da er aber die Stelle als angestellter Apotheker verlor, arbeitete er dann in einer Kanzlei einer Attnanger Firma.
1949 erhielt er eine Stelle in der "Central-Apotheke" des Magister Hofbauer in Linz.
Schon 2 Jahre später (24.03.1951) stirbt er nach einer Operation.

Nach dem Kriege haben die Besitzer der "ADLER"-Apotheke in Reen häufig gewechselt. Nach Apotheker Karl SOOS -dem früheren Besitzer der "LÖWEN"-Apotheke in Reen, der von den Sowjets aus dem russisch besetzten Teil Österreichs nach Reen zurückgeschickt wurde und später am Schwarz-Meer-Kanal elend zugrunde ging- folgte ein jüdisches Ehepaar (aus dem Altreich), das wegen Betrügereien eingesperrt wurde. Am 7.10.1958 wurde die Apotheke verstaatlicht und zur "SPITALAPOTHEKE" erklärt.
Nachher wurde die Apotheke ganz aufgelöst und die Geschäftsräume in Wohnungen umgewandelt, laut Aussagen von Irmgard WESTERMANN-KINN, Base von Helmut CZOPPELT.

Literatur:

ROTH, F.J.: "II Fragmente zu den Geschichten der einzelnen Apotheken." Siebenb. Bibliothek.

Dr. HEGER, Hans: "Pharm. Almanach" 1914 und 1923.

Dr. WAGNER, Ernst: "Bistritz in Siebenbürgen.", Band 2, Seite 103.

K. u. K. Bürgerliches Wohlfahrts- und Arbeitsministerium 135.804/1926 Budapest (Auszug).

CZOPPELT, Helmut: Geschichte der "Adler"-Apotheke in Sächsisch-Regen 1780-1944.

CZOPPELT, Helmut: Briefe und Auskünfte.

S Ä C H S I S C H - R E G E N

Rum.: Reghin

Apotheke "ZUM LÖWEN"

Siebenbürgen:	Gegründet: 1872
Komitat: Mieresch	Recht: Personal
Ort: Sächsich-Regen	

Besitzer:	SCHASER, Joh.	
	WERMESCHER, Joh. Emil	1881-1924
	WERMESCHER, Viktor (Erbe)	1924-1926
	SOOS, Karl Albert	1926-1944
Pächter:	WERMESCHER, Joh. Emil	1879-1881

Die 2. Apotheke wurde in Sächsisch-Regen 1872 gegründet. Der Gründer ist nicht bekannt, es könnte aber Joh. SCHASER gewesen sein, der Vorgänger von Joh. Emil WERMESCHER. Letzterer war erst Pächter (1879-1881) der Apotheke. Als Besitzer eröffnete er 1882 die Apotheke im neuerbauten Rathaus am Marktplatz.

WERMESCHER, Viktor, der Sohn von Joh. Emil, verkaufte die Apotheke 1926 an SOOS, Karl Albert, der sie bis zur Flucht 1944 besaß. Seine Frau Elvine, geb. WAGNER, geb. 4.05.1902 in Sächsisch-Regen, war auch Apothekerin. Sie hatte 2 Jahre bei Emil WERMESCHER praktiziert, studierte dann 4 Semester in Wien (1922-1924) und 2 Semester in Bukarest (1924-1925).
Im Dezember 1945 wurden sie von den Russen zurück nach Siebenbürgen geschickt. Ihr ganzes Vermögen war enteignet.

Von Juli 1946 bis September 1948 arbeitete Frau Elvine SOOS in der Apotheke von Kovacs DENES in Mercurea-Niraj. Ihr Mann Karl SOOS kam in Gefangenschaft zum Schwarzmeer-Kanal, wo er elend starb.

1948 bis Februar 1952 arbeitete sie in der "SERAPHIN"-Apotheke in Birthälm. Von Februar 1952 bis Mai 1953 war sie Leiterin der Apotheke.

Nach der Verstaatlichung der Dorf-Apotheke war sie in Leschkirch "Diriginte" der Staatsapotheke Nr. 62 (von Juli 1953 bis Januar 1961). März 1961 kam sie in die Bundesrepublik, arbeitete noch bis 1965 (Urlaubsvertretungen), bis sie aus Gesundheitsgründen in Rente gehen mußte.

Literatur:

ROTH, F.J.: "II Fragmente zu den Geschichten der einzelnen Apotheken." Siebenb. Bibliothek.

Dr. HEGER, Hans: "Pharm. Almanach" 1914 und 1923.

CZOPPELT, Helmut: "Ereignisse und Gestalten im Reener Ländchen", Briefe.

SOOS, Elvine: Fragebogen.

S Ä C H S I S C H - R E G E N

Rum.: Reghin

Apotheke "ZUM SCHUTZENGEL"

Siebenbürgen:	Gegründet: 1908
Komitat: Mieresch	Recht: Personal
Ort: Sächsisch-Regen	
Besitzer: HALBERG, Otto	1908-
Pächter: RÉVÉSZ, Imre	
LASLO, Ludwig	

1908 wurde die 3. Apotheke in Sächsisch-Regen von Otto HALBERG gegründet.

Literatur:

Dr. HEGER, Hans: "Pharm.Almanach", 1914 und 1923.
CZOPPELT, Helmut: "Ereignisse und Gestalten im Reener Ländchen."

SÄCHSISCH - REGEN

Rum.: Reghin

Apotheke "ZUM WEISSEN KREUZ"

Siebenbürgen:	Gegründet: 1920
Komitat: Mieresch	Recht: Personal
Ort: Sächsisch-Regen	
Besitzer: DE MERA, Viktor	1920-

Nach dem 1. Weltkrieg und dem Anschluß von Siebenbürgen an Rumänien, wurde die 4. Apotheke in Sächsisch-Regen von Viktor DE MERA, einem Rumänen, gegründet.
DE MERA war vorher Angestellter bei Friedrich Viktor CZOPPELT (Erben) in der "ADLER"-Apotheke.

Literatur:

Dr. HEGER, Hans: "Pharm. Almanach", 1923.
CZOPPELT, Helmut: "Ereignisse und Gestalten im Reener Ländchen."

T E K E N D O R F

Rum.: Teaca

Apotheke "ZUM AUGE GOTTES"

Siebenbürgen:		Gegründet: 1843
Komitat: Mieresch		Recht: Real
Ort: Tekendorf		
Besitzer:	WEBER, Friedrich Michael	1843-1860
	WAGNER, Ferdinand	1860-1889
	WAGNER, Ferdinand Erben	
	Dr. WAGNER, Wilhelm	1889-1900
	Dr. WAGNER, Wilhelm Erben	1900-1944
Pächter:	WAGNER, Julius	1900-1936
Leiter:	JUNG, Georg	1936-1940
	DRASER, Friedrich	1940-1943
	CHLOPITZKY, Josef	1943-1944

Michael Friedrich WEBER gründete die Apotheke 1843. Nach seinem Tode (1860) heiratet seine Witwe den diplomierten Apotheker Ferdinand WAGNER. Am 23.08.1860 wird das Realrecht verliehen. Die Apotheke erhält den Namen "ZUM AUGE GOTTES" nach dem Auge Gottes in der Kirche. 1879 schenkt WAGNER seine Münzen der Münzensammlung des Bistritzer Gymnasiums. Nach seinem Tode (1889) übernimmt Dr. Wilhelm WAGNER die Apotheke. Nach dessen frühen Tode wird die Apotheke von einer Erbengemeinschaft weitergeführt. Seine Witwe Friederike macht zum Andenken an ihren verstorbenen Mann die Dr. Wilhelm Wagner Stiftung von 150 Kronen als "Stipendium für brave Schüler". Die Erben-

gemeinschaft verpachtet die Apotheke an Julius WAGNER, den Bruder von Dr. Wilhelm WAGNER.
Julius brachte einen weitbekannten Franzbranntwein als Eigenspezialität heraus, betrieb eine intensive Werbung dafür (siehe Fotokopie aus dem Bistritzer Kalender 1912) und lieferte ihn auch an Vertragshändler auf den Dörfern in ganz Siebenbürgen.
Er hatte die Apotheke von der Witwe Wilhelmine Friederike WAGNER auf Lebzeiten gepachtet. Nach seinem Tode 1936 setzte die Erbengemeinschaft verschiedene Leiter ein. 1936-1940 Georg JUNG; 1940-1943 Friedrich DRASER, und anschließend Josef CHLOPITZKY.

Literatur:

ROTH, F.J.: "II Fragmente zu den Geschichten der einzelnen Apotheken." Siebenb. Bibliothek.

Dr. HEGER, Hans: "Pharm. Almanach", 1914 und 1923.

VON WERDEN, Helgard (Enkelin von Dr. Wilhelm WAGNER): Auskünfte.

Dr. SCHLIESSLEDER, Ilse: Auskünfte.

DEUTSCHE APOTHEKER IM KREIS NÖSEN

A = Angestellter
B = Besitzer
L = Leiter
P = Praktikant
Pä= Pächter

ANDREAS, ? : Bistritz
Apotheke "ZUM SCHWARZEN ADLER", L um 1531.
AMBROSIUS, ? : Bistritz
Apotheke "ZUM SCHWARZEN ADLER", L um 1590.
BIRO, ? : Lechnitz
Apotheke "?"
BOGNER, Gustav: Sächsisch-Regen
Apotheke "ADLER", L (?) 1874-
BRANDSCH, Michael: Sächsisch-Regen
Apotheke "ADLER", B -1796.
BROSER, Friedrich: Botsch
Apotheke "ZUM LÖWEN", B 1884-
BROSER, Gustav: Bistritz
Apotheke "FORTUNA", B 1914-1944.
BROSER, Hans Albert,* 18.02.1914 in Dürrbach (Bistritz)
Sächsisch-Regen, Apotheke "ADLER", L 1940-1944
BROSER, Helmut: Botsch
Apotheke "ZUM LÖWEN", B -1944
CARL, Daniel, * 13.10.1720 in Wagendessel/Zips,
+ 15.02.1794 in Bistritz:
Bistritz, Apotheke "ZUM SCHWARZEN ADLER", B -1794.
CHLOPITZKY, Josef: Tekendorf
Apotheke "ZUM AUGE GOTTES", L 1943-1944.
CIKELI, Robert: Bistritz
Apotheke "ZUM SCHWARZEN ADLER", A um 1893.
CORNELI, ? : Bistritz
Apotheke "MINERVA", A
CORVINUS, Johannes Theodosius: Bistritz
Apotheke "ZUM SCHWARZEN ADLER", L um 1681.

CZOPPELT, Ernst jun.: Sächsisch-Regen
Apotheke "ADLER", B 1931-1944.
CZOPPELT, Ernst Friedrich: Sächsisch-Regen
Apotheke "ADLER", B 1907-1913
CZOPPELT, Adalbert Hugo: Sächsisch-Regen
Apotheke "ADLER", B - 1895.
CZOPPELT, Stephan Friedrich Andreas, Sächsisch-Regen
Apotheke "ADLER", B 1836-1871.
CZOPPELT, Stephan Traugott: Sächsisch-Regen
Apotheke "ADLER", B 1799-1820.
DRASER, Friedrich: Tekendorf, * 16.09.1911 in Reps,
+ 9.12.1975 in der Bundesrepublik,
Apotheke "ZUM AUGE GOTTES", L 1940-1943.
EMRICH, Martin: Sächsisch-Regen
Apotheke "ADLER", A 1848-
ENGBER, Alfred: Sächsisch-Regen
Apotheke "ADLER", L 1919-1931.
FABRITIUS, Guido sen.: Lechnitz
Apotheke "?", L, Pä 1895-1902.
FAKLER, Joh. Michael: Sächsisch-Regen
Apotheke "ADLER", B 1796-1799.
FLEISCHER, Gustav: Rodna
Apotheke "AESCULAP", B 1870- ?
FÖRSTER, Artus: Bistritz, * 14.10.1913 (Klein-Kalota)
Apotheke "MINERVA", A
Apotheke "ZUM SCHWARZEN ADLER", A -1941.
FRITSCH, Erika, geb. Seidnitzer: Bistritz
* 25.12.1913 in Lechnitz,
Apotheke "ZUM WEISSEN KREUZ", A 1937-1941.
FRITSCH, Michael: Bistritz
Apotheke "ZUM SCHWARZEN ADLER", B 1728-1750 (?).
FRITSCH, Oskar, * 8.04.1890 in Bistritz,
+ Februar 1964 in Dessau,
Lechnitz: Apotheke ?, L 1916-1918,
Nassod: Apotheke "ZUR HEILIGEN THERESIA",
L, B 1921-1944.
GLOCKNER, Klara: Bistritz
Apotheke "ZUR KRONE", A

GÖLDELIUS, Christoph: Bistritz
Apotheke "ZUM SCHWARZEN ADLER", L 1681-1713.
GOTTSCHLING, Hermine: Tekendorf, * 21.02.1903 in Bistritz,
Apotheke "ZUM AUGE GOTTES", A ca. -1936.
GRAEF, Gustav Gottlieb sen., * 2.10.1875 in Lechnitz,
+12.07.1965 Rauschenberg,
Nassod: "ZUR HEILIGEN THERESIA", B 1913-1918,
Bistritz: "ZUR KRONE", B 1918-1944.
GRAEF, Gustav Ferdinand jun.: Bistritz
* 11.05.1920 in Bistritz,
Apotheke "ZUR KRONE", P 1939-1941.
GRUND, Alois: Lechnitz
Apotheke "?", L, B 1921-1944.
HALBERG, Otto: Sächsisch-Regen
Apotheke "ZUM SCHUTZENGEL", B 1908-
HAUPT, Paul: Gross-Schogen
Apotheke "?", B 1897-1925.
HARTMANN, Brigitte, * 4.11.1929 in Sächsisch-Regen.
HERBERT, Friedrich sen.: Bistritz
Apotheke "ZUM SCHWARZEN ADLER", B ca. 1884.
HERBERT, Dr. Friedrich jun.: Bistritz
Apotheke "ZUM SCHWARZEN ADLER", B -1928.
HONIGBERGER, Josef: Tekendorf
Apotheke "ZUM AUGE GOTTES", A -1894.
IHL, Rudolf: Bistritz
Apotheke "FORTUNA", A um 1930.
JUNG, Georg, * 1909 in Lechnitz, + ? in Kitzingen,
Lechnitz: Apotheke "?", P,
Tekendorf: "ZUM AUGE GOTTES", L 1936-1940,
Bistritz: "FORTUNA", A 1940-
KELP, Friedrich Wilhelm: Bistritz
Apotheke "ZUR KRONE", A ca. 1930
KORY, Tibor: Gross-Schogen
Apotheke "ZUM SCHUTZENGEL", B 192? -
KUTSCHKA, Wilhelm: Bistritz
Apotheke "ZUR KRONE", A ca.1925
LANGSFELDER, Daniel, Bistritz
Apotheke "MINERVA", B 1772-1773.

LIEB, Albert: Nassod
Apotheke "ZUR HEILIGEN THERESIA", B 1913-1940.
LITSCHEL, Emil: Bistritz
Apotheke "ZUR KRONE", A.
MARTINUS, ? : Bistritz
Apotheke "ZUM SCHWARZEN ADLER", L 1516-
MAUKSCH, Gustav Adolph: Bistritz
Apotheke "MINERVA", B 1836-1848.
MAUKSCH, Tobias: Bistritz
Apotheke "MINERVA", B 1773-1836.
MELZER, Albert: Bistritz
Apotheke "ZUM SCHWARZEN ADLER", L, B 192?-1944.
MIHELLYES, Sigmund: Sächsisch-Regen
Apotheke "ADLER", L 1895-1907.
MILDT, Josef Moritz: Bistritz
Apotheke "MINERVA", B 1881-1885.
MÖSLER, Alfred: Sächsisch-Regen
Apotheke "LÖWEN", A - 1944.
MOLNAR, Desiderius: Lechnitz, * 12.04.1915 in Lechnitz
Apotheke "?" P 1932-1934, Apotheke "?" A 1939-1942.
MOSER, Sigismund: Bistritz
Apotheke "ZUM SCHWARZEN ADLER", B 1713-1728.
MÜLLER, Friedrich sen.: Nassod
Apotheke "ZUR HEILIGEN THERESIA", B 1851-
MÜLLER, Friedrich jun.: Nassod
Apotheke "ZUR HEILIGEN THERESIA",
MÜLLER, Karl Wilhelm: Bistritz
Apotheke "ZUR KRONE", B 1882-1883.
NOVAK, Gustav: Bistritz
Apotheke "ZUM SCHWARZEN ADLER", L 1903-1914.
RAUPENSTRAUCH, Heinrich: Bistritz, * 1844, + 1918,
Apotheke "ZUR KRONE", B 1883-
RAUPENSTRAUCH, Karl Gustav: Bistritz
* 14.09.1855, + 1.01.1915, Apotheker u. Glashändler.
REIMESCH, Erwin: Bistritz
Apotheke "MINERVA", L 1935-1940.
SCHAASER, Johann: Sächsich-Regen
Apotheke "ADLER" L (?) 1871-
Apotheke "LÖWEN", B -1882.

SCHALLNER, Ella, geb. Graef: Bistritz, *11.03.1912 Bistritz,
Apotheke "ZUR KRONE", A 1930-1944.
SCHEINT, Friedrich: Lechnitz
Apotheke "?", B 1866-1895.
SCHNEIDER, Robert: Sächsisch-Regen
Apotheke "ADLER", L 1913-1919.
SCHOLTES, Georg Arnold: Bistritz
Apotheke "MINERVA", Pä 1867-1885.
SCHOLTES, Johann Albert: Sächsisch-Regen
Apotheke "ADLER", A, L 1820-1840.
SCHULLER, Julius, * 27.10.1913 in Schässburg
Lechnitz: Apotheke "?", P 1931-1933,
Bistritz: "ZUM SCHWARZEN ADLER", A 1939-1940,
Bistritz: "ZUR KRONE", A 1940-1942.
SCHULTZ, Christian: Bistritz
Apotheke "ZUM SCHWARZEN ADLER", L 1662-
SCHUSTER, Karl: Bistritz
Apotheke "ZUR KRONE", B
SCHWARZ, Klara, geb. Glockner: Bistritz
Apotheke "MINERVA", A.
SEIDNITZER, Frieda, geb. Scheint: Bistritz,
* 1884 in Lechnitz, + 1946 in Coburg,
Apotheke "ZUM WEISSEN KREUZ", B 1922-1944.
SEIDNITZER, Hugo, * 1881 Gmünd/Niederösterreich,
+ 1971 in Kaufbeuren,
Lechnitz: Apotheke "?", B 1909-1926,
Bistritz: "ZUM WEISSEN KREUZ", L 1922-1937.
SOOS, Karl Albert: Sächsisch-Regen
Apotheke "ZUM LÖWEN", B 1926-1944.
SOOS, Elvine, geb. Wagner, Ehefrau von Karl,
* 4.05.1902 in Sächsisch-Regen,
Sächsisch-Regen: "ZUM LÖWEN", A 1926-1944.
TEUTSCH, Georg?: Bistritz
Apotheke "MINERVA", A 1931-1935.
WACHSMANN, Albert: Borgo-Prund
Apotheke "ZUM SCHUTZENGEL", B 1874-
WACHSMANN, Hugo: Borgo-Prund
Apotheke "ZUM SCHUTZENGEL", B

WAGNER, Arthur: Bistritz
Apotheke "ZUM SCHWARZEN ADLER", L
WAGNER, Ferdinand: Tekendorf
Apotheke "ZUM AUGE GOTTES", B 1861-1889.
WAGNER, Friedericke: Tekendorf
* 1890 in Tekendorf, + ? Deutschland,
Apotheke "ZUM AUGE GOTTES", B -1944.
WAGNER, Josef: Sankt-Georgen (Sangeorz-Bai)
Apotheke "ZUM ROTEN KREUZ", B 1888-1915.
WAGNER, Julius: Tekendorf
Apotheke "ZUM AUGE GOTTES", L, Pä, B 1900-1936.
WAGNER, Otto: Sankt-Georgen (Sangeorz-Bai)
Apotheke "ZUM ROTEN KREUZ", Pä, B 1924-1934.
WAGNER, Dr.,Wilhelm: Tekendorf
Apotheke "ZUM AUGE GOTTES", B 1889-1900.
WEBER, Michael Friedrich: Tekendorf
Apotheke "ZUM AUGE GOTTES", B 1843-1860.
WERMESCHER, Emil: Sächsisch-Regen
Apotheke "ZUM LÖWEN", B 1872-1926.
WINTER, Eustachius: Bistritz
Apotheke "ZUM SCHWARZEN ADLER", L ca. 1570.
WOKALEK, Heinrich: Bistritz
Apotheke "MINERVA", B 1918-1931.
WOKALEK, Karlheinz: Bistritz, * 26.03.1909 in Bistritz,
Apotheke "MINERVA", L 1940-1944.
WOLFF, Ernst Ludwig, * 2.08.1883 in Tschippendorf,
+19.08.1962 in Nürnberg,
Bistritz: "ZUM SCHWARZEN ADLER", A -1912,
Rodna: "AESCULAP", L, B 1912-1944.
WOLFRUM, Erika, verw. Gross, geb. Wolff, * 17.03.1913
in Bistritz,
Rodna: Apotheke "AESCULAP", A 1940-1944.
ZERBES, Charlotte (Tochter v. Wilhelm Zerbes),
* 23.11.1913 in Sächsisch-Regen,
Praktikum in Curtiu, Studium in Bukarest.
ZERBES, Wilhelm: Sächsisch-Regen
Apotheke "?" ca. 1912.

ZINTZ, Albert: Bistritz
Apotheke "MINERVA", B 1885-1918.
ZOFFEL, Karl: Lechnitz
Apotheke "?", L 1900-1909.

APOTHEKEN AUSSERHALB DES SÄCHSISCHEN SIEDLUNGSGEBIETES IN SIEBENBÜRGEN

Neben den bisher aufgeführten fünf Kreisen des sächsischen Siedlungsgebietes gab es noch außerhalb davon, oder in Orten mit nichtdeutscher Bevölkerung, Apotheken, die von deutschen Apothekern gegründet, gekauft, gepachtet oder geleitet wurden.
Die Unterlagen dazu stammen zum großen Teil von dem Apotheker F.J. ROTH. Für die Richtigkeit, daß Apotheker mit deutschem Namen auch unbedingt deutscher Abstammung waren und sich dazu bekannten, kann keine Gewähr übernommen werden. In einzelnen Fällen kann es sich trotzdem um Apotheker anderer Nationalität als auch anderer Religion handeln. Ebenso kann diese Aufstellung nicht unbedingt vollständig sein. Die Unterlagen des Pharmazie-Historikers ROTH können heute nicht überprüft werden.

Ausführlich kann auf die geeschichtliche Entwicklung dieser Apotheken hier nicht eingegangen werden, aus den vorhandenen Unterlagen sollen diese hier nur kurz in alphabetischer Reihenfolge der Orte erwähnt werden.

Zeichenerklärung: B = Besitzer L = Leiter
P = Pächter R = Realrecht

A C Ă Ț A R I

ung.: Ákosfalva

Apotheke "SANITAS"

Siebenbürgen: Gegründet: 1922
Komitat: Mieresch-Torda Recht: Personal
Ort: Acatari

Besitzer: BERGER, Gustav 1922-1944

In diesem ungarischen Dorf mit 2 Ärzten soll schon

1898 eine Apotheke bestanden haben. Ihr letzter Besitzer war Ladislaus LASZLO.
Nach dem ersten Weltkrieg, Anschluß an Rumänien, wurde die Apotheke aufgegeben.

Gustav BERGER, der am 18.07.1896 in Bistritz geboren wurde, dort sein Abitur machte und später in Mühlbach in einer Apotheke praktizierte, in Klausenburg sein Apotheker-Diplom erwarb, in Mühlbach und Klausenburg nachher arbeitete, gründete im Jahre 1922 in Acatari eine neue Apotheke.

Nach der Flucht im Jahre 1944 wurde er zur deutschen Wehrmacht eingezogen. Am Ende des Krieges gelang es ihm, sich noch von Berlin nach Norddeutschland in Sicherheit zu bringen. Seine Familie aber, die auf der Flucht aus Siebenbürgen in Mährisch-Schönberg geblieben war, wurde vom Russen überrollt und wieder nach Rumänien verfrachtet.

Nach seiner Entlassung aus englischer Gefangenschaft fuhr BERGER, da keine Möglichkeit bestand seine Familie aus Siebenbürgen nach Deutschland zu bringen, Ende 1947 nach Rumänien zurück. Als Angestellter arbeitete er in Mühlbach in verschiedenen Apotheken. Er starb am 19.03.1965 in Aiud.

Literatur:
ROTH, F.J.: "II. Fragmente zu der Geschichte der einzelnen Apotheken." Siebenb. Bibliothek.
Dr. HEGER, Hans: "Pharm. Almanach", 1914 und 1923.
BERGER, Karl (Sohn): Auskünfte.

A I U D
ung.: Nagy-Engyed
deutsch: Strassburg a. Mieresch

Apotheke "ZUM GOLDENEN STERN"

Siebenbürgen:	Gegründet: 1772
Komitat: Karlsburg	Recht: Real
Ort: Aiud	Zl. 15363/18.07.1857

Besitzer:	OBERTH, Josef	
	OBERTH, Josef Erben	-1912
	SCHULLER, Viktor	1912-1922
	SCHUSTER, Gustav	1922-
Pächter:	VARRÉ	
	PAPP, Johann	1891-
	ÓDOR, Béla	
	NOVAK	
Leiter:	SCHUSTER, Gustav	-1922

Literatur:

ROTH, F.J.: "II. Fragmente zur Geschichte der einzelnen Apotheken." Siebenb. Bibliothek.

A L V I N C Z
rum.: Vinţul de jos
deutsch: Unter-Winzendorf

Apotheke ?

Siebenbürgen:	Gegründet: 1876
Komitat: Karlsburg	Recht: Personal
Ort: Alvincz	

Besitzer:	GLUCK, Adolf	1876-1899
	TELEGDY, Ferencz	1899-1911

Besitzer:	HIETSCH, Georg	1911-1923
Pächter:	HELTNER, Friedrich Ferdinand	1886-1889
	JEREMIAS	1920-1923
Leiter:	SCHUNN, Hans	-1923

Literatur:
ROTH, F.J.: "II. Fragmente zur Geschichte der einzelnen Apotheken." Siebenb. Bibliothek.
Dr. HEGER, Hans: "Pharm. Almanach" 1914.

A P A H I D A
ung.: Apahida
deutsch: Apahida

Apotheke ?

Siebenbürgen: Gegründet: 1911
Komitat: Klausenburg Recht: Personal
Ort: Apahida

Besitzer:	METZIG, Emerich	1911-
	KERESZTESSY, Sara	
	EPERJESSY, Margareta	
Leiter:	SCHUNN, Karl	

Literatur:
ROTH, F.J.: "II. Fragmente zur Geschichte der einzelnen Apotheken." Siebenb. Bibliothek.

A R P A Ș U L   D E   J O S
deutsch: Unter-Arpasch

Apotheke "ZUR ERFÜLLUNG"

Siebenbürgen:	Gegründet: 1900
Komitat: Fogarasch	Recht: Personal
Ort: Arpașul de jos	
Besitzer: SCHÖNBERGER, Hermann	1900-1932
VOGEL, Carl	1932-

Literatur:

ROTH, F.J.: "II. Fragmente zur Geschichte der einzelnen Apotheken." Siebenb. Bibliothek.

Dr. HEGER, Hans: "Pharm. Almanach" 1914.

B A C H N E A
deutsch: Bachnen

Apotheke "ZUR GÖTTLICHEN VORSEHUNG"

Siebenbürgen:	Gegründet: 1894
Komitat: Klein-Kokeln	Recht: Personal
Ort: Bachnea	
Besitzer: SCHNEIDER, Andreas	1894-

Literatur:

ROTH, F.J.: "II. Fragmente zur Geschichte der einzelnen Apotheken." Siebenb. Bibliothek.

Dr. HEGER, Hans: "Pharm. Almanach" 1914.

B A I A D E C R I Ș

Apotheke ?

Siebenbürgen: Gegründet: 1832
Komitat: Hunedoara Recht: Real
Ort: Baia de Criș

Besitzer: SCHIESZL, Karl
SCHIESZL, Karl Erben
PANCZEL, Sandor
Leiter: PANCZEL, Gezane (Frau)

Literatur:
ROTH, F.J.: "II. Fragmente zur Geschichte der einzelnen Apotheken." Siebenb. Bibliothek.
Dr. HEGER, Hans: "Pharm. Almanach" 1914.

B E C L E A N
ung.: Bethlen

Apotheke "ZUM ERLÖSER"

Siebenbürgen: Gegründet: 1863
Komitat: Somesch Recht: Personal
Ort: Beclean

Besitzer: NAGY, G.
ALESI, Rudolf

Literatur:
Dr. HEGER, Hans: "Pharm. Almanach" 1923.

C Â M P E N I
ung.: Topányfalva

Apotheke ?

Siebenbürgen:
Komitat: Turda — Gegründet: 1877
Ort: Câmpeni — Recht: Personal

Besitzer: BINDER, Hans 1877-
BINDER, Hans Erben
BINDER, Hans Dr.
VAMOSSI, Peter
VAMOSSI, Peter Erben
Leiter: WITTMAYER, Eugen
BUDAKER, Hans
HARY, Sandor
CSANALESSY, Arpad

Literatur:
ROTH, F.J.: "II. Fragemente zur Geschichte der einzelnen Apotheken." Siebenb. Bibliothek.

C H I O C H I Ş
ung.: Kékes

Apotheke "ZUM ENGEL"

Siebenbürgen:
Komitat: Somes — Gegründet: 1878
Ort: Chiochis — Recht: Personal

Besitzer: SCHEINT, Andreas 1870-1906
WOTSCH, Hermann 1906-
WOTSCH, Witwe

Literatur:
ROTH, F.J.:"II. Fragmente zur Geschichte der einzelnen

Apotheken." Siebenb. Bibliothek.
Dr. HEGER, Hans: "Pharm. Almanach" 1914 und 1923.

C S I K - S Z É P V I Z

Apotheke ?

Siebenbürgen:
Komitat: Csik — Gegründet: 1882
Ort: Csik-Szepviz — Recht: Personal

Besitzer: THEIL, Friedrich — 1882-
THEIL, Friedrich Erben
TEUTSCH, Friedrich
DEBITZKY, Mihaily Dr.
Leiter: SAMBACH, Karl

Literatur:
ROTH, F.J.: "II. Fragmente zur Geschichte der einzelnen Apotheken." Siebenb. Bibliothek.
Dr. HEGER, Hans: "Pharm. Almanach" 1914 und 1923.

D E S C H
rum.: Dej
ung.: Des

Apotheke "ZUM HEILIGEN FRANZISKUS"

Siebenbürgen:
Komitat: Somesch — Gegründet: 1884
Ort: Desch — Recht: Personal
Besitzer: WOLFF, Bogdan — 1884- um 1907
LITSCHEL, Emil — um 1907-1944

Bogdan WOLFF hat die von ihm gegründete Apotheke wahrscheinlich Apotheke "ZUM ROTEN KREUZ" genannt, die dann umbenannt wurde.
Emil LITSCHEL kaufte die Apotheke von seinem Vorgänger. Dieser wurde am 3.09.1884 in Birk geboren. Nach seinem Studium in Wien arbeitete er in der KRONEN-APOTHEKE in Bistritz, und kaufte dann die Apotheke in Desch.

LITSCHEL war ein sehr aktiver Apotheker, der ein großes Interessengebiet hatte. Im Ort war er sehr bekannt und geschätzt. Er erzeugte in seiner Apotheke verschiedene Eigenpräparate, von denen die Baby-Creme im ganzen Land bekannt war und gekauft wurde.
Nach der Flucht 1944 lebte er in Österreich, wo er in Kirchberg am Wagram und in Wien noch in Apotheken arbeitete. Er starb am 12.02.1967 in Wien.

Literatur:

ROTH, F.J.: "II. Fragmente zur Geschichte der einzelnen Apotheken." Siebenb. Bibliothek.
Dr. HEGER, Hans: "Pharm. Almanach" 1914 und 1923.
LITSCHEL, Erika: Auskünfte.
SCHULLER, Julius: Auskünfte.

D E S C H

rum.: Dej
ung.: Des

Apotheke "FORTUNA"

Siebenbürgen:

Komitat:	Somesch	Gegründet: 1790
Ort:	Desch	Recht: Real
Besitzer:	ROTH, Karl	
	ROTH, Witwe	
	KREMER, Ludwig	
Pächter:	KREMER, Ludwig	1916-
Leiter:	CLEMENS, Albert	

Literatur:
ROTH, F.J.: "II. Fragmente zur Geschichte der einzelnen Apotheken." Siebenb. Bibliothek.
Dr. HEGER, Hans: "Pharm. Almanach" 1914 und 1923.

D E S C H

rum.: Dej
ung.: Des

Apotheke ?

Siebenbürgen:
Komitat: Somesch — Gegründet: 1920
Ort: Desch

Besitzer: HANESCH, Viktor

Literatur:
Dr. HEGER, Hans: "Pharm. Almanach" 1923.

D E V A

Apotheke "ZUM SCHUTZENGEL"

Siebenbürgen:
Komitat: Hunedoara — Gegründet: 1880
Ort: Deva — Recht: Personal

Besitzer:		
	SCHMIDT, Karl	1880-1916
	MAJER, Michael	1916-
	NUSZBAUM, Nikolaus	

G R O S S - A I T A
rum.: Aita-mare

Apotheke ?

Siebenbürgen:
Komitat: Drei-Stühle | Gegründet: 1901
Ort: Gross-Aita | Recht: Personal

Besitzer:	LIESS, Alfred	1901-1916
	LIESS, A. Erben	1916-
	DESZÖ, Miklos	

Literatur:
Dr. HEGER, Hans: "Pharm. Almanach" 1914.

G R O S S - I L V A

Apotheke ?

Siebenbürgen:
Komitat: Nösen | Gegründet: 1909
Ort: Gross-Ilva

Besitzer:	CZEKELI, Fritz	1909-1916
	CZEKELI, F. Witwe	1916-
Pächter:	HONIGBERGER, Georg	1916-1928
	ESSIGMANN, Martin	1928-1937
	VEITH, Ludwig	1937-

Literatur:
ROTH, F.J.: "II. Fragmente zur Geschichte der einzelnen Apotheken." Siebenb. Bibliothek.
Dr. HEGER, Hans: "Pharm. Almanach" 1914 und 1923.

H U E D I N

ung.: Bánffy-Hunyád

Apotheke ?

Siebenbürgen:

Komitat: Klausenburg	Gegründet: 1819
Ort: Huedin	Recht: Real

Besitzer:	NAGY, Nikolaus	
	NAGY, Nikolaus Erben	1888
	SCHWEIGER, Ferdinand	1903-
	SCHWEIGER, Ferdinand Witwe	
	WERMESCHER, Viktor	
	ZOBEL, Hermann	
Pächter:	BALKANYI, Ludwig	

Laut F.J. ROTH wurde die Apotheke 1819 gegründet und war ein Real-Recht. Der Gründer ist nicht bekannt. Vielleicht ist die Apotheke zwischendurch geschlossen und nachher wieder eröffnet worden, denn laut Almanach waren Nikolaus NAGY Erben 1888 Besitzer der Apotheke, die nun als Personal-Recht aufgeführt wird.
1903 wurde sie neuerlich an Ferdinand SCHWEIGER verliehen (Almanach 1914).
Seine Witwe führte die Apotheke weiter. Vielleicht hat sie die Apotheke an Ludwig BALKANYI verpachtet, bis sie dann von Viktor WERMESCHER übernommen und von Hermann ZOBEL weitergeführt wurde.

Literatur:

ROTH, F.J.: "II. Fragmente zur Geschichte der einzelnen Apotheken." Siebenb. Bibliothek.

Dr. HEGER, Hans: "Pharm. Almanach" 1914 und 1923.

J Ö R G I N

ung.: Görgény-Szt. Imre

Apotheke "ZUR KRONE"

Siebenbürgen:	
Komitat: Mieresch	Gegründet: 1885
Ort: Jörgin	Recht: Personal
Besitzer: GELLNER, Friedrich	1885-
KNÖPFLER, Isidor	

Literatur:

ROTH, F.J.: "II. Fragmente zur Geschichte der einzelnen Apotheken." Siebenb. Bibliothek.

Dr. HEGER, Hans: "Pharm. Almanach" 1914 und 1923.

K A R L S B U R G

rum.: Alba-Julia

Apotheke "ZUM STERN"

Siebenbürgen:	
Komitat: Karlsburg	Gegründet: 1797
Ort: Karlsburg	Recht: Real
Besitzer: FRÖHLICH, Julius	18 ? -1910
FRÖHLICH, Oskar	1910 -

Literatur:

Dr. HEGER, Hans: "Pharm. Almanach" 1914 und 1923.

K L A U S E N B U R G
Rum.: Cluj

Apotheke "ZUM HEILIGEN GEORG"

Siebenbürgen:
Komitat: Klausenburg
Ort: Klausenburg
Gegründet: 1710
Recht: Real

Besitzer: HINTZ, Georg Dr.

Da wir nicht genügend Unterlagen für die Geschichte der Klausenburger Apotheken haben, soll hier nur kurz erwähnt werden, daß obige Apotheke zu den ältesten Apotheken von Siebenbürgen gehört. Eine ganze Reihe deutscher Apotheker haben in Klausenburg gewirkt. Von allen diesen ist aber der Apotheker Tobias MAUKSCH, der aus der Zips stammte, der bedeutendste Apotheker. Er war nicht nur in der Stadt Klausenburg zu seiner Zeit eine herausragende Persönlichkeit und ein wohlhabender Mann, der viel für Andere tat, sondern auch ein Apotheker, der seinen Wirkungskreis nach Bistritz und Neumarkt ausdehnte. Seiner zielbewußten Art ist es zu verdanken, daß die deutschen Apotheken in Siebenbürgen durch seine "Instruktionen" gefördert wurden.

Auch einer seiner Nachfolger, Dr. Georg HINTZ, der erste Lehrstuhlinhaber für "Technische Pharmazie" auf der Universität Klausenburg, hat auf dem Gebiet der Pharmazie sich einen Namen gemacht. Beide Apotheker werden in unserer zweiten Arbeit "Verdienstvolle Apotheker aus Siebenbürgen" (1986) entsprechend gewürdigt.

Literatur:

Dr. HEGER, Hans: "Pharm. Almanach" 1914 und 1923.

M E R C U R E A - N I R A J

Apotheke ?

Siebenbürgen:
Komitat: Miieresch — Gegründet: 1873
Ort: Mercurea-Niraj — Recht: Personal

Besitzer:	HIENTZ, Georg	1873-
	HIENTZ, G. Erben	
	HIENTZ, Vilma	
Pächter:	PÜSPÖKI, S.	
Leiter:	HIENTZ, Vilma	

P E T R O S C H E N

Rum.: Petroșeni

Apotheke "ENGEL"

Siebenbürgen:
Komitat: Hunedoara — Gegründet: 1872
Ort: Petroschen — Recht: Personal

Besitzer:	GERBERT, Gustav	1872-
	GERBERT, Gustav Erben	-1916
	GERBERT, Otto	1916-1926
	REINGEWÜRTZ, Hermann	1926-
Leiter:	REINGEWÜRTZ, Hermann	-1926

Literatur:
Dr. HEGER, Hans: "Pharm. Almanach" 1914 und 1923.

P E T R O S C H E N

Rum.: Petroșeni

Apotheke "ZUR KRONE"

Siebenbürgen:
Komitat: Hunedoara — Gegründet: 1905
Ort: Petroschen — Recht: Personal

Besitzer:	GRAFFIUS, Wilhelm	1905-1911
	SCHWARZ, Leopold	1911-1916
	SCHWARZ, Leopold Erben	1916-1926
	REISSMANN, Pal	1926-

Literatur:
Dr. HEGER, Hans: "Pharm. Almanach" 1923

R E Ș I N A R

Apotheke "SALVATOR"

Siebenbürgen:
Komitat: Hermannstadt — Gegründet: 1888
Ort: Reșinar — Recht: Personal

Besitzer: MEDERUS, Ludwig — 1888-1904

Im Jahre 1904 wurde die Apotheke geschlossen.

S Ă L I Ș T E

Apotheke "HYGEA"
Siebenbürgen:
Komitat: Hermannstadt — Gegründet: 1874
Ort: Seliste — Recht: Personal

Besitzer:	WENRICH, Adolf	1874-1893
	BANCIU, Dumitru	1893-

Literatur:
ROTH, F.J.: "II. Fragmente der Geschichte der einzelnen Apotheken." Siebenb. Bibliothek.

T H O R E N B U R G
Rum.: Turda

Apotheke "ZUM GOLDENEN HIRSCHEN"

Siebenbürgen:
Komitat: Turda
Ort: Thorenburg

Gegründet: 1788
Recht: Real

Besitzer: MÜLLER, Friedrich

Wie von der Stadt Klausenburg fehlen auch hier nähere Unterlagen. Auch diese Apotheke ist in früheren Jahren gegründet worden. Die Einrichtung der Apotheke soll sehr schön gewesen sein, besonders die Standgefäße, da in dem Gebiet Keramik-Handwerksbetriebe waren.

Die Liste der Apotheker, die in den Apotheken beschäftigt waren, wird hier nicht aufgeführt, da die Aufstellung der Apotheken dieses Gebietes nicht vollständig ist.
Gewiß gab es noch weitere Apotheken außerhalb des sächsischen Siedlungsgebietes, in denen deutsche Apotheker beschäftigt waren. Doch leider fehlen uns dazu die genauen Unterlagen.

SCHLUSSBEMERKUNG

Vorstehende Beiträge zur Geschichte der deutschen Apotheken in Siebenbürgen wirken mit den trocknen geschichtlichen Daten vielleicht eintönig. Es war aber notwendig, zur Darstellung dieses Themas womöglich alle deutschen Apotheken anzuführen. Deshalb ist diese Arbeit als der Versuch einer zusammenfassenden Dokumentation anzusehen.

Was sich aber in diesen Apotheken im Laufe der Jahrhunderte abgespielt hat, und wie die Leiter dieser Apotheken versucht haben ihrer Aufgabe gerecht zu werden, das gehört mit zu dem geschichtlichen Bild und der Ausstrahlung, die von diesen Apotheken ausging.

Wenn ich an meine Praktikantenzeit in Siebenbürgen und später an die Arbeit in der väterlichen Apotheke zurückdenke, und diese Tätigkeiten in damaligen Apotheken mit dem Bild und der Entwicklung der Apotheken hier im Westen nach über 50 Jahren vergleiche, so ist ein vollkommen anderes Bild der Apotheke sichtbar. Das ist wohl allen bewußt und überall bekannt.
Trotzdem finde ich es überaus wichtig, daß die Zielsetzung und die Aufgabe des Apothekers von damals mit dem heutigen Bild der Apotheke verglichen wird.

Noch Anfang dieses Jahrhunderts gab es in Siebenbürgen beinahe in jeder Apotheke nur einen kleinen Schrank mit Fertigpräparaten, sogenannten Spezialitäten. In der Bären-Apotheke in Hermannstadt arbeiteten in der Offizin,

Rezeptur und Defektur drei Magister. Die Apotheke erzeugte zur schnelleren Abfertigung der Kunden, die an sogenannten Wochenmärkten in 3-er Reihen manchmal anstanden, eine Vielzahl von sogenannten Hauspräparaten in allen möglichen Formen, Hustensäfte, Tropfen, Salben, Tonica, Pulver, Zäpfchen, Tierarzneimittel und andere. Diese wurden von drei oder vier Mädchen (Packmädel) in einfachen Formen abgefaßt und verpackt. Die eingegangenen Rezepte lagen stapelweise auf dem Rezepturtisch. Über allem schwebte der verantwortliche Besitzer oder Leiter.

In der heutigen Apotheke hier im Westen ist der Arbeitsablauf ein ganz anderer. Das Sortiment von 15.-20.000 verschiedenen Arzneispezialitäten, das eine Apotheke oft führen muß, erfordert eine andere Organisation und Aufgabenstellung. Es ist ein Segen, daß die Leitung der deutschen Apothekerschaft erkannt hat, der Apotheker muß in erster Linie Arzneifachmann sein. Um seinen Betrieb richtig zu führen wird nämlich von ihm verlangt, daß er von Warenwirtschaftssystemen, Marketing, Steuerdingen, Kundenpsychologie ebenso Bescheid weiß wie von den pharmazeutischen Wissenschaften. So oft habe ich von Kunden das Wort gehört, vom akademischen Schubladenzieher, von der Abfertigung in Apotheken, wenn es im Bildschirm nicht gefunden wurde, dann wurde der kranke, hilfesuchende Mensch mit Bedauern entlassen.

Mein vielwissender, guter, alter Vater brummte mich an, wenn ich einen Kunden so abfertigte. Und zwar nicht mit dem Gedanken, daß das Geld nicht in der Kasse klingelte, sondern weil eben den Menschen geholfen werden mußte.

vielleicht mit dem überzeugenden Rat so schnell wie möglich einen Arzt aufzusuchen.

Die Niederlassungsfreiheit und manche andere Bestimmungen, Merkantilismus, Preisgestaltung, Freiverkäuflichkeit vieler Arzneien haben Zielrichtung und Aufgaben der deutschen Apotheken oft auf falsche Wege geleitet. Das Bemühen der Führungskräfte der deutschen Apothekerschaft aber, die richtungsweisenden Aufgaben klar herauszustellen, und auf allen Gebieten mit Aufklärungen und Fortbildung dieses Weiterkommen zu ermöglichen, ist nicht hoch genug zu würdigen. Schade, daß es noch viele Apotheker gibt, die meinen der persönliche Job sei die allein glückliche Aufgabe.

Hat sich die Aufgabenstellung, die sich einst die Berufsgruppe der deutschen Apotheker in Siebenbürgen stellte und der deutschen Apotheke von heute im Grunde viel geändert? Die Aufgabe des Apothekers ist dieselbe geblieben. Sein Wissen auf allen Gebieten der Arzneimittelkunde, dazu seine Fähigkeit dieses in entsprechender Weise als Helfer des Arztes, als Berater der Kranken entsprechend anzubringen, formt ihn erst zum Apotheker.

Vielleicht gibt diese erste Arbeit über die Geschichte einer Berufsgruppe deutscher Apotheker in Siebenbürgen auch den deutschen Apothekern, die in anderen ost- und südosteuropäischen Ländern beheimatet waren und dort ihre Apotheken hatten, den Anlaß, darüber nachzudenken, die Geschichte der deutschen Apotheken in dem Land ihrer Heimat zu dokumentieren. Es würde damit der Beweis erbracht werden, daß Deutsche, die im Ausland lebten und arbeiteten, nicht ihre Kultur und Sinnesart anderen Völkern aufoktruieren wollen, sondern daß ihre Tätigkeit und Leistung ein Beitrag zum Austausch von Erfahrungen und zur Fortentwicklung und Betreuung der bedürftigen und notleidenden Menschen dienen soll, um so völkerverbindend zu wirken.

All dieses ist aber nur möglich, wenn die Staaten, in denen diese Apotheken waren oder sind, den Menschen ihr unveräußerliches, elementares Naturrecht lassen, nämlich in Freiheit und Selbstverantwortung zu leben. Ein System, das diese beiden Grundwerte menschlicher Lebensweise nicht akzeptiert, setzt Menschen voraus, die es im Grunde gar nicht gibt. Denn ein solches System muß unabänderlich und fortgesetzt Zwang, Unterdrückung und Gewalt hervorrufen. Die eigene Initiative, Selbstverantwortung und ein freiheitliches Schaffen ist bei allen Menschen und in allen Berufen eine grundsätzliche Voraussetzung.

Dieses Streben deutscher Apotheker in Siebenbürgen soll auch bei dieser Dokumentation klargestellt und betont werden.

G. Fabritius

Zum Herausgeber:

Guido Fabritius wurde am 27.10.1907 in Hermannstadt/Siebenbürgen als 7. Kind und einziger Sohn geboren.
Nach dem Abitur auf dem Brukenthal-Gymnasium 1926 in Hermannstadt, anschließend zweijährige Praktikantenzeit, Pharmaziestudium in Klausenburg/Siebenbürgen von 1928-1932.
Nach 4-jähriger Mitarbeit in der väterlichen "Bären-Apotheke" in Hermannstadt, Übernahme derselben 1936.
Ab 1939-1943 zeitweise Militärdienst im rumänischen Heer. Als Volksdeutscher 1943 zur deutschen Wehrmacht übernommen.
Nach Kriegsende Gefangenschaft.
Dann ab 1946 Mitarbeiter in Bonner Apotheken.
1952 zuerst Pächter, nach einigen Jahren Eigentümer der "Sonnen-Apotheke" Bonn.
Ab 1984 im Ruhestand in Wiehl/Drabenderhöhe.